支援・発想転換・NGO

国際協力の「裏舞台」から

真崎克彦

新評論

支援・発想転換・NGO——国際協力の「裏舞台」から／目次

支援・発想転換・NGO——国際協力の「裏舞台」から

本書は清泉女子大学による2009年度出版助成を得て刊行された。

序 章

「裏舞台」からの発想転換

「当面のニーズに応える」ことと「根本的な問題に向き合う」ことは国際協力において不即不離でなくてはならない。そうした認識から生み出される「発想転換」が具体的な支援の現場で機能するようになれば、都合の良くない「裏舞台」に背を向けるという慣例から脱却した、真の国際協力のあり方がおのずと浮かび上がってくるだろう。

1 「当面のニーズに応える」とは？ 「根本的な問題に向き合う」とは？

今日の地球社会は、問題対処の仕方として「当面のニーズに応える」ことに重心を置こうとするあまり「根本的な問題に向き合う」ことが後回しにされがちな時代にある。

その最たる例は、アフガニスタンをはじめ世界各地で展開されている米国主導の「テロとの戦い」である。目の前のテロ行為の抑止を急ぐあまり、なぜテロ行為が止むことなく続いているのかという原因究明に関する部分については等閑視されたままにある。犯罪者を取り締まり無差別テロを未然に防ぐという「当面のニーズに応える」活動は優先されて良い。しかし、そのための治安活動が武力を伴ったものであるならば、空爆は住民を巻き添えにし、軍は強圧的な家宅捜査を繰り返し、収容所では人権を無視した取り調べが常態化するなど、無辜の人びとや捕虜にまで危害が及んでしまうことも事実だ。そのことが地元の人たちの間で反米感情を煽り、却って問題の解決を長引かせている。

治安活動にばかり焦点を当てるのではなく、これまでの問題対処のあり方自体を捉え直すという「根本的な問題」に向き合うことで、暴力の連鎖を断ち切る道を開くことはできないものか。地球社会は今、「あらゆる戦争や暴力は不当である」という絶対的平和主義をナイーブな理想主義として片付けることのない、理想を現実化するための根本的な議論を必要としている（土佐　二〇〇六　二八―二九）。

国際協力[(1)]は一般的に、「当面のニーズに応える」活動が優先される風潮とは無関係のところに存在すると思われがちである。実際、国際協力の分野では、生活に困窮する人たちの抱える問題に対処していくにはその場しのぎの対応ではなく、中長期的な視野に立った地道な取り組みが求められるとされてきた。しかし実際には、災害や紛争直後の緊急支援活動だけでなく、貧困や環境破壊などに対する中長期的な支援活動においてさえ、「早急な」対応を求められる場合が少なくなく、その点で「当面のニーズ＝差し当たりの対応」に追われがちな地球社会の動向と同様の傾向にある。

国際協力研究者の佐藤寛は、「［国際協力］プロジェクトにだけ焦点を当てて途上国社会の変化を見ていると、大きな社会の流れを見失ってしまう危険性が高い」（佐藤　二〇〇七　ix）と指摘する。[(2)]「当面のニーズに応える」必要性に迫られるあまり、その活動の背景にある「根本的な問題」が知らず知らずに脇に追いやられているという状況は、国際協力の現場においては常に起こっていることなのである。

ここで言う「当面のニーズに応える」とは、「生活に困窮する人たちが抱える問題に速やかに支援の手を差し

(1)「国際協力」という用語を幅広く捉えれば、政策の歩調を合わせる「国際協調」、政治軍事問題に対する「国際貢献」、文化交流に代表されるような「国際交流」などもその範疇に含めることができる（後藤　二〇〇五　一一―一三）。しかし本書では、より一般的な慣例にならって（たとえば、下村他　二〇〇一、高木編　二〇〇四、友松他編　二〇〇六参照）、貧困、災害、紛争、環境破壊などの問題で困窮している人びとに対する民生分野の支援を指してこの言葉を用いている。

伸べる」ことであり、「根本的な問題に向き合う」とは、「そうした当面のニーズに応える活動の中で見過ごされがちな矛盾に目を向け、それに立ち向かおうとする」ことである。

「当面のニーズに応える」ことの長短、「根本的な問題に向き合う」ことの長短

「根本的な問題に向き合う」ことより「当面のニーズに応える」ことを優先するという傾向は、いわゆる紛争直後・収束後に行われているような緊急支援・復興支援活動において端的に見て取れる。そこでは生活を台無しにされた人びとを一人でも多く、一日でも早く支援することが「当面の課題」となり、その対応に全力を挙げることが最優先される。「問題解決の根源」となる国際政治のあり方自体に対する働きかけはとりあえず脇に置かれる。しかし、こうした傾向については支援従事者自身からも、「『社会変革』ではなく、『現状維持』に手を貸してしまっているのではないか」（藤岡他編　二〇〇六　二二）といった懸念の声が表明されている。また、日本の著名な国際NGO、日本国際ボランティアセンター（JVC）も同様の趣旨の提言を以下のようにまとめている。(3)

人道機関やNGOが「おしごと」としての「援助」のみに嵌まり込んでいては、その価値は薄らぐ。たとえば日本では、政府系機関は、二〇〇三年三月より前のイラク状況〔中略〕に関して、戦争に傾く米国を止める方向での発言・行動はせず、「平和構築」や「難民救援」、「戦争後の復興、平和の定着」、「人間の安全保障」などの専門用語を並べて、戦争自体の是非を問わず、「戦後援助」準備をしていたように見えた。言うまでもなく、戦争で壊される病院や道路を直すより、怪我をした人を治療するより、死傷者を出さない、破壊をしない、つまり戦争を起こさせない努力が無限に優る。〔中略〕NGOも〔中略〕そのポイントで動け

なければ、有能な下請け機関に終わってしまう危険性は高い。（熊岡　二〇〇五　二四―二五）

これら支援従事者内部からの声は、「当面のニーズに応える」（＝戦争で壊される病院や道路を直す、怪我をした人を治療する）必要性の中、「根本的な問題に向き合う」（＝死傷者を出さない、破壊しない、つまり戦争を起こさせない）活動がなおざりになっているという国際協力の実情を伝えるものである。

「当面のニーズに応える」ことは緊急支援・復興支援の一環として大事な活動である。たとえば、空爆により破壊された学校を再建するという活動もその一つである。最も弱い立場に置かれている子どもたちが少しでも明るく過ごせる場を一日でも早く再建しようとする活動は、政治性を超えた次元で当然最優先されるべき支援の一つ

（2）「南」に対する「北」からの一方的な支援に止めずに、支援する側と支援される側が共に学び合い、お互いが変わっていくような「共生社会」の構築を目指そうとする国際協力NGOは数多く存在する（たとえば、シャプラニール＝市民による海外協力の会　二〇〇六、新潟国際ボランティアセンター　二〇〇八を参照）。「北」の「豊かな」社会はそのつけを「南」の「貧しい」社会に転嫁することで成り立ってきた面があり、そうした不公正な世界システムが変わらない限り、「南」での協力活動は二義的な手当てに堕しかねないからである。しかし、「共生」を志す国際協力NGOにおいても、「南」に対する「北」からの支援が中心的な位置を占める場合が多い。しかも、本書で論じていくように、人道的な配慮から「当面のニーズに応える」活動が優先され、「根本的な問題に向き合う」活動に手が回らない場合も少なくない。こうした問題意識に立ち、本書では、「北」による「南」への支援のあり方に焦点を絞りながら、「北」の国際協力団体（NGO、各国政府開発援助［ODA］機関、国際機関）が「当面のニーズに応える」活動と「根本的な問題に向き合う」活動にどう対応してきたのか、具体的な事例を通して省察していきたい。

（3）支援従事者とは、NGO、各国ODA機関、国際機関などの正規スタッフやコンサルタント、あるいはボランティアとして直に支援活動を行っている人たちを指す。

である。しかし同時に、「当面のニーズに応える」活動に追われてばかりいては、そうした状況を作り出す「より根本的な問題に向き合う」活動が疎かになる。駐留する多国籍軍が武力でテロを抑え込もうとする限り、「当面のニーズに応える」ための個々の支援活動が人びとの安全・安心の保障に全面的に寄与することはあり得ない。また、差し当たりの対応だけでは解決し得ないこうした問題に目をつぶったままでいたのでは、国際協力団体は『死の商人』ならぬ、戦争で稼ぐ『死のＮＧＯ』」(同上　二五)ともなりかねない。

逆に、「根本的な問題に向き合う」ことだけを国際協力の使命と捉えてしまえば、大きな議論に終始しがちとなり、一刻も早く対応すべき事柄を的確に把握することができなくなる。あるいは、「問題の根は深く、自分たちの力の及ぶ領域ではない」といった虚無主義(ニヒリズム)に陥る可能性もある。

このように、国際協力においては、「当面のニーズに応える」活動にしろ「根本的な問題に向き合う」活動にしろ、そのそれぞれに長短があり、どちらがより大事かという話にはならない。前者だけに力を入れると「木を見て森を見ない」ことになり、後者だけに力を入れると「森を見て木を見ない」ことになる。木も森も見えるよう心掛け、両者のバランスの中で、「当面のニーズに応える」活動に片寄りがちな今日の国際協力のあり方と、そこから生じるさまざまな問題点について見据えていかなければならない。

外部条件として「根本的な問題」を脇に追いやる

「当面のニーズに応える」ことと「根本的な問題に向き合う」ことの両方を視野に入れた活動が求められるとする考え方は、何も緊急支援・復興支援に限らず、国際協力全般に当てはまる原則である。しかし、実際の支援は「根本的な問題に向き合う」(＝人びとの目の前の問題の背後にある社会矛盾について考え、行動しようとする)

活動より「当面のニーズに応える」（＝人びとの目の前の問題に対応する）活動に傾注しがちである。

この傾向は、「外部条件」という国際協力でよく使われる概念とも関係している。「外部条件」とは、国際協力の成否を左右する主要な条件でありながら、支援従事者の意志ではコントロールないし関与し得ない（あるいは、しにくい）支援対象地における政治・経済・社会的条件のことである。[4] 国際協力の通常のマニュアル（代表的なものとしては、国際開発高等教育機構　二〇〇七、国際協力事業団　二〇〇二）では、国際協力団体は「外部条件」が活動の阻害要因になるかどうかを事前にチェックしておき、活動が暗礁に乗り上げる可能性が高いと判断された場合には支援を控えることになっている。[5] また、支援に着手することにした場合、「外部条件」が阻害要因になっていないか実施中にも注意し続けることになってはいるが、その「外部条件」に対して何らかの働きかけを奨励しているわけではない。あくまでもそれは、支援の「外部」要素なのである。

「外部条件」に関するこうした対応は、支援対象地の社会で生じている大きな動向をあらかじめ支援活動の射程から外すことを意味するものだが、これでは、「根本的な問題に向き合う」活動はできるだけ避けるべし、とほ

（4）たとえば、ある国の首都でバス路線を拡充するための支援事業を行う場合、今後の道路混雑を慎重に予測してから事業を開始するのが普通とされている。その国の首都圏が急激な経済発展を遂げているとしよう。この場合、地方から首都への急激な人口流入が起きると（＝外部条件）、却ってバス網の整備が道路混雑を助長しかねない。あらかじめそうした予測が立つならば、バスではなく高架鉄道のような大量輸送手段の整備案も事前に比較検討しておかなければならない。

（5）ただし「外部条件」についていつも洗いざらいチェックできているとは限らない。後述するように、限られた予算、時間、人員内で結果を示さなければならない支援従事者には、事業に待ったをかけるような不都合な要因に背を向ける傾向が見られる。

写真1　インド津波被災者の再定住地の記念碑。記念碑の門には募金した人たちの個人・団体名が刻まれていた。国際協力団体は第三者である協力者たちへの配慮も忘れてはならない。

のめかしているのに近い。

たとえば、ある村落の山から引水する水道事業支援を立ち上げようとする際、その周辺で大規模リゾート開発が進められていたとする。この場合、国際協力の慣例では、リゾート開発を「外部条件」と位置付け、この「外部条件」が山の保水能力を低下させていないか検証を行う。リゾート乱開発によって森林破壊が引き起こされると、水源が枯渇して引水が困難になるかもしれないし、土砂崩れによって水道施設が壊れてしまう恐れもあるからである。

検証の結果、問題なしという結論を出したとする。しかし、たとえ国際協力団体が入念に事前チェックした上で事業の開始のゴーサインを出したとしても、大規模リゾート開発に対する村びとたちの不安が解消されるとは限らない。もちろん支援従事者はそうした声をあからさまには無視しないが、地元のさまざまな利権が絡んだ開発事業を部外者である支援従事者が調整することは現実的には難しい。そこでたいていの場合は、政治的な問題はなるべく避けて、より身近なテーマに住民の関心を引き込んでいくことになる。(6)

支援従事者が「当面のニーズに応える」活動に専心しがちな背景には、限られた時間と予算、人員で効率よく事業を進めざるを得ないという国際協力団体サイドのやむない事情がある。国際協力団体は支援対象者の方だけを向いているわけにはいかない。資金を出してくれる会員や募金者といった第三者にも事業の成果を報告しなければならないが（写真1）、第三者の中には目に見える成果を拙速に期待する人たちも少なくない。支援対象者と出資者（＝NGOの場合は会員・募金者、ODA機関の場合は納税者）という二重の説明責任（アカウンタビリティ）の狭間の中で「根本的な問題に向き合う」余裕が持てないという側面も確かに存在しているのである。

しかし、「根本的な問題」を放置したままでいるならば、いずれは行き過ぎたリゾート開発によって水道施設が使えなくなるかもしれないし、そのことが村びと自身の生活に一層深刻な影響を及ぼしてしまうかもしれない。国際協力が「当面のニーズに応える」ためだけに行われるならば、支援を必要とする人びとの生活の一局面にしか焦点を当てない非包括的な問題対処になりかねないと言えるだろう。(7)

「当面のニーズに応える」中で「根本的な問題に向き合う」

これまで、議論をわかりやすくするために、「当面のニーズに応える」活動と「根本的な問題に向き合う」活動を二項対立的に捉えてきた。しかし、実は、この二つのアプローチは別個のものではなく、常に互いに重なり

(6)「当面のニーズに応える」活動によって「根本的な問題に向き合う」活動が付随的に疎外されるわけでは全くない。たとえばこの場合、水道事業と並行してリゾート乱開発事業主に対する抗議活動を支援することも十分可能である。つまり、生活環境を改善する水道敷設のようなインフラ整備は、村びとたちに他の課題に取り組めるだけの時間的・精神的な余裕を与え、そのことによって村びとの間からわき起こる抗議活動を支援する必然性が生まれる場合もある。後述するように、「当面のニーズに応える」活動が「根本的な問題に向き合う」活動に結びついていくような支援のアプローチは充分可能であり、また大切である。

図1 「当面のニーズに応える」ことと「根本的な問題に向き合う」ことの関係性

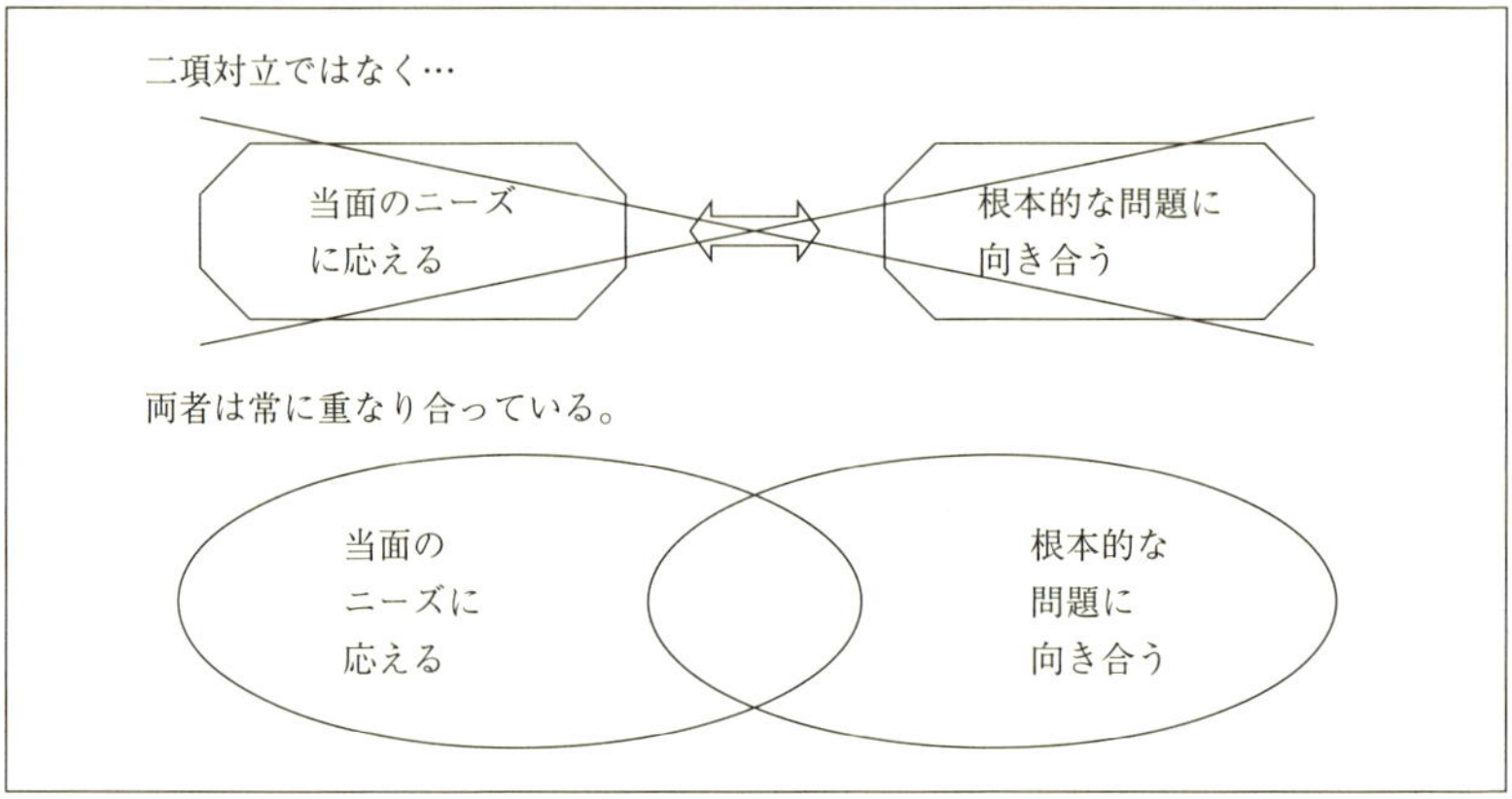

合っている（**図1**）。

この点を考察する上で、アフガニスタン国境地域で息の長い支援活動を展開してきたペシャワール会医療サービス（PMS。以下、ペシャワール会）の事例が参考になる。同会は、一九八四年にパキスタン北部の国境の町ペシャワールにおいてアフガニスタン難民を対象とした医療支援分野のNGOを立ち上げる。そして九二年からはその対象地域をアフガニスタン東部の山岳地帯へと広げ、二〇〇〇年からは旱魃に苦しむ同地域の人びとのために井戸掘りや地下水路の修復、さらには灌漑用水路の建設や試験農場の運営といった事業を通じて、砂漠緑化に基づく食糧生産や飲料水源の確保の支援に力を注いできた。

ペシャワール会の活動は、人びとの窮状を国際社会に直接訴えかけるのではなく、あくまで人びとともに地元の生活上の問題を解決するために粛々と事業を進めるという意味で、あえて区別するならば「当面のニーズに応える」支援であると見なすことできる。同会事務局長の福元満治は言う。「［反戦や復興支援のための］国際会議にも出たことがない。流行のネットワーク論にも与しない。ただただ現場に立って考え、現場が必要とするものを見

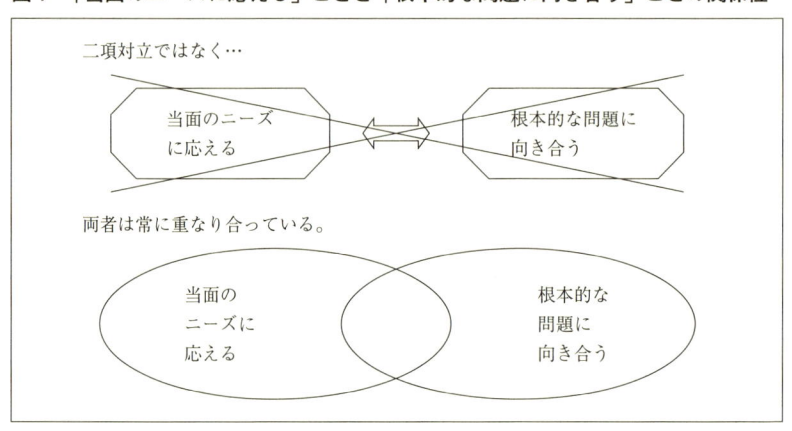

極めて行動してきたに過ぎない」（福元　二〇〇九　五五）[8]。

しかし、『社会変革』ではなく、『現状維持』に手を貸してしまっている」（藤岡他編　前掲）国際協力の本流とは別の道を歩んできたことで（「伏流の思考」）、ペシャワール会は「根本的な問題に向き合う」活動ができている。以下に述べるように、「途上国の立場よりも先進国が支援内容の是非善悪を決めてしまう」（中村　二〇〇

---

(7)国際協力のこうした対応の問題点は、スクール・カウンセリングという文部科学省の指導下による教育支援（小・中・高校生対象）を例に取ればわかりやすい。子どもの生活上の問題や悩みの相談に応じるスクール・カウンセラー（臨床心理士など）は、児童・生徒の体内にあたかも「悩み菌」が入り込んだかのような診断を与え、それを追い祓うような儀式を行うことがある（小沢　二〇〇二　一〇二―一五〇）。相談者（＝支援対象者）の内部に宿る感情に焦点を当てて気持ちを鎮めるようスクール・カウンセラー（＝支援従事者）が誘導するのである。こうした指導によって不登校児童・生徒の学校復帰が達成されれば、それを期待する保護者や教師の側にとっては「問題解決」が図れたことになる。しかし、実際には相談者本人が気を鎮めるだけなので（それ自体は大事なことであるが）、結局は不登校に陥った背景や状況（＝「根本的な問題」）は放置されてしまう。非包括的な問題対処（＝「当面のニーズに応える」）だけの対処）とはこのようなケースを言う。

(8)ただし、アフガニスタン情勢をめぐっては、メディアを通じたあまりにも誘導的な世論形成が行われているため（つまり、「テロとの戦い」が不可避かつ有意であるとする主張にメディアの論調が片寄っているため）、しかもそれがペシャワール会自身の現地活動に著しく悪影響を与えているため、同会関係者は「危険地帯」に暮らす住民の目線に立って公の場所での発言を続けている。アフガニスタンの人びとの反感を買っている多国籍軍による「テロとの戦い」がおよそ成功する見込みがないこと（中村　二〇〇六　四三―四五）、日本政府がその政策に追随的であるために現地の対日感情が日に日に悪化していること（同上　二六―三三）など、占領政策の無意味さや誤りを日本社会に訴え続けている。なお、福元の言う「ネットワーク論」とは、生活困窮者やその人たちを支援する団体のネットワークを動員して、政府の政策や社会のあり方に物申す活動を重視する考えのこと（次節参照）。

写真2　ペシャワール会の砂漠緑化事業の対象地域（ジャララバード郊外・スランプール）。用水路建設前（上）と建設後の様子。写真提供＝ペシャワール会。

七a　一七九）という潮流に流されて「現状維持」に加勢してしまうことのないよう、あくまで「現地の人々の立場に立ち、現地の文化や価値観を尊重し、現地のために働く」（同上）ことで「社会変革」に寄与しようとするのである。

その第一は、治安対策一辺倒の国際社会が等閑視してきた「砂漠化による農村疲弊」に正面から立ち向かってきたことである（**写真2**）。アフガニスタンで多数の避難民が生まれている原因としては、紛争による治安悪化が喧伝されることが多いが、[9] 実際には、異常気象のために旱魃が年々悪化し、人口の八割以上に当たる農民の多くが食べていけず、難民になるか傭兵になって稼ぐかしかなくなっているという事情が背景にある。同会現地代表の中村哲は「農村の復興こそアフガン再建の基礎」（中村　二〇〇七b　一）だと力説するが、この地で砂漠緑化に取り組もうとする国際協力団体は稀である。厳しい自然環境下での難事業は時間も手間もかかり回避されがちなのかもしれない。中村自身が「『河川』とつき合うのが決して長閑ではないことを思い知った」（中村　前掲二〇〇七a　三）

と言うように、実際ペシャワール会の砂漠緑化事業は自然との闘いの連続であった。慢性的な異常気象の中で高山からの雪解け水が思うように得られない中、溜池を設けたり灌漑用の井戸を掘って対策を講じても、充分な水量はなかなか得られない。大河川からの引水事業を試みても、今度は建設途中の用水路が洪水、土石流、集中豪雨、地すべりなどで幾度も台無しとなる。(10)一方、「『自由とデモクラシー』という錦の御旗の下、まるで未開の野蛮民族を文明化してやるという驕り」（同上　五四）のためか、多くの国際協力団体は民主化や教育、ジェンダーなどの「アフガン問題」に積極的な関心を寄せる。国際社会では、アフガニスタンの人びとはタリバンの圧政によって苦しめられてきたという「迷信」がはびこっている(11)（中村　二〇〇六　四〇―四二）。米英軍はそうした言い分を根拠に空爆を仕掛けたが、国際協力団体の多くも同じ空理に依拠して、「自由な社会作り」や「女性の解放」などの活動に着手し始めた経緯がある。

こうした側面から見ると、ペシャワール会の砂漠緑化の取り組みは、人びとの生存の根幹に関わる活動をいつの間にか疎かにしてきたアフガニスタンの復興協力ブームのあり方を、具体的な事業を通じて批判している点で

(9)二〇〇〇年に始まった大旱魃で避難を余儀なくされた人たちも、国際社会からは、タリバンによる圧政の犠牲者と曲解された。しかも、先進諸国は旱魃被災者の救援に乗り出す代わりに、二〇〇一年六月、「テロ支援国家である」タリバン政権に対して国連経済制裁を発動した。また現在でも、「タリバンのテロ活動のために人びとは農村に安心して住めない」という言い分のもとで、外国軍による治安活動＝武力介入を続けている。国際社会は一貫して、避難民発生の原因を現地の政治問題に帰してきたのである。

(10)中村は「とんでもない怪物を相手にしてきたので『環境問題』という語の響きは、目前の旱魃を見てきた者にとって、いくぶん生ぬるい」と回想している（中村　二〇〇七ａ　二〇三）。

「根本的な問題に向き合う」支援と言える。

ペシャワール会が「根本的な問題に向き合う」活動を行ってきたと言える第二の根拠は、いつ襲われるとも知れぬ場所で丸腰のまま支援活動を続けてきた点にある。これは、武力に頼らない「安全保障」モデルが実際に成り立つことを、実践を通じて示そうとする活動である（中村　二〇〇六　四八―五一、福元　前掲　七二―七六）。この姿勢は、危険地域で活動を行う場合には多国籍軍による護衛が付く(12)という復興支援の慣例とは一線を画している。多国籍軍の護衛下で行われる支援活動は治安活動と一体化したものである。したがって、テロリストのみならず、テロの疑いをかけられた人たちまでもが支援対象から排除されかねず、結果として敵味方の区別の下での支援となり、地元の人たちの信頼を失うことになる。誤爆を繰り返し多くの民間人を犠牲にしてきた軍との一体化は、支援従事者の善意とは裏腹に、テロ活動を一層煽ることになる。国際協力団体と外国籍軍を呉越同舟よろしく見なし、「ご丁寧に爆弾を振りまいて殺傷し、いまさら教育支援だの、医療支援だのあるものか」（中村　前掲二〇〇七ａ　五四）と思っている地元民は少なくない。現に、同会の用水路のすぐ近くで、米軍兵士に守られて道路事業を進めていたトルコ企業の技師がテロに遭い命を落としている。

丸腰の活動を地道に続け、灌漑用水路の完成によって五〇〇〇ヘクタールを超える田畑が潤い、そこで一〇数万人の人びとの暮らしが確保され、しかも、その六年間に及ぶ建設作業で六〇万人以上の雇用を創出したペシャワール会の活動の意義は大きい。この事業がなければ、それらの人たちは難民か傭兵になるしか道はなかったはずであり、その意味で現地の治安向上にも大いに貢献した。「紛争地の人々が望むのは『平和（治安の安定）』と『雇用（生きるための仕事）』(13)である。それが軍事力で達成できないことは、アメリカ主導の占領政策が示している」（福元　前掲　七五）。このように、同会の活動は、紛争のみならず、貧困や旱魃など生活を脅かすあらゆる恐怖から自由になって、人びとが安寧に暮らせる社会を武力に拠らずに作り出せることを実証している。砂漠緑化は、人びとの「当面のニーズ」の充足を最優先しながら、軍民一体型の復興支援につきまとう「根本的な問題」に疑義を呈する両義的な活動なのである。

ペシャワール会の事例は、「時流から距離を置き、より良い世界を真剣に模索する」（中村　前掲二〇〇七ａ　一三）ことで、あるいは「現地の人々の立場に立ち、現地の文化や価値観を尊重し、現地のために働く」（同上　一

⑾タリバン（「神学生」の意）は、ソビエトがアフガニスタンから撤退（一九八九年）後、諸政治勢力が権力闘争に明け暮れる中で登場してきた政治組織である。宗教の教えに基づいた規律正しい社会を作ろうとして人心を掌握し、一九九六年には同国を実効支配するまでになった。したがって、本来タリバンは穏健な集団であり、かつては「農村の伝統的価値を保持する生真面目な農民たちであった」（中村　二〇〇七ａ　一六）。現在、タリバンの中で反米急進派が優勢になっているのも、注９で述べたように、二〇〇〇年の大旱魃による避難民の大量発生の責任がタリバンに押し付けられたことに端を発している（同上　一四）。「九・一一事件の共犯者」として（実際には事件に加勢した証拠もないまま）武力によって政権の座から追われたことも禍根として残っている。

⑿アフガニスタンでは膨大な資金流入のために急激なインフレが起きており、しかも復興ブームの恩恵は一般の人たちになかなか行き渡らないので、住民の暮らしはますます厳しくなっている。そのため、地元社会では国際協力団体への不満が高まり、援助関係者を狙ったテロ事件もしばしば起きている。支援従事者は自分の身の安全を守りながら人びとの「当面のニーズに応える」ために、やむなく軍の力を借りることになるが、そうすると、より深刻で「根本的な問題」、つまり「軍と一体化した支援活動」というものに対する住民のさらなる反発を助長しかねない。

⒀ペシャワール会の砂漠緑化は「治安」や「雇用」以外にもいろいろな面で「安全保障」の増進に寄与している。清潔な水や食糧が手に入るようになれば感染症や栄養失調が激減するし（福元　二〇〇九　三三）、灌漑施設が整備されればケシに代わる換金作物の栽培を人びとに勧めることができ、ひいてはそれが麻薬問題の軽減に寄与することにもなる（同上　一六九）。飲料・灌漑用水の確保につながる砂漠緑化は、多方面での「安全保障」を進めるものである。

七九）ことで、「当面のニーズに応える」地道な支援が「根本的な問題に向き合う」活動に深くつながっていくことを示した好例と言える。国際協力においては「当面のニーズに応える」ことと「根本的な問題に向き合う」ことは決して相対立するものではなく、支援する側の理念や姿勢一つでさまざまな場面で折り重なっていくものなのである。

2　どのように「根本的な問題に向き合う」べきか

次に、「当面のニーズに応える」活動に終始せず「根本的な問題に向き合う」活動も大切にするという国際協力のあるべき姿の実現に、本書がどのようにアプローチするかについて説明したい。

アドボカシーで「根本的な問題に向き合う」だけでは不充分

「根本的な問題に向き合う」時、つまり、「当面のニーズに応える」活動を取り巻く社会の矛盾に立ち向かおうとする時、大半の国際協力団体はアドボカシー活動（＝提言活動、前節で引用した福元の言葉では「ネットワーク論」）に打って出る。政府の政策や社会の仕組みを変えるために、政治家や政府官僚、企業経営者など、世の動向を大きく左右する立場にある人たちに国際協力団体が連携して働きかけを行う活動のことである。

たとえば、国内外の著名人が貧困削減対策への賛意を示すホワイトバンドを手首に巻こうと呼びかけたことで知られる「ほっとけない世界のまずしさ」キャンペーン(14)では、普段は世界各地で貧困問題に取り組むＮＧＯ団体や個人、企業などの関係者が集まって、途上国の人びとにしわ寄せを及ぼす経済グローバル化に歯止めをかけるべく提言活動を行った。世界貿易機関（ＷＴＯ）や国際通貨基金（ＩＭＦ）などの国際機関は自由貿易を広めようと世界各国に市場開放を迫り、豊かな国による経済支配をますます強めている。その結果、貧しい国では多国籍企業が農園や工場を始めるために土地を占拠し、住処を奪われた地元の農民たちは低賃金労働者として働かざるを得ないという事態があらゆるところで生じ、貧困化に拍車をかけている。不公正な貿易条件の下、多額の債務を抱えたそれらの国々では、保健医療、教育、食糧、福祉サービスなどの予算が削減され、住民の生活を直撃している。こうした現状を世界のさまざまな場所で目の当たりにしてきたＮＧＯ関係の人たちが、「ほっとけない世界のまずしさ」キャンペーンに参集し、Ｇ８（主要国首脳会議）や国連会議などの場で、先進各国首脳らに対して市場経済の行き過ぎに歯止めをかけるよう要求した。「当面のニーズに応える」活動から得られた知見をもとに、国際社会を運営する要人たちに「根本的な問題に向き合う」よう働きかけ、そのことによって自分たちも「根本的な問題に向き合う」活動に参画したのである。今日では、このようなアドボカシー活動は国際協力における重要な手法の一つとして認識されている。

「ほっとけない世界のまずしさ」キャンペーンの協賛団体は日本国内の人たちに運動に賛同・参加するよう呼びかけた。その結果、ピーク時の二〇〇五年には四五〇万人以上の人がホワイトバンドを買い、普段「世界のまずしさ」について考えることの少ない層を惹きつけ、全国各地で自然発生的に生まれたグループによってさまざま

(14)「ほっとけない世界のまずしさ」キャンペーンは、世界九〇ヶ国以上で展開された「貧困をなくすための行動へのグローバルな呼びかけ」（Ｇ－ＣＡＰ　Global Call to Action against Poverty）の日本版として二〇〇五年に始められた運動である。不公正な貿易のあり方を改める、途上国債務を帳消しにする、援助を質・量ともに高める、という基本指針を打ち出していた。

なイベントも企画・開催され、同キャンペーンは大成功を収めたとされている。[15]

しかし、権力者に矛先を向けるアドボカシー活動は逆効果になる可能性を孕んでいる（東・大澤 二〇〇三 五九―六〇）。今日では権力が「暮らし向きの向上」という名目で狡猾に作動していることが多い。権力の暴走に反論・反駁しようとすると、権力側は逆に自らの政策を「暮らし向きの向上」のためという大義名分によって押し切ろうとしてくる。[16] なるほど、「暮らし向きの向上」という目的自体は否定しようがない。これによって権力側は正当性を得ようとする。アドボカシー活動が権力側に都合の良いイデオロギーになかなか歯止めをかけられない要因の一つがこれである。[17] たとえば、紛争地で復興事業を進めてきた国際協力団体が、現地での経験に依拠しつつ、「人びとが安定した生活を取り戻すためには、テロ対策としての軍事介入は即刻中止すべきだ」と主張したとしよう。しかしこの主張は、人びとの福利向上を目的としている点で武力介入容認派と通じる面がある。それは皮肉なことに、「地元の人たちはテロで危ない目にあっているのに、それを放置しておいて良いのか。人びとの暮らしを抜本的に良くしていくのなら、むしろテロリストを力で一掃すべきではないのか」という逆手の議論を許しかねず、結果として武力介入容認派の意見に加勢することにもなる。

このような平行線の議論から一歩でも前進するために、現地で活動する支援従事者は問題の只中に暮らす地元の人たちと直に接し、その人たちを取り巻く現実を正しく見極め、そうした権力者サイドの言い分が必ずしも正当ではないことを実証していく必要がある。この点でも、武力に頼らない「安全保障」モデルを実際の活動の中で作り上げてきたペシャワール会の姿勢は、『「当面のニーズに応える」日常活動の中で『根本的な問題に向き合う』」という国際協力モデルの好例と言える。

実地で継続的に「根本的な問題に向き合う」ことの大切さ

実際の支援現場で「根本的な問題に向き合う」ことは、国際協力活動を行う上での要諦である。しかし、国際協力を取り巻く難題への対応は尽きることがない。「根本的な問題」に向き合えば向き合うほど、また別の新たな課題が見えてくる。国際協力団体は人びとが暮らす現場においてそれらの難題に立ち向かい、問題解決の方策を突き詰めていく必要性に迫られることになる。

たとえば、貧困層の人たちに対する所得創出支援のケースの場合、支援が軌道に乗れば貨幣の流通が地域の中

(15)当時、小泉首相は衆議院総選挙と日程が重なり本来は欠席予定だった国連サミット（二〇〇五年九月開催）に急遽参加して、貧困問題について演説している。その背景には「ほっとけない世界のまずしさ」キャンペーンの功績（＝「何百万人の人が関心を持っている」というメッセージを政治家に伝えることに成功した）があったと言われる（今田　二〇〇六　二〇七）。

(16)この点は「自由競争によって富が創造される」という新自由主義者の言い分に端的に見て取れる。「民営化や規制緩和を進めることで自立した個々人が自由に能力を発揮できる環境を整えるべきである」、あるいは「人びとが福祉に依存しすぎることのないよう社会保障費を削減していくべきである」という主張が拠って立つのは、「豊かな生活」の維持・拡大という大義である。「現在の『豊かな生活』を守るには自由競争はやむを得ない」という主張が無批判に受け入れられてしまう背景には、「暮らし向きの向上」を願う多くの人びとに対する権力側の心理操作が働いている。

(17)ペシャワール会事務局長の福元は、アドボカシー活動が孕むもう一つの問題として、アドボカシー団体が自分たちのネットワークの維持拡大の方に力を入れてしまいがちな点を挙げ、「ネットワークを組んだ以上何かをしなければという脅迫観念にとらわれ、プロジェクトの現場と無縁のシンポジウムや講演会を開催する」、そして「結果としてネットワーク活動に時間や労力をとられ、個々のプロジェクトはますます均質化、形骸化する」（福元　前掲　二〇〇）と警告を発している。

で活発化するだろう。しかし、新たな問題はすぐに生じる。人びとは共同体の紐帯[18]よりも個々人の所得獲得を競い合いかねず、支援が逆に競争に負けた人たちの生活を苦しめ得る、と気づかされることになる。そこで現在では、「貧困を単なる所得レベルで捉えるべきではない[19]」という考え方が支援従事者の間で広く行き渡り、地域の自助能力を重視した連帯型の経済活動支援が主流になりつつある。共同体が外からの投資や他所との交易によって自由市場に放り込まれることのないよう、協同組合や地域通貨、フェアトレードなど、いわば互助精神を基盤とする所得創出活動を支援する方向に力が注がれるわけである。

こうした連帯型の経済活動支援は、「冷たいお金」（＝金融市場を流通するような、純粋価値のみが問題となる貨幣）と、「温かいお金」（＝頼母子講のような相互融資に見られる、庶民どうしの結びつきの維持・強化に資する貨幣）という内山節（二〇〇九 一五四―一六四）の区分に依拠するならば、後者を優先した取り組みである。世界中に広まった市場中心主義が人間の欲望を際限なく煽る一方で、他人への思いやりや助け合いなど非物質的な価値の地位が相対的に低下している今日、「温かいお金」を地域内に循環させる連帯経済の推進は人間社会のあり方を根本から見直す活動と言える。

しかし、互助精神を基盤に据えたものであっても、貨幣には「『究極』の差別原則」（見田 二〇〇六 一一六）として、経済的格差を助長する面がある。所得創出支援によって万人の生活が一律に良くなったという例はまずない。やむを得ない事情で活動に参加できない人や参加してもうまく所得が得られない人が出てくるのは避け難い。取り残される人たちにとっては、所得創出活動は正に「差別原則」として作用してしまう[20]。

実際、隣人どうしが金融機関から連帯責任でお金を借りるマイクロクレジット（小規模融資）ですら、これを所得創出に結びつけることのできる層は一定の情報や知識、技術を持つ人たちに限られる。マイクロクレジットの原則に従うならば、融資を受けた人は借りたお金を返すために、家畜の世話、手工芸品作り、小商店の営業など、所得につながる活動に取り組むことになる。しかし、日々の暮らしに不自由している人ほど、病人の手当や借金の返済など目の前のやり繰りで借りたお金を使い切ってしまうため、せっかくの融資も中長期的な生活向上に結びつけることができないでいる（次頁写真3）。マイクロクレジット活動と言えども、貧困者間の格差をさらに広げてしまうことが多い（高橋　二〇〇八　六四―六七）。

したがって、「所得創出活動を支援する（＝「当面のニーズに応える」）際には互助精神に配慮する（＝「根本

(18)個々の地域共同体には、農繁期の人出の確保や、急な出費を要する住人へのお金の貸与など、互助の基盤が見られる場合が多く、それらは人びとの生存や生活に大切な役割を果たしてきた。

(19)アマルティア・センのケーパビリティ論（セン　一九九九）は、「貧困を単なる所得の低さと見なすべきではない」という共通認識の醸成に大きく貢献してきた。今日では、貧困を「基本的な潜在能力が奪われた状態」と定義するケーパビリティ論に基づいて、生きる上で必要となる総合的な能力の獲得（エンパワーメント）を支援するというアプローチが主流となっている。識字教育、ジェンダーと開発（ＧＡＤ）、保健衛生などとも絡めて、社会的・文化的・政治的な剝奪状況にも包括的に取り組もうという試みである。ただし、そうしたエンパワーメント支援も（男性中心社会からの自立を求める女性たちに起業を働きかけるなど）所得創出活動に行き着くことが多い。

(20)言うまでもなく、薬が買えなくて病気が治せない、生活必需品を買うために借金をしなければならないなど、日々の生活に事欠く人たちにとって収入向上は生存に関わる切実な課題である。したがって、ある所得創出支援がある層の人たち（大抵は最貧層の人たち）に「差別」的な結果をもたらしたからと言って、所得創出支援そのものを全面否定してはならない。また、第2章でふれるが、最下層の人びとへの配慮のみにこだわって、そこから漏れ出た人たちへの支援が滞ってしまうなら、「犠牲の累進性」を生活困窮者に押し付けることになる（雨宮他　二〇〇八　一三九―一四〇）。「犠牲の累進性」は、『ネオリベ現代生活批判序説』（新評論、二〇〇八）の編者である白石嘉治の提起した概念である。

写真3　マイクロクレジットを受ける女性グループの会合。ネパールのこの村では土地なし農民に絞って小規模融資を供与しているが、ローンはなかなか有効に使われない。

図2　「根本的な問題に向き合う」支援の進化プロセス

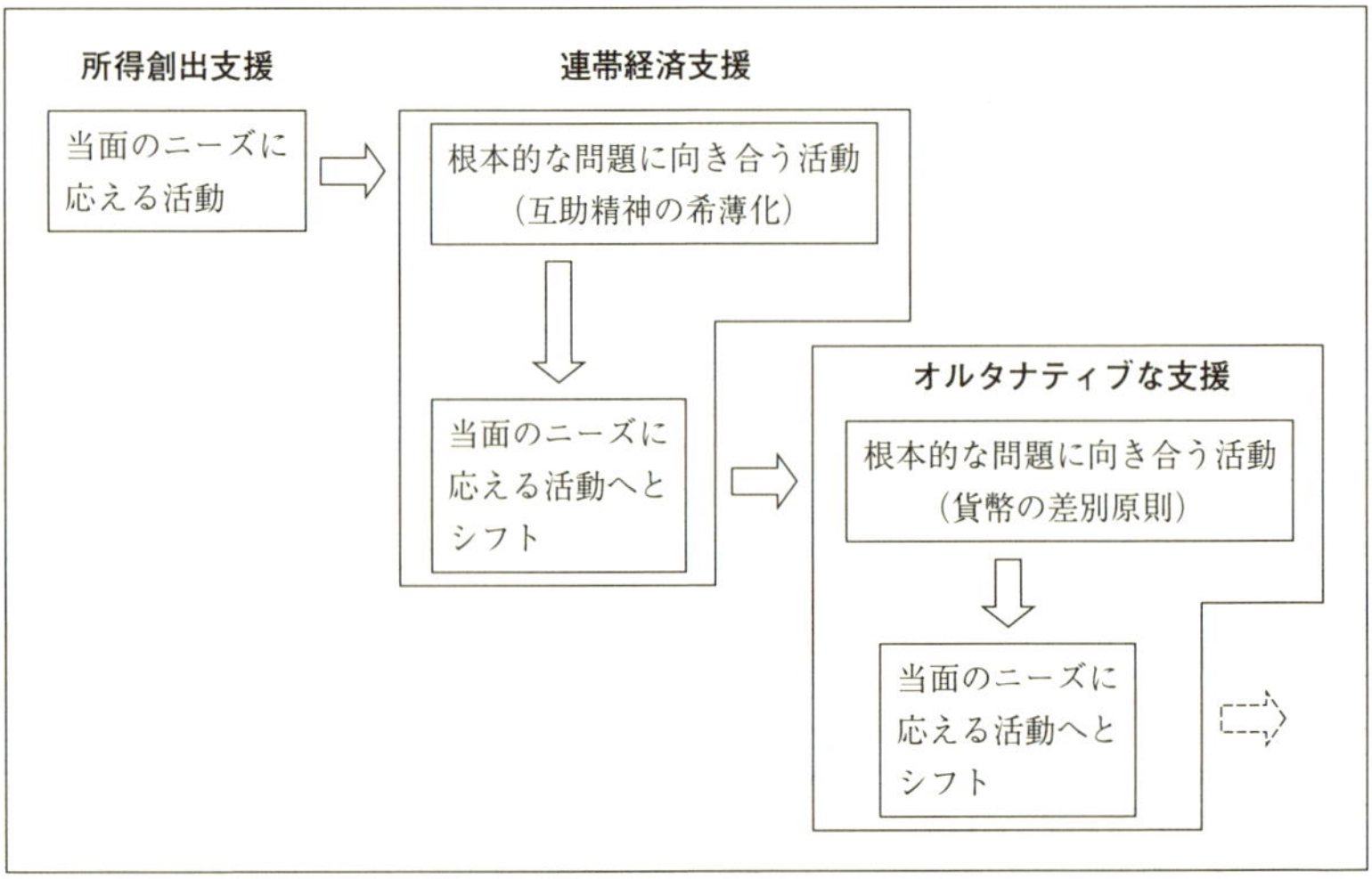

的な問題に向き合う」）ことが大切だ」とは言っても、その支援方式のみに安住してはいられない。次の段階では、互助精神に配慮することを「当面のニーズに応える」活動として位置付け直し、貨幣そのものが「差別原則」として作用しかねないという次なる「根本的な問題」に立ち向かうことになるのである。

このように、国際協力では一つの「根本的な問題」に向き合っていくことは、次の段階ではまた新たな「別の根本的な問題」に出くわすことを意味する。支援従事者が「根本的な問題に向き合う」ためには、常に何らかの課題がつきまとうことを前提として、オルタナティブな支援方式を探り続ける必要がある（図2）。「根本的な問題に向き合う」活動と「当面のニーズに応える」活動の区別は自明に決まるのではなく、ある意味では互いにシフトし合う関係にある。支援従事者は地元の人びととともにこの二つの境界線を間断なく引き直し続けることによってのみ、新たな「根本的な問題」に挑戦することができるのである。

国際協力の「裏舞台」では何が起きるのか

支援従事者がこのような省察プロセスを全く踏んでこなかったわけではない。それどころか逆に、人びとの暮らしの改善策をめぐってはこれまで数々の試行錯誤が重ねられ、その結果、支援内容は年々充実化・多様化している(21)。

しかし、先述の通り、国際協力団体は往々にして「根本的な問題に向き合う」ことより「当面のニーズに応える」必要性に追われがちであり、国際協力の刷新の足取りは全般的に遅々としている。限られた時間、予算、人員で活動しなければならない支援従事者は、活動を取り巻く社会的な矛盾への対応にまでなかなか手が廻らない。「根本的な問題」の存在に気づいていないわけではなく、「難題に背を向けるわけではないが、現実には時間も予算も人員も充分でない」という悩みを密かに抱え込んでいる場合が大半である。地元の人たちと日々接している現地駐在スタッフであればなおのこと、「できるものならもっと根本的な課題にチャレンジしてみたい」という思いを持つ人は多い。

かつて日本では、アフリカの飢餓難民を支援する「毛布一〇〇万枚運動」が立ち上げられ、あっという間に目標数以上の約一七〇万枚の毛布が集まったという経験がある。一九八四年のエチオピアを中心とする大干魃で、甚大な被害を受けたアフリカの人たちを救おうとユニセフ（国連児童基金）の事務局長が「アフリカに毛布二〇〇万枚を」と世界に呼びかけ、うち一〇〇万枚を日本政府が官民合同の緊急支援として受け入れたことに始まる運動である。ところが、難民の人たちにとって毛布は日中の日除けや夜間の防寒に欠かせない必需品であるはずだったが、日本から送られてきた毛布は良質な上に元手がかからないため、その多くが難民によって低価格で横流しされ、国内製品を扱う地元の商人たちに多大な打撃を与えることとなった。当時、ソマリアのある難民キャンプで働いていた樫田秀樹はこの支援について次のように振り返る。

もちろん、毛布や古着は、日本人の善意から送られたものですが、「不用品はアフリカで役立てよう」というような、日本発の善意の「不用品」が歪みを生み出す現実。アフリカの人のことを思ってかそうではないのか、なんとも判別しがたい、その優越感からの慈善活動には正直うんざりしたものです。（樫田　二〇〇六　一二五）

樫田がいた難民キャンプには、毛布などの配給物資の買い付けに来た何台もの大型トラックが頻繁に横付けされていたと言う。善意による支援が地元経済を混乱させているという払拭し難い現実。そうした現実を日々目の当たりにしていた現地駐在スタッフの心中はいかばかりであったろう。

一般にこうした局面に出くわすと、支援従事者も人間である以上、フロイトが指摘する「不快からの心理的逃走」からなかなか逃れられない。精神分析の始祖フロイトは、結婚式の日を自分の研究室で過ごしてしまい一生独身で暮らすこととなったある化学者の例を挙げて、その化学者には心の奥底で結婚したくないという気持ちがあったと分析する。単にもの忘れが起きたのではなく、結婚を望まないことを自分で認めたくなかったので、その感情すら思い出さないようした、というわけである。

同じように、国際協力においても、支援従事者は解消し難い課題に直面すると、「何とかせねば」と思いながらも、それと正面から向き合えば後戻りできなくなるため、ついついその前向きの気持ちを打ち消してしまう。先の例では、もし横流しされる可能性が表に出てしまうと、その活動を資金面などで支えてくれている自国の募金者たちが協力を止めてしまうかもしれないし、国際協力団体の本部から難問解決に乗り出すよう求められるかもしれない。そうなれば、資金や時間不足で現場は対応し切れなくなるかもしれない。そこで結局、「根本的な問題」について公言することを躊躇してしまい、しかも自分では現実回避を認めたくないので、いつの間にかそ

---

(21)近代化論が優勢であった一九五〇年代から六〇年代にかけては、経済開発・発展を念頭に置く資金供与や技術指導が国際協力の常道とされていた。「後発国」を経済的に「豊かな」社会に変えていくために資金や技術を投入し、生産性を高めれば低開発問題は解決するという考え方である。この手法が逆に貧困問題の悪化を招いたという反省から、以後さまざまなアプローチが試みられ、現在では住民参加、農村開発、市民社会、ジェンダー、保健衛生、環境、良い統治、民主主義、人権、平和構築など、国際協力の内容は社会・政治面においても多岐にわたるようになっている。

の難題の存在すら思い出さないようにしてしまう。支援従事者が人びとの「当面のニーズ」に専心しがちとなる背景には、こうした心理が働いていることもあろう。

難題に背を向けてはならないという気持ちと、それを忘れようとする「不快からの心理的逃走」。この二つの気持ちが同居することによって支援の成り行きが左右されてしまうことも少なくない。国際協力活動をより実り多きものにしていくために、そろそろ私たちは、その「裏舞台」で生じているこうした現実を真摯に捉え直し、そこから炙り出される問題点をじっくりと検証すべきではないだろうか。

目的論・機械論的な発想を問題視する

国際協力の「裏舞台」で「不快からの心理的逃走」が起きると、支援従事者はあらかじめ設定されたシナリオ（＝筋書き）通りに事業を進め、シナリオから外された難問を蚊帳の外に置きがちとなる。先の緊急物資支援の例で言えば、とにかく物資を供給せねばという気持ちが先に立ち、その活動が地元の調達・供給システムに悪影響を与えかねない懸念については意識の外に置かれるという傾向である。

緊急物資の有無が人びとの生存に関わるような場合には、何が何でも手際よく物資を届けなければならないのは当然である。しかし、問題なのは、状況の変化を見極めながら行われるはずの中長期の支援活動においても、同じようにシナリオ外の難題が脇に追いやられがちなことである。先の水道事業支援の例で言えば、「水汲みに毎日何時間も費やしてきた村びとの生活環境を逸早く改善する」というシナリオが立てられると、それに沿った成果を出すことばかりに目が行き、「外部条件」の負の側面（＝リゾート開発のために将来水源が枯渇し、村びとが水道を使えなくなるかもしれないという恐れ）が見過ごされるという事態である。そこではシナリオ通りの成果を目指し（＝目的論的発想）、シナリオに沿った事業を着々とこなしていくこと（＝機械論的発想）が優先されるので、対処しようのない（と見なされている）「外部条件」については最初から視野の外に置かれていることが多い。

こうした「シナリオ型」支援とは別に、シナリオ作りそれ自体を支援事業の中に組み入れようとするやり方もある。いわゆる「プロセス型」支援と呼ばれるアプローチである。筋書き通りに事業を進めようとする「シナリオ型」支援とは異なり、事業を進める中で目的やその達成手段を徐々に決定していこうという手法である。

この「プロセス型」支援アプローチは、たとえば女性の地位向上のような、既存の権力関係に変化をもたらそうとする活動において採用されることが多い。活動に賛同しかねる住民たちの間からどのような反応が出てくるのか、住民の意思決定プロセスを大事にし、支援事業を立ち上げる際には事前に何度も討議を重ねたり、視察旅行に出かけたり、試験的に活動を始めたりしながら、その地域に合った事業内容を徐々に練り上げていくというやり方だが、最近では多くの国際協力団体がこの手法を採用している（第3章で取り上げるラテン・アメリカのある村の事例も「プロセス型」支援に当たる）。

ところが、「プロセス型」支援であっても、どういう「望ましい」状態を目指し、そのためにどういう手続きを踏むのかといったシナリオは最終的には支援従事者主導で決められ、それに沿って活動が進められるという意味で、目的論・機械論的な考え方から本質的には離れていない。国際協力は「望ましくない」状況から「より望ましい」状況を作り出すための営みには違いなく、そのためには何らかのシナリオ作りは不可避である。しかし、支援の手法をはじめから「シナリオ型」とか「プロセス型」といった枠で括る限りは、国際協力全般が陥りがちな目的論・機械論的な発想から脱却できない。

「目標に誘導しない〔＝目的論的発想から離れる〕」、目標にたどり着く道筋を想定しない〔＝機械論的発想から離れる〕という形で計画性を放棄することは可能なのだろうか。この問題は多分に哲学的なので、計画性の放棄は今後の課題として、〔また〕計画性を放棄しないことを前提として〔国際協力の議論は進められる傾向にある〕」（佐藤　二〇〇七　一九三）。

「計画性を放棄しないこと」を前提とした目的論・機械論的アプローチの問題を掘り下げて考察しなければ、「当面のニーズに応えながら根本的な問題に向き合う」という課題はいつまでたっても積み残されたままとなる。目的論的・機械論的思考から離れた、「目標に誘導しない」「目標にたどり着く道筋を想定しない」支援の可能性は果たして可能なのだろうか。こうした「哲学的」な問いは、支援の現場で人びとの現実と向き合いながら深求されるべきであり、決して放棄されてはならないものである。

3　本書ではどのような「裏舞台」を取り上げるのか

地域住民を支援対象とする国際協力にはさまざまなタイプがあるが、本書では、住民自身が主体となった生活向上活動を手助けする「地域社会開発支援」に焦点を絞る。(22)「地域社会開発支援」は近年とくに注目を集めている分野だが、その背景には支援従事者による以下のような認識の高まりがある（佐藤　前掲　四―七）。

第一に、国や地方の総体的な発展を目指す従来式の大型開発（たとえば、産業誘致のための港湾整備、農作物輸出のための農園設立）は、必ずしも地元住民に恩恵をもたらすものではないという反省である。そこで最近では、地元の人びとの実情に即して、具体的な生活改善策を住民とともに考え、実現していこうという考え方が広まるようになった。

第二に、国際協力団体が主導する従来型の支援は、必ずしも住民のニーズや要望に沿ったものではないという反省である。そこで最近では、そうした乖離が起きないよう、国際協力活動の計画・実施を住民主体で進めるべきだとする意見が強く出されるようになった。

第三に、地域共同体が持つ慣習やしきたりの多くは住民の生存と安寧な暮らしに大切な役割を果たしてきた、ということに対する再認識である。農繁期の農作業の手伝い、宗教儀式を通した道徳精神の涵養、年長者による紛争の仲裁など、共同体の紐帯は多くの地域社会で弱まる傾向にあるが、それは先進国主導のグローバル化の波と軌を一にしている。地元に本来備わっている潜在能力(23)を取り戻し、それを拠りどころにしようとする地元の声に、支援従事者たちは耳を傾けるようになった。自国においても隣人どうしのつながりに拠って立つ地域社会の地位が低下し、代わって市場でのモノやサービスの取引が優勢化している。支援従事者たちの反省の眼差しは、

(22)住民の生活向上活動に対する支援としては、これ以外に当事国政府が行う組織・制度作りや大型インフラ整備の手助けもある。前者としては遠隔農村地域を対象とした農業普及制度の立ち上げ支援、後者としては都市と農村を結ぶ道路建設支援などが挙げられる。

(23)ここで言う地域共同体の潜在能力とは、いざという時に頼りになる周りの助け、あるいは安穏で心豊かな日常を過ごせる環境など、生きる上で必要とする非物質的な「溜め」(湯浅　二〇〇八　七八―八二)を供する機能のことである。貧困とは、お金や食糧など生活必需品の欠乏状態を意味するだけでなく、そうした「溜め」が足りない状態のことも指している。後者を充足する手立てとして、地域社会の持つ力に注目が集まっているのである。

徹底した個人主義と競争原理に埋め尽くされたわれわれ自身の社会に対しても向けられていると言える。先の中村の言葉を借りれば、それは「時流から距離を置き、より良い世界を真剣に模索する」（中村 前掲二〇〇七a 三）活動へとつながるものである。(24)

しかし、このような反省の下で生まれた「地域社会開発支援」も、目的論・機械論的な発想から自由であるわけではない。個々の住民が描く「望ましい」社会像はそれぞれの立場や環境によって一様ではないにもかかわらず、往々にしてしきたりさえ尊重すればよいといった発想に陥りがちとなる（第1章の南インドにおける津波復興支援の事例）。地元文化に根差した道徳や慣習は地域共同体の安寧秩序にとって大切な要素ではあるが、そこだけに目がいくとジェンダーや階層、民族、年齢をめぐる差別のように、しきたりが持つ負の側面を見過ごしてしまう場合もある。あるいは逆に、そうした負の側面のみに焦点を当てすぎると、旧弊社会を変革しさえすればよいといった発想に陥ってしまう（第2章のアフガニスタンにおける市民社会支援の事例）。いずれの発想も、白黒を単純に決めて支援を実施するという点で、目的論・機械論的な思考そのものであり、「地域社会開発支援」が乗り越えるべき課題である。支援従事者には地元の地域共同体のあり方を闇雲に尊重したり否定したりすることを控え、問題の是非については地元の人びととじっくりとコンセンサスを練っていくことが求められている。

「地域社会開発支援」の提唱者として名高いロバート・チェンバースは、人びと自身による生活向上活動を直接支援する国際協力は「時流」に乗れば乗るほどますます粗製乱造される傾向にあると指摘する（チェンバース 二〇〇七 三〇二―三〇九）。決められた予算、時間、人員内でどれだけの効果を出せるかという成果主義が国際協力の「時流」として幅を利かせる中、「地域社会開発支援」に携わる人たちも他分野の支援従事者同様、なかなか腰を据えた活動に取り組む余裕がなく、ついつい目的論・機械論的な発想に走りがちとなっている。「住民主体」と謳いながら、「支援従事者主導」で手際よく事業を進めるという矛盾に陥っている。

本書は、目的論・機械論的な発想で安易に支援活動が進められた場合、どのような局面で「根本的な問題」に向き合えなくなってしまうのか、そして「当面のニーズ」への対処に追われがちとなるそうした事態を乗り越えるにはどのような「発想転換」が必要なのか、それらを具体的な「地域社会開発支援」の事例を挙げながら読者とともに考えていくものである。

一般に、「地域社会開発支援」のプロセスには概ね四つの局面がある。①「支援対象地域への接近」⇒②「支援対象者の絞り込み」⇒③「住民参加の促進」⇒④「支援成果の把握」である。本書ではこれら四つの局面を各章ごとに順次取り上げ、それぞれの「裏舞台」から見えてくる課題や展望を明らかにする。

各章の議論のポイントと考察対象は以下の通りである。

■第1章　支援対象地域への接近――地元の「歓待」の表と裏　支援対象地域で活動を始める際、多くの支援従事者がまず心掛けること、それは地元の人びとに「歓待」されることである。支援事業を効率よく成功させるためには

---

(24)そもそも支援従事者たちがこの道に入ったきっかけは、自分たちの育った「豊かな社会」に対する疑問や、「豊かな社会」が手放してきた地域社会、隣人どうしのつながり、美しい自然景観などへの憧憬であることが多い。その意味で、国際協力活動はそれに携わる人たち自身が初心に立ち返って自らの社会の足元を見つめ直すための機会として捉えることもできる。

（＝目的論的発想）、地元の住民の理解を得て、調査や話し合いをてきぱきと重ねていく必要があるからである（＝機械論的発想）。支援を始めるためには、反対する人や集団を押し切って（たとえば、女性への支援に賛同しない男性グループをかわしながら）事を運ばざるを得ないことも少なくないが、そのような場合に何らかの摩擦が生じても、支援従事者はできるだけ穏便に、事を荒立てないよう努める。

しかし、このような手法はあくまで支援マニュアルに沿った発想にすぎない。実際の支援現場では、地元社会の実態に立ち入れば立ち入るほど住民との関係はぎくしゃくすることが多い。そのため支援従事者は、地元で「歓待」されるよう「客人」としての行儀よい振る舞い方に神経を使うのだが、同じ心理は、支援による何がしかの効果を期待する「主人」としての住民側にも働く。「客人」に気に入ってもらおうと、ありのままの姿を見せずに取り繕いがちとなる。実際には裏でさまざまな波紋や軋轢が生じていても、あたかも支援事業を全面的に「歓待」しているかのような振る舞いで「客人」を迎える。

第1章では、南インドのある漁村で行われた支援事業を事例に、支援従事者がそうした「主客関係」を甘受して住民の「歓待」ぶりを真に受けてしまったために、支援の成り行きにおいてどのような影響が生じたかを検証する。

地元の人たちに好意的に迎えられることは支援活動にとっては重要な第一歩である。しかし、実際には、支援従事者が思い描くように「歓待」されることはまずない。この章では、支援従事者がそうした現実に目を背けることなく、焦らず、ねばり強く、住民との信頼関係作りに努めていくことの大切さを考える。

■第2章　支援対象者の絞り込み――「言語の自由」から生じる曖昧さ

支援従事者の間では「ターゲット・グループを明確にした上で活動を始めよう」という金科玉条がよく口にされる。国際協力は地域特有の社会状況の中で進められるため、支援対象者を絞り込まなければ然るべき人たちに支援が届きにくいという難しさがある。そこで支援従事者は、支援対象者を射撃競技の標的に見立て（＝目的論的発想）、「ターゲット」に命中させるための現地調査や分析に計画的に取り組むことになる（＝機械論的発想）。

しかし、射撃競技とは異なり、実際の支援事業ではたとえ「ターゲット」に命中したかに見えても、目標外の人たちまでもが支援対象となっている場合が少なくない。理由は簡単である。現地調査では支援する側と支援される側の間で頻繁に情報交換がなされるが、当然、生身の人間どうしの言葉のやりとりでは、相互の認識のズレが担保されなければならない。言葉の指し示す範囲は本質的に多義性を持ち、言語とは原理的に曖昧さを孕むものだからである（＝哲学者ジャック・デリダの言う「言語の自由」）。見方を変えれば、そのズレの中にこそ、「ターゲット」化の手法だけでは捉え切れない問題、すなわち、「どうすれば必要な人に必要な支援が届けられるか」という「根本的な問題」が潜んでいる。

第2章ではネパールの「土地なし農民」とアフガニスタンの「市民社会」を支援対象とした活動を取り上げ、「土地を持たない貧しい農民」「自由・平等な市民どうしの連帯」という風に支援対象を限定したとしても、実際には想定外の個人や集団・組織が支援対象に含まれている現実を見ていく。その上で、「ターゲット」の絞り込みに成功したかどうかで支援の成否を判断するような考え方を批判的に検証し、「絞り込み」のプロセスで生じる「曖昧性」を常に念頭に置いて活動の成り行きを見守るという「発想転換」の有効性について考える。

■第3章　住民参加の促進――主体性を制限する「例外状況」　第3章では、「住民主体」を重んじようと努めながら、いつの間にか人びとの主体性を不必要に制限してしまった支援活動の事例に焦点を当てる。

なぜそのような「例外状況」が生じるのか。住民の主体性を制限するこの「例外状況」は、国際協力活動そのものが温存してきた旧習を支援従事者たちがいまだに打破し切れていない状況と直に結びつく。そもそも国際協力活動は「進んだ・豊かな」人びとと「遅れた・貧しい」人びとという、西欧の近代主義が流布してきた二項対立を暗黙の前提とする。そうした価値意識の温存が、意識的であれ無意識的であれ「遅れた・貧しい状況を救いたい」という強者の気持ちを支援従事者たちの意識の奥底に宿らせている。その結果、「人びとが主体的に取り組めるようになる（＝目的論的発想）には外からの働きかけが必要である（＝機械論的発想）」という単線的な思考から離れられずに、必要以上に「住民主体」を制限し、「支援者主導」で支援を進めてしまうのである。

この章では、参加型農村調査法（ＰＲＡ　Participatory Rural Appraisal）や参加型学習と行動（ＰＬＡ　Participatory Learning and Action）を紹介した代表的な日本語文献の中で「成功」例とされている「住民主体」の取り組みの事例が、実際には必要以上に「支援者主導」の枠組みの中で行われていたことを明らかにし、そうした「例外状況」をどう乗り越えるべきかについて考察する。

■第4章　支援成果の把握――「持続」する活動の成り行き　通常、支援成果の評価は事業のシナリオに照らして行われる。「失敗」の度合いが著しく認められた場合、シナリオ自体の是非が問われることもあるが、大半は、所与のシナリオとその中で据えられた目標を踏まえて（＝目的論的発想）、諸活動がその目標の達成にどれだけ寄与したか（＝機械論的発想）、という観点から支援成果が評価される。

しかし、支援成果の成否は対象地域の社会動向と複雑に絡み合っており、実際の支援活動は事前のシナリオを超えてさまざまな方向に派生し、思わぬ展開を生み出していることが多い（＝哲学者ベルクソンの言う「持続」状況）。ところがそうしたシナリオ外の成り行きを限られた時間、予算、人員の中で把握することは容易ではない。こうして支援従事者は、はなからシナリオ外の事柄については視野から外し、既定のシナリオに沿った部分的な事業評価しか行わないという状況に陥っていく。

第4章では、ブータンとネパールで行われた参加型ガバナンス事業を取り上げる。双方とも、対象地域の周縁に暮らす人びとの意向を反映させて開発行政の恩恵を広範囲に行き渡らせようとする目的で行われた事業であり、目論見通りに事が運んだ「成功」例として知られている。しかし、そのシナリオから一歩離れれば、被差別集落の排除や社会の分断化の進行など思わぬ事態が潜行していた事例でもある。この章では、既定のシナリオが有する限界性を踏まえた上で、シナリオの外で生起する成り行きにも意識を働かせながらより包括的な支援成果の評価に努める必要について考える。

このようにどの局面を見ても、目的論・機械論的な発想の中で「当面のニーズに応える」ことはできても、「根本的な問題に向き合う」ことは疎かになっている現実が見えてくる。しかも、支援従事者の多くがそのことに気づいていながら、そのジレンマを乗り越えられずにいる。この状態がいつまでも看過され続けて良いはずはない。こうした状態が続く限り、地元社会の人たちとの真の信頼関係は築けないからである。人びとともにあるはずの活動がその信頼を失ったならば、国際協力それ自体の存在意義が問われることとなろう。

国際協力活動は今、大きな岐路に立っている。このままのやり方を続けるならば、①形式的な「主客関係」から脱け出せず、地元の人びととの真の対話が成立しない（「支援対象地域への接近」の問題）、②支援対象者を絞り込んでも、然るべき人びとに支援の手が行き届かない（「支援対象者の絞り込み」の問題）、③「住民主体」を尊重しながら「支援従事者主導」のシナリオから脱し切れない（「住民参加の促進」の問題）、④事業のシナリオから漏れ出た大事な支援の成り行きを見落としてしまう（「支援成果の把握」の問題）、といった「根本的な問題」が手付かずのまま放置されてしまうだろう。

人びとが安心した生活を続けていくには、日常的な当面の事柄に対処しつつも、長い目で将来展望を描きながら行動していくことが欠かせない。国際協力においても同じである。「当面のニーズに応える」ことと「根本的な問題に向き合う」ことは国際協力において不即不離でなくてはならない。そうした認識から生み出される「発想転換」が具体的な支援の現場で機能するようになれば、都合の良くない「裏舞台」に背を向けるという慣例から脱却した、真の国際協力のあり方がおのずと浮かび上がってくるだろう。「住民主体」という言葉が持てはやされ、「時流」に乗った支援の手法が幅を利かせる今こそ、あえてそこから距離を置き、国際協力のあり方を「根本」から見つめ直す作業が求められている。

引用文献

東浩紀・大澤真幸、二〇〇三『自由を考える―九・一一以降の現代思想』ＮＨＫブックス。
雨宮処凛・萱野稔人、二〇〇八『「生きづらさ」について―貧困、アイデンティティ、ナショナリズム』光文社文庫。
今田克司、二〇〇六「変わる国際ＮＧＯの役割と貧困をなくすグローバルなキャンペーン」功刀達郎・毛利勝彦編『国際Ｎ

GOが世界を変える』東信堂。

内山節、二〇〇九『怯えの時代』新潮選書。

小沢牧子、二〇〇二『「心の専門家」はいらない』洋泉社新書。

樫田秀樹、二〇〇六「みんなの善意が作り出す歪み」田中優・樫田秀樹・マエキタミヤコ編『世界から貧しさをなくす三〇の方法』合同出版。

熊岡路矢、二〇〇五「歴史の中のNGO」日本国際日本国際ボランティアセンター『NGOの選択―グローバリゼーションと対テロ戦争の時代に』めこん。

国際開発高等教育機構、二〇〇七『PCM―開発援助のためのプロジェクト・サイクル・マネジメント　参加型計画編』（二〇〇七年三月改訂第七版）。

国際協力事業団、二〇〇二『実践的評価手法―JICA事業評価ガイドライン』国際協力出版会。

後藤一美、二〇〇五「日本の国際開発協力を問う」後藤一美・大野泉・渡辺利夫編『日本の国際開発協力』日本評論社。

佐藤寛編、二〇〇七『テキスト社会開発―貧困削減への新たな道筋』日本評論社。

下村恭民・辻一人・稲田十一・深川由起子、二〇〇一『国際協力―その新しい潮流』有斐閣選書。

シャプラニール＝市民による海外協力の会、二〇〇六『アジア・市民・エンパワーメント―進化する国際協力NPO』明石書店。

白石嘉治・大野英士編、二〇〇八『増補　ネオリベ現代社会批判序説』新評論。

セン、アマルティア／池本幸生・野上裕生・佐藤仁訳、一九九九『不平等の再検討―潜在能力と自由』岩波書店。

高木保興編、二〇〇四『国際協力学』東京大学出版会。

高橋清貴、二〇〇八「マイクロクレジットは情報と技術があってうまく機能する」田中優・A SEED JAPAN エコ貯金プロジェクト編『おカネで世界を変える三〇の方法』合同出版。

チェンバース、ロバート／野田直人監訳、二〇〇七『開発の思想と行動―「責任ある豊かさ」のために』明石書店。

土佐弘之、二〇〇六『アナーキカル・ガバナンス―批判的国際関係論の新展開』御茶の水書房。

友松篤信・桂井宏一郎編、二〇〇六『大学テキスト　国際協力論』古今書院。

中村哲、二〇〇六『アフガニスタンで考える―国際貢献と憲法九条』岩波ブックレットNo.673。

中村哲、二〇〇七a『医者、用水路を拓く―アフガンの大地から世界の虚構に挑む』石風社。

中村哲、二〇〇七b「テロ特措法はアフガン農民の視点で考えるべきである」『石風』No.21、石風社。

新潟国際ボランティアセンター、二〇〇八『地方発国際NGOの挑戦―グローカルな市民社会に向けて』明石書店。

福元満治、二〇〇九『伏流の思考―私のアフガン・ノート（増補版）』石風社。

藤岡美恵子・越田清和・中野憲志編、二〇〇六『国家・社会変革・NGO―政治への視線／NGO運動はどこへ向かうべきか』新評論。

見田宗介、二〇〇六『社会学入門―人間と社会の未来』岩波新書。

湯浅誠、二〇〇八『反貧困―「すべり台社会」からの脱出』岩波新書。

第 1 章

支援対象地域への接近

地元の「歓待」の表と裏

国際協力団体が支援対象地で全面的に「歓待」されることはまずない。支援従事者は、住民たちに支援の申し出を「歓待」してもらい、事業計画を手際よく完遂すれば良い、といった単線的な発想から脱け出し、地元から提供されるさまざまな問題提起を真摯に受け止め、支援の成り行きは自分たちでは制御し切れないという限界性を踏まえた上で、地元との信頼関係を築いていかなければならない。

1　支援申し出に対する無条件の「歓待」はあり得るのか

国際協力団体は地元の人たちを直接支援する「地域社会開発支援」を進める際、まず地元住民に支援を申し出ることで「歓待」されようと努める。問題対処に協力しようとする姿勢を地元の住民たちに好意的に受け入れてもらうこと[1]が、「地域社会開発支援」に着手する上での大切な第一歩となるからである。

しかし、地元の住民たちといきなり腹蔵ない対話をしようとしても、そうはなかなかできない。ロバート・チェンバースが指摘するように、支援する側も支援される側も相手の出方を窺いながら接することが多いからである。

訪問者を気前良くもてなす名士たちの中には、最も貧しい人々のことを尋ねられるのをいやがる人々がいる。［中略］こうしたことに対する礼儀正しさや分別さが［支援従事者側に］あると、聞きにくい質問をしたり、村の中で貧しい人々が住む地域に入り込んだり、外に出て働いている女性と話をしたり［といった行為が］、［中略］さまざまな場合において消極的になってしまう。**礼儀正しさと臆病さ**も、アウトサイダーと貧

しい人々を引き離す要因となるのである。（チェンバース　一九九五　五五、傍点は引用者）

多くの国際協力団体はこのような「礼儀正しさと臆病さ」の問題に屈することなく、「名士たち」を説得することで「貧しい人々」への支援を実現してきたし、然るべき人たちに支援が届くよう、女性に限った活動を展開するとか、村のはずれの集落に的を絞るといったように、(2)「貧しい人々」の中でも性別や居住地などを特定した支援に積極的に努めてきた。住民たちの間に支援対象の決定方法や内容に対する意見の違いが生じれば、全面的な「歓待」（＝無条件の「歓待」）は容易ではなくなるが、国際協力団体はそのこともよく承知してきた。

とは言え、支援対象集団や支援対象地域の内部には、それ以上にややこしい人間関係もある。たとえば村はずれの集落の場合、そこが同じように「貧しい」人たちからなる共同体であったとしても、村びとの間に「誰と誰が仲間で、誰と誰の間にしこりがある」といった話が存在するのは（われわれの身近な集団にもよく見られるように）普通である。それは出自から生じる派閥かもしれないし、支持政党の違いから出てくる対立かもしれない。

そう考えると、地域や集団を挙げて無条件の「歓待」を受けるのはますます難しいことがわかる。たとえ支援対象を公明正大に定めたとしても、支援従事者は特定の誰かを通して支援計画の話し合いを進めることになる。

(1)もちろん、必ずしも人びとは何が自分たちの社会にとって望ましいのかを認識しているわけではないから、国際協力においては、まずは啓発活動を通して住民の意識向上を図ろうとすることもある。たとえば、トイレ設置を支援する際に、衛生改善の大切さを住民に説くような場合である。これによって、なぜトイレの設置が必要なのか、その「真」のニーズを知ってもらうための働きかけを行い、「歓迎」を得られるよう取り計らうわけである。

(2)「支援対象者の絞り込み」については第2章で考察する。

窓口として選ばれた人が不偏中立な立場で支援対象者全員と等しく付き合っているようなケースは稀であり、その人を取り巻く地元の人間関係が支援活動の内容や進め方を左右することが多い。

ところが、支援を始める際につきまとうそうした問題に気づいていても、支援従事者は往々にしてそれに対処できない場合が多い。集落内のややこしい事情に踏み込もうとすればするほど、住民との関係がぎくしゃくするからである。たとえ支援対象者の選定が派閥に左右されたことが判明し、支援従事者がそれを正そうと別のグループの意向を尊重したとしても、それとはまた別のグループから反発が生まれると住民間の意見の収拾がつかなくなってしまう。そうなっては事業の目的である「生活に困窮する人びとへの支援」が始められなくなるので、国際協力団体側としても、わかりやすい区分で支援対象を絞り込んだ後は細部にはあまり深入りせず、既定のシナリオに沿った支援事業を着々と進めていくことになる。自分たちの活動ができるだけ多くの人たちに快く受け入れられることを目指して（＝目的論的発想）、現地での調査や話し合いをできるだけ効率よく進めるよう（＝機械論的発想）努めるわけである。

しかしこのようなやり方では、「支援活動を軌道に乗せる」という「当面のニーズ」には手際よく応えられても、「地元の『歓待』（部分的もしくは表面的である場合が多い）の裏にある社会の実相にまではなかなか立ち入れない」という「根本的な問題」がなおざりにされたままとなる。

無条件の「歓待」の難しさ——国際協力団体の抱える制約

この問題について考察する上で、哲学者ジャック・デリダの分析が役に立つ。デリダによると、そもそも「歓待」（＝「手厚いもてなし」）という行為そのものの中に自己矛盾する面があると言う（デリダ　二〇〇一　九一—

一〇七）。

デリダに拠りながら身近な例を挙げてみたい。学校教師が保護者宅を訪ねる家庭訪問では、保護者は教師を「歓待」するのが一般的であるが、この場合に教師は、「よくおいで下さいました」という保護者の挨拶を受けたその瞬間から「客人」になることを求められる。いくら自分が手厚いもてなしを受けるからと言って、教師は保護者の家の中に勝手に入り込むことはできないし、部屋に通された後も気ままに家の中を見て廻ることは許されない。「歓待」という行為が成り立つのはあくまで保護者が「主人」として、そして教師が「客人」として振る舞う限りにおいてであり、それは条件付きの行為にすぎないのである。何の前触れもなく教師が訪問してきたら保護者は慌てふためくであろう。無条件の「歓待」などそうそう成り立つものではなく、事前通知という条件があってはじめて保護者は応接室や玄関をきれいに片付けたり、お茶やお菓子の準備をし、「客人」を客人として迎えることが可能となるのである。

無条件の「歓待」の難しさは、日本における外国人労働者の受け入れに関する議論に象徴的に表れている。この場合、外国人労働者を「歓待」したい受け入れ派であっても、日本の事情に絡めた条件の中でその必要性を論じがちとなる。つまり、外国人の労働力を必要とする地域や産業が増えているとか、年金・医療保険の財政建て直しのために門戸を開く必要がある、というような意見である。雇用機会を求める人びとには国籍を問わず居住や移転の自由を保証すべきだとする「普遍的責任」論（斎藤　二〇〇八　二三四―二四〇）が持ち出されることは少ない。こちら（＝日本）の事情がどうであれ外国人労働者を無条件で「歓待」しようという風にはなりにくいのである。

国際協力に目を転じてみても、やはり無条件の「歓待」の難しさは同じである。たとえば、一九八四年に行われたエチオピアでの緊急支援がそうである。当時エチオピアでは飢饉や紛争で多くの人びとが食糧や住処を失い、エチオピア政府の許可を受け、多くの国際NGOや各国の政府開発援助（ODA）機関、国際機関が緊急支援に乗り出した。エチオピア各地に設けられた救援キャンプには、何とか生き延びようと多くの人びとが支援を求めてやって来た。しかし、支援を受け入れた、言わば「歓待」する側のエチオピア政府は救援キャンプに軍隊を送り込み、避難民を一斉検挙してトラックに乗せ集団連行した。ちょうどその頃、エチオピア政府は北部山岳地帯の住民を新経済発展地域に指定した南部に強制移住させるという政策を取っていたために、避難キャンプが北部住民をおびき寄せる呼び水として使われてしまったのである。

そうした中で支援従事者は、避難民が必要とする支援をキャンプ内で粛々と供給するという中立主義の原則(3)に基づき、政治的な騒擾には沈黙を保ち続けた。そうせざるを得なかったのは、もし強制移住政策に抗議するならば、エチオピア政府に支援の受け入れを拒否され、活動が継続できなくなる恐れがあったからである。「客人」である国際協力団体には「主人」であるエチオピア政府の意向に逆らわないという「礼儀正しさ」が求められ、その限りにおいて同国政府は国際協力団体を「歓待」することができたのである。

たとえ「主人」が国家でなく小さな村の場合であっても、「客人」としての国際協力団体が無条件の「歓待」を受けることは難しい。保護者が家庭訪問の前に家の中を取り繕っておくように、「主人」としての地元関係者も国際協力団体を迎え入れるにあたっては村内の体裁を整えておくであろうし、教師が保護者の家の中を勝手に見て廻ることができないように、「客人」としての支援従事者も村の中を気まま放題に歩くことはできないからである。そうした主客関係の中で支援活動が開始されれば、当然、国際協力団体は村のありのままの姿を把握できない中で、往々にしてスタート時点から適切な対応を取ることが難しい状況に置かれることとなる。

地域住民へのしわ寄せ——「アイデンティティの混乱」

無条件の「歓待」が難しいという背景には、「主人」の側にも「客人」を気づかうがために思うような行動が取れなくなるという事情がある。[4] 家庭訪問の例に戻るなら、教師から「あなたのお子さんは授業に集中できていません」と言われれば、日ごろ子どもが世話になっている手前、保護者は反論したくても「申し訳ありません」とついつい謝ることが多い。これと同じように、国際協力の場合にも、「物をもらうと、もらった側は負い目を感じ」「[支援する側の]意向をふまえる」[5] という「援助の非対称性」（佐藤 二〇〇五 五七）が作用する。国際協力団体に徹頭徹尾注文を付けてしまうと支援が手に入らなくなる恐れもあるので、ある程度は「客人」の言い分に従う必要が出てくる。別の思いが心の中にあっても、支援を「歓待」するかのごとく「礼儀正しく」振る舞う

---

(3)近年の国際協力においては、こうした「中立主義」に代わって、「保護する責任 Responsibility to Protect」という考え方のもと、国民の自由や福利を守れない国家に対して積極的に是正を求めていく立場が主流となっている。

(4)デリダが指摘するように、「主人」の側にも「私はある意味では他者の人質なのであって、自宅に他者を迎え入れつつすでに私が他者の招待客であるという状況」（デリダ 二〇〇一 九七）が生まれる。つまり、「客人」が訪問してきた際には「主人」の側も「客人」をもてなさなければならず、「礼儀正しく」振る舞う必要が出てくるということである。

(5)ただし、「[国際協力団体の]望む行為を[地元住民が]自主的に選択することも十分にありうる」（佐藤 二〇〇五 五七—五八、傍点は引用者）といった受け止め方をしてしまうと、すべてを地元住民の意思の結果にしてしまうような自己責任論につながりかねない。日本のワーキングプアやホームレスの問題を当事者自身の責任として片付けてはならないのと同じように、地元住民の「礼儀正しさ」からくる対応も個人の問題として済ませてはならない。ここではむしろ、住民を「礼儀正しく」振る舞うよう仕向ける「援助の非対称性」を変えていくことが大切となる。

わけである。

しかも、問題を複雑にするのが、「支援対象者の絞り込み」という国際協力の持つ「えこひいき」性であり、これが対象から漏れた人たちの間で「ジェラシー」を生んでいる（同上　二二五―二二九）。先にふれたように、同じ「貧しい」集落の住民であっても、性別や出自などの違いで個人の抱える生活苦の度合い、内容は異なり、部外者からは見えにくい力関係が働いていることも多い。地元社会では人間関係が複雑に入り組んでおり[6]、そうした中で特定の誰かを支援する国際協力の「えこひいき」性はさまざまな形で「ジェラシー」を引き起こす要因となっている。

たとえば、第2章と第4章で取り上げるネパールのある村の先住民は、一九世紀に入ってからこの村にやって来た移民に土地を奪われて以来、今でも「土地なし農民」として貧しい暮らしを送っており、表面上は皆同じ境遇に置かれた同胞である。しかし、「客人」としての国際協力団体を「主人」として「歓待」したのはたいていは生活に比較的余裕のある男性たちであり、彼らは「客人」との話し合いを牛耳って女性たちの意見をなかなか聞き入れようとはしない場合が多かった。また、同胞の中でもより厳しい生活を余儀なくされている極貧世帯の人たちに至っては、寄り合いの場にすら呼ばれることがほとんどなかった（Masaki 2009 16-19）。国際協力団体との折衝ではこうした男性たちが「えこひいき」の対象となりがちだったので、それ以外の同胞の間から「ジェラシー」が生まれたのである。

このように、実際には支援事業の案件を地元住民が皆一様に「歓待」するということはあまりない。デリダの言葉を再び借りるならば、支援対象地の人びとの間には多少なりとも「アイデンティティの混乱」、つまり支援の捉え方をめぐる緊張・対立が見られるのである。しかも、「援助の非対称性」の中で人びとは「国際協力団体の考えに従っておこう」と考えがちになることから、そうした「アイデンティティの混乱」が表面化することも少ない。

無条件の「歓待」の難しさにどう対処するのか

以上の考察より、国際協力の申し出が、地元社会を挙げて無条件に「歓待」されるのは稀であることがわかる。「客人」としての支援従事者は「主人」としての地元住民に失礼のないよう気遣いをしなければならず、しかも、支援活動には「えこひいき」性がともなうので、地元社会の人たちも「アイデンティティの混乱」を経験する。困っている人びとに助けの手を差し伸べれば好意をもって受け入れられる、といったストーリーだけでは支援対象地域への接近を語り尽くすことはできない。「歓待」は「緊張の関係であり、このような歓待は、まったく安易なものでも平穏なものでもありません」（デリダ　前掲　九七）とデリダが指摘する通りである。支援従事者は「礼儀正しさ」を乗り越えて、地元の人たちと真の信頼関係を築くよう努めなければならない。

学究目的のフィールドワークでも、「信頼関係」作りは重要なテーマである。地元社会の日常生活にまで立ち入って情報や知識を得ようとする調査者には、どうしても他所者としての「得体の知れなさ」や「異人性」がつきまとう（佐藤　一九九二　三五—五四）。そこで、**表1**（次頁）に見られるように、調査者は単なる一時的な「訪

(6)「えこひいき」性の問題は、「女性を援助するならばその社会の男性はどう思うのか、農村の人たちを支援するならば、その近くのまちの人たちはどう思うのか」（佐藤　二〇〇五　二一八—二一九）といった単純な二分法では済まない。支援対象地の社会関係はそうしたわかりやすい区分だけでは捉え切れない。表には出てこないところで生み出される「ジェラシー」にも目を配りながら、地元住民との信頼関係を築いていくことが大切である。

表1　調査者が持つ「異人性」の類型

滞在目的	訪問者	居住者	成員
ホスト社会の対応	**ゲスト**	**寄留者**	**新参者**
「お客さん」度	大	中	小

出典：佐藤郁哉『フィールドワーク―書を持って街に出よう』（新曜社、1992、表Ⅲ－2、137頁）をもとに筆者作成。

問者」や「居住者」としてではなく、地元社会の「成員」として受け入れられるよう心掛ける。「お客さん」度ができるだけ低くなるよう、調査者は「ゲスト」から「寄留者」へ、さらに「寄留者」から「新参者」へと変わっていきながら、対象社会に溶け込んでいくことが求められるのである（同上　一三七）。こうしたアプローチは学術用語では「自然主義的探求 naturalism」と呼ばれるものだが、国際協力の現場でもそのようなプロセスを経て地元の人たちと「自然」に接触できる関係ができれば、表面的な「歓待」では見えてこない人びとの素顔に接する機会も増えてくるだろう。

　とは言え、限られた人員と資金の中でやり繰りしなければならない支援従事者にとって、学術調査のフィールドワーカーのようにたっぷりと時間を費やすことは容易でない。むしろ「期限内に何としても事業を完遂させなければ……」というプレッシャーの中で仕事を進めざるを得ない場合が多い。小さなコミュニティの小規模事業であれば、地元の人たち全員と懇意になり、地元社会に溶け込みやすくなるかもしれないが、費用対効果で事業の成果が評価されがちな国際協力の世界では狭いエリアに限定してじっくりと時間をかけて活動することはなかなかできない。

　このように考えると、無条件の「歓待」の難しさを乗り越えるのは不可能に思えてくる。「そもそもこうした問題は人間社会ならどこでも生じるのだから、あれこれ考えをめぐらせても仕方がない」、となるのだろうか。いや、そのような悲観的な立場にとどまってはならない。むしろ、主客関係で成り立っている「歓待」の性質、すなわち「歓待」という行為には常に何らかの条件が付くという性質を踏まえた上で、信頼関係作りのための第一歩を踏み出すことが大切である。これは、無条件の「歓待」は求めない、という一つの発想転換である。[7] 支援対象地の人たちが無条件に支援を受け入れないからと言って、あるいは支援対象地の人たちの間に「アイデンティティの混乱」が見られるからと言って、ただただ「礼儀正しく」既定のシナリオに沿って支援を進めていけばよいという、これまでよく見られた目的論・機械論的な発想の中にとどまっていては地元の人たちとの真の信頼関係を築くことは難しい。

次節では、南インドにおける津波復興支援を事例に、主客関係の中で、なぜ支援従事者は地元の「歓待」の裏で生じていた波紋に背を向けざるを得なくなったのか、そしてそれが支援活動の成り行きにどのように影響していったのかを検証する。その上で、支援従事者が「歓待される客人」の立場を超えていくには何が必要なのかを考察する。

(7) デリダは、無条件の「歓待」と同じく、無条件の「贈与」があり得るという前提に対しても疑義を投げかける（Derrida 1991）。たとえば、なぜ子どもに愛情を注ぐことができるかと言えば、それはその子が他の誰でもない自分の子だからであって、「この世のすべての子どものために」という純粋な動機があるからではない。しかし、注がれる愛情が無条件ではないからと言って（＝他人の子を同じようには愛せないからと言って）、親にわが子を思う気持ちを捨てよと誰が勧めるであろうか。デリダによると、それが無条件ではないからこそ親はわが子に愛情を注ぎ続けることができ、あれやこれやと子育てに悩むこともできるのである。わが子に対する親の愛情が無条件ではない、と言い切れるかどうかは議論の分かれるところではあろうが、大切な点は、こうしたデリダの論理が、国際協力の抱える「歓待」問題への対処を考える上で役立つことである。終章でこの点に立ち返りたい。

2　無条件の「歓待」の裏に何があるのか――南インドの津波復興支援

本節では、二〇〇四年一二月のスマトラ島沖地震で津波被害を受けた南インドのある村の事例を取り上げる。スマトラ島北西沖のインド洋で発生したマグニチュード九・三の地震は巨大な津波を引き起こし、インドネシアだけでなく、インド、スリランカ、マレーシア、タイなどのインド洋沿岸諸国、さらにはソマリア、ケニア、タンザニアなどのアフリカ大陸東岸にまで甚大な被害を及ぼした。ちょうどクリスマス時期であったため、日本人を含む多くの外国人観光客で賑わういくつものリゾート地も惨事に巻き込まれたが、本節で取り上げる被災地は南インド地域沿岸の漁村である。

その被災村（以下、A村）は、翌二〇〇五年二月より日本のあるNGOによる津波復興支援を受け入れた。インド南東部A州にあるA村は世帯総数が約三五〇戸である。津波による死者数は二二名と、周りの村に比べれば少ない方だったが、それでもほとんどの漁民は船や網といった生計の道具に大なり小なり損害を被っていた。しかもこの村は町から離れた奥地にあるばかりか、ベンガル湾に注ぐ河口近くの中洲に位置していたため、村と陸地をつないでいた橋が津波で破壊されてしまい、渡し舟を使わなければたどり着けない孤立状態にあった（**写真1**）。

地の利が悪く、死者数も相対的に少なかったA村には、周りの村に比べて支援がさほど届いていなかったため、住民たちは当然この日本のNGOの来訪を「歓待」した。被災直後の緊急支援時には他の村同様さまざまな支援物資が届けられたが、一定の時間が過ぎると、国内外からの支援はどうしても、アクセスがしやすく被害が甚大な場所に集まりがちであった（**写真2**）。そうした情勢からあえて距離を置き、支援条件の良くないA村を選んだこのNGOの決定の仕方は際立っていた。

しかもこの日本のNGOは、A州への緊急支援の流入が被災者の依存心を高めている現状を踏まえ、A村の住民がNGOを「歓待」しているからと言って、それに安易に応じるつもりはなかった。実際、A村周辺の被災地では国際協力団体が次から次とやって来ては物資やお金を大量に供与していたために、A村の男性たちの間では「もらえるものはもらっておこう」という欲求が高まり、このNGOの支援方針（＝被災者の依存心を不用に増

写真1　A村に向かう渡し舟。

写真2　津波被害があった近くの別村。A村［写真5］とは違ってほぼ全家屋がこのように倒壊し、しかも町から近いこともあって、多くの国際協力団体が助けの手を差し延べていた。

長させない）に同意しない構えを見せていたが、NGOは自分たちの考えを貫いた。この点では、住民たちにとにかく喜んでもらえれば良い、そのためには支援を手際よく進めれば良い、といった国際協力団体の陥りがちな目的論・機械論的発想とは一線を画す取り組みであった。

このNGOの関係者は、被災者に単なる施しを授けるのではなく、地元の自助グループ（SHG **Self-Help Group**）が自らの手で復興資金を運用しながら、中長期的な生活改善を目指す助けになりたいと考えていた。地元の人たちが主体となった生活改善運動を手助けする「地域社会開発支援」である。

この村の女性たちはかつてSHG活動を行った経験があったため、男性とは違ってNGOの方針に理解を示した。以下は、二〇〇五年一月にこの日本のNGOがA村の住民と話し合いを始めた時の様子である。(8)

男性たちが新しい網の購入や壊れた漁船の修理のための支援を希望したのに対して、女性たちは「私たちのSHGに資金を預けて下さい。小額でも構いません。そうすれば、きちんと運用します」と訴えた。すると男性たちがこれに反対し始めた。

NGOスタッフ「私たちは限られた資金しかありません。それを最大限に活用しようとするご意志がないのなら、われわれではなく、別の支援者をお探しになってはいかがでしょうか。いずれ別の支援団体がやって来るでしょうから、それをお待ちになると良いでしょう」。

NGOスタッフにそう忠告された男性たちは黙ってしまい、代わりに女性たちが話し始めた。

女性1「私もその通りだと思います。あれこれ欲しいと理不尽な要求をするのなら、別の支援を待っていてはどうでしょうか」。

女性２「私も同感です。この方たち［＝日本のＮＧＯスタッフと現地で雇用されたローカルコンサルタント］は、私たちが責任を持って復興活動に当たるのなら一緒に頑張りましょう、と言って下さってます。そこまで励ましてくれる支援団体は他にはなかなかありませんよね」。

女性３「その通り。今までの訪問者の中には、空約束はするけれど、写真を撮るだけで二度と戻って来なかった人もいたではないですか」。

女性４「あなたたち男性が、そうやって船の修理をしてほしい、網がほしいなどと言うのであれば、私たちはこの人たちと別のところで話をします」。

男性一同は沈黙するしかなかった。

そこで、ＮＧＯスタッフと村の女性たちは場所を移して、どのような活動に取り組むべきかについてさらに話し合いを続けた。その結果、女性のＳＨＧが日本のＮＧＯによる復興支援の受け皿となり、この融資を、網や漁船の修理・購入をはじめどんな用途であれ、生活の立て直し資金を必要とするメンバー向けに活用していくこととなった。そして女性たちは、資金を一度に使い切るのではなく、融資を受けたメンバーが支払う利子やメンバー全員に課せられた月々の積み立て金などを活用しながら、原資を上手に運用していくことを約束した。

（８）本節での場面描写は、当ＮＧＯの現地スタッフが筆者宛てに二〇〇五年四月一一日、Ｅメールで送ってくれた報告書の記載内容をもとにしている。

NGOスタッフ「復興支援を始めるに当たっては、まずはSHGに支援金をお渡しして、それを運用していただきます。つまりメンバーが資金を借りてはグループに返すというサイクル方式を提案したいのですが、それで良いでしょうか」。

女性一同「はい」。

NGOスタッフ「皆さんはこれまでやってきたSHG活動の中で資金運用を行った経験はおありですか」。

女性一同「(沈黙)」

NGOスタッフ「もしご希望があれば、私たちは資金をうまく運用しているA市［A村に最も近い町から高速バスで七、八時間かかるA州都］のグループを知っていますから、視察に来られませんか」。

女性1「是非お願いします。ただ、私たちは津波に遭ってから台所事情が苦しいので、バス賃だけでも出していただけませんか。それ以外の費用は自分たちで負担します」。


このレポートから伝わってくるのは、津波被害に苦しむA村に対して、資金援助のみならずその運用方法に至るまできちんと対話を重ねて「地域社会開発支援」を行っている日本のNGOと、それを「歓待」する地元の女性たちの姿である。

「歓待」の背景にある複雑な社会事情

しかし、A村の女性たちは、純粋にこの日本のNGOを「歓待」していたわけではない。その裏には、NGOスタッフとの間で表立って話し合われることのなかった隠れた地元事情があったのである。

先述の通り、国際協力団体の多くは限られた予算・人員でやり繰りしなければならず、また、学術調査団のようにたっぷりと時間を費やすことも難しい。この日本のNGOも例外ではない。実際、このNGOは以前からA州の隣のB州で女性SHGを支援してきたが、今回の津波復興支援では、二名の日本人駐在スタッフの内の一名がA州都まで飛行機で飛び、そこからさらにA村まで七、八時間かけて車で駆けつけ、被災からわずか三ヶ月で、通常業務もこなしながら、初めて訪れる土地で支援開始にまでこぎつけた。こうしたスタッフの献身的努力は賞賛に値する。[9] ただ、それゆえにと言うべきか、そうした諸制約の下では、村びとに好意的に迎えられる必要上NGOスタッフは「客人」として「礼儀正しく」振る舞わざるを得ず、「主人」である村びとたちの裏事情まで立ち入ることはできなかった。

日本人NGOスタッフはA州でSHG支援に携わるローカルコンサルタントを帯同してA村を訪れた。このコンサルタントのSHG支援の仕事振りは州内でも評価が高く、日本のNGOも隣のB州で同様の活動を進める上で日頃から協力を仰いでいた。[10] しかし、そのコンサルタントは、A村では控え目な行動しか取らず、多少なりと

(9) 筆者が支援開始式典（二〇〇五年三月二四日）に出席させてもらった時も、このNGOスタッフはその前日にA村の女性たちと話し合う時間を持ち、式典終了後は直ちにB州にトンボ返りするような状態だった。それ以前のA村との接触は、事前調査（同年一月一八日から二〇日まで）における数時間の訪問と、その翌々週に行われた活動内容の詰めの作業（同年一月三〇日と三一日）における二日間の再訪問だけであった。住民との本格的な話し合いはこの再訪問時と支援開始式典の前日のわずか三日間しか行われていない。そうした中、隣のB州でなされていたSHG支援の経験を活用して、あっという間にA村の女性SHGを支援するまでこぎつけたNGOスタッフのリーダーシップは見事である。

(10) ちなみに、A村の女性が視察に行ったA市のSHGもこのコンサルタントが支援するグループであった。

も察知していたはずの「歓待」の裏事情について、NGOスタッフに忠告することはなかった。一方、日本のNGOスタッフも、同じ南インド内での活動経験から、以下の（1）（2）に挙げるようなA村の複雑な地元事情の存在は予測できたはずであったが、主客関係からくる難しさのためか時間的制約のためか、そうした実態への接近は二の次にされてしまった。

（1）既得権益崩し　筆者は二〇〇五年三月二三日と二四日、このNGOスタッフに支援現場を見せてもらった。二四日は偶然にも支援開始式典の日だったので筆者もこれに参加したが、そこで思わぬ「村の別の姿」に驚かされることとなる。

式典にはA村を縄張りとする有力者（＝権力者）も招かれ、列席するはずであった。しかし時間になっても会場にやって来る気配がない。どうやら「事業の説明を受けていない」「挨拶がなかった」などと言って出席を渋っているようだった。この有力者は、辺りの魚市場への流通を牛耳っているシンジケートの一員で、A村を拠点にスリランカと密貿易を行っていると噂される現地でも悪名高い人物である。A村の漁民の生活に大きな影響を与えてきた人物だけに、NGOスタッフは彼を無視するわけにもいかず、地元関係者と一緒に近くの町の彼の家まで説得に出向くこととなったが、これによって式典の開始時間は大幅にずれた。

その間四時間ほど、筆者は村内を歩いて回ることにした。津波直後にA村近辺の支援活動に携わっていたという知り合いの通訳（＝近くの村の出身で、当時はジャワルネルー大学の博士課程）のお陰で、多くの地元民からさまざまな情報をもらうことができた。A村の女性たちの「歓待」の裏事情を垣間見たのはこの時である。

かつてA村の女性たちは、地元の人びとが運営するNGO（以下、地元NGO）の支援の下でSHG活動に取り組んだことがあった。実は、その地元ＮＧＯが件の有力者の御用団体（以下、御用ＮＧＯ）のような存在だったのである。御用ＮＧＯはＳＨＧに限らず、村にやって来るインド国政府や同国ＮＧＯの支援事業を一手に牛耳っていたらしい。いわば「ブローカー」として外部と村びとの間に立ちはだかり、懇意にする村びとに便宜を図ったり、外から来る物資やお金を横領したりと、支援をわが物にしてきたとのことだった。そこに日本のＮＧＯが御用ＮＧＯとは別の地元ＮＧＯ（以下、新参ＮＧＯ）を連れて村にやって来たために[11]、村びとたちは御用ＮＧＯへの対抗勢力として日本のＮＧＯを歓迎したというのである。

一方、この新参ＮＧＯは、事前に有力者やその取り巻きと会って日本のＮＧＯの参加をめぐり粘り強い交渉を続けてきたらしい。被災後の緊急支援という性格上、何とか縄張り内での活動を許されたようだが[12]、日本のＮＧＯスタッフによるレポートではそうした裏取引にはふれられておらず、地元女性との交渉は以下のように続けられたと記されている。

ＮＧＯスタッフ「今はこの村にＳＨＧはいくつありますか」。

(11)Ａ州政府は、民間団体による津波復興支援が野放図に広がらないよう、外国ＮＧＯによる直接支援は認めず、復興支援の実施主体は地元ＮＧＯに限るとしていた。そのため日本のＮＧＯは実際には自分たちでＡ村支援を進めてはいたが、形式上は新参ＮＧＯを通して活動を展開する形を取っていた。

(12)その背景には、当時、御用ＮＧＯが国際協力を受託する資格を有していなかったため（＝外国資金規制法 Foreign Contributions Regulation Act の要件を満たしていなかったので）、外国からの津波復興支援を直に受け取れなかったという事情もある。

女性１「六グループだったと思います」。
女性２「いや、一〇ですよ」。
女性３「実はこれからグループを作ろうと思っていたので、一一にしましょう」。
女性４「それなら私も作るので、全部で一二」。

このやりとりが示すように、日本のＮＧＯとの話し合いの中では、女性ＳＨＧをできるだけ増やしたいという女性たちの希望が語られている。こうした発言の裏には、以前は御用ＮＧＯが認めるＳＨＧしか活動できなかったが、今回の支援に乗じて、そこから排除されていたグループも名乗りを上げてきたという背景があったらしい。結局Ａ村では新規グループを含め一三の女性ＳＨＧが復興活動のための支援を受けることになるが、そもそも女性たちが日本のＮＧＯスタッフに見せた「歓待」ぶり[13]（＝「是非とも私たち女性グループの手で復興資金を運用していきたい」）には、御用ＮＧＯに縛られることなくＳＨＧ活動を展開できるという期待が込められていたのである。

写真３　Ａ村での支援開始式典。

さて、へそを曲げていた有力者もやがて会場に姿を現し、支援開始式典で彼は「日本の支援に感謝する」という旨のスピーチを行った（**写真３**）。一三の女性ＳＨＧが復興活動に取り組むことを公に認めたのである。これは大方の女性にとって、有力者や御用ＮＧＯの頸木から自由になってＳＨＧ活動を始められるという意味では歓迎すべき出来事となった。一方、日本のＮＧＯスタッフは有力者の来場にはむしろ否定的で、村びとたちがこの有力者を見送る時の様子を次のように記している。

この有力者はまるでやくざの親分のように自分は輸入車に乗り、一〇名ほどの手下をバスで後から追いかけさせた。後継者である息子も帯同しての大行進である。「こうした人物を招待したところで、女性ＳＨＧによる復興活動に何の意味もない。既存の権力構造を追認してしまうだけである」。われわれが雇ったローカルコンサルタントは怒り心頭の様子でそのようにつぶやいた。

たしかに、この有力者を賓客として招待したことは、その人物のこれまでの行動を「容認」することになり、看過できない問題である。しかし、そうした一面的な見方だけでは、有力者が新しい女性ＳＨＧの活動を認め、それまで排除されていたグループがこれに参加できるようになったというプラスの側面を見逃してしまう。実際、女性たちの「歓待」の裏事情をＮＧＯスタッフが汲み取ろうとしなかったため、それが後のＳＨＧ活動の展開に尾を引いてしまうのである。

ＳＨＧ活動が開始されると、昔から御用ＮＧＯと懇意のかつての女性リーダーと、女性ＳＨＧメンバーの多くから信望を集めるようになっていた新興女性リーダーとの間で確執が起きた[14]。以前から御用ＮＧＯの支援でＳＨＧ活動を行っていた一部の女性にとっては、女性ＳＨＧが増えることは必ずしも喜ばしいことではなかったので

(13) ただし、すぐ後にふれるように、すべての女性が同じように支援を歓迎していたわけではない。

ある。

それだけではない。その後、日本のNGOスタッフが来なくなってから、御用NGOやその代表の息子が運営する第二の御用NGOが、インド政府やフランスのNGOの支援を受けてA村や周辺地域で女性SHG活動に携わり始めた（補論八九—九一頁）。A村の女性たちは、また昔のように有力者の息のかかった団体によってSHG活動が振り回されてしまうのではないかと憂えることになったのである。(15)

A村に関わり始めたばかりの「客人」であるNGOスタッフにとって、地元の複雑な社会事情や人間関係にまで踏み込んで、村びとたちと腹蔵なく意見を交わすことは難しかったに違いない。しかし、こうした実情に対して何一つ打つ手がなかったというのでは問題があるだろう。これについては後に考察するとして、次にもう一つの「歓待」の裏事情について検証してみたい。

写真4　漁再開の準備をするA村の漁師。

(2) 弱者排除　式典終了後に日本のNGOスタッフは任地であるB州に帰って行ったが、筆者はその後二日間をA村で過ごした。通訳を願った先述の知人にインタビューや情報集めを手伝ってもらったが、そこではさらなる「村の別の姿」にふれることとなった。

A村は津波被害によって二二名の犠牲者を出した漁村である。活気ある日常を取り戻すには相当の時間を要するであろう。しかし、実際に村を歩いてみると、そういった気持ちを打ち消すかのような光景が目に飛び込んできた。まだ津波からわずか三ヶ月足らず、支援体制はこれからという時期にもかかわらず、漁民たちの中にはすでに自力でお金をやり繰りして船や網を購入したり修繕している世帯があったのである（**写真4**）。漁の再開準備をしている漁師に、お金のやり繰りについて尋ねたところ、「一〇万ルピーほどのエンジン付ボートを購入すれば、大漁の時には一日七〇〇〇ルピーは儲かるはずだから、ローンはちゃんと返せる」と言う。自らを鼓舞する気丈な態度の表れなのか、それとも字義通りに受け取ってよい言葉なのか直ちには判断しかねたが、こうした漁民がどういう階層の人たちであるのかが気になって、もう少し村の中を歩いてみることにした。

A村はベンガル湾の河口近くの中洲にある村だが、筆者が歩いたのはまだ海側の集落だけであって、その奥の川沿いに住む人たちの様子は知らなかった。そこで、お寺や広場のある村の中心地から川沿いの集落へと歩くことにした。歩き出してからほどなく、何やら、同行の知人に対してすれ違いざまに男性が声を掛けてきた。「どこに行くのか」と問われたらしい。「ぶらぶらしています」と答えたようだが、どうやら「余計なところには行くな」という横槍らしく、ごまかそうとして撮影したのが**写真5**（次頁）である。

---

(14)本章の補論で述べるように（九一頁）、近年インド政府のイニシアティブで全国の各村にSHG連盟が設けられるようになった。A村では、その代表の座をめぐって、この二人の女性リーダーの間で争いが起きた。結果として大方の女性たちの推す新興女性リーダーが連盟代表のポストに就くこととなったが、かつての女性リーダーを推挙したのは御用NGOらしい。

(15)筆者が二〇〇九年三月にA村を再訪した時、第二の御用NGOの代表は「これまで行われてきたA村での女性SHG活動をモデルにしたい」という抱負を筆者に語った。しかし、その発言を村の女性たちに伝えたところ、「活動をするのは私たちであって、彼らではないのです」と反発した。

写真5　A村の漁師の家。

写真6　A村の被差別集落。

その後はあからさまに川沿いに近づくことはやめにして、人影のなさそうな小道を入っていくことにした。しばらくして川辺近くに見えてきたのが**写真6**のわら葺きの家々である。海側の家屋とはだいぶ異なった住環境と言える。全部で一五軒ほどあった。

その内の何軒かを訪問して話を聞かせてもらったところ、彼／彼女らは指定カースト階級の人たちであり、海辺の漁師たちのために網や船の後片付けなどの仕事を手伝いながら、自分たちは川で取った魚で細々と生計を立てていることがわかった。海で漁をすることは許されておらず、そもそも海に出られるような立派な網や船を買う余裕もない人びとであった。家の中には、かまど、調理器具、寝具、それに川魚を取るための小さな網以外は目立った調度品もなく、貧窮した暮らしぶりを窺わせた。

この時にわかったのは次のことである。まず、津波直後の緊急支援ではA村にもさまざまな内外の支援団体がやって来て食糧やその他の生活必需品を配給したが、この被差別集落に住む指定カーストの人たちは配給先の対象者リストから多くの場合外されていた。そして今回、日本のＮＧＯがＡ村を訪れた際にも、この集落には立ち寄っていなかった。そこに住む指定カーストの人たちも津波で被害を蒙っていたにもかかわらず、彼／彼女らは話を聞いてもらうことすらなかったのである。当然、ＳＨＧ支援からも除外され、支援開始式典の時には疎外感を抱きながら遠巻きにこれを眺めていた。筆者の質問に応じてくれた指定カーストのある男性は、肩を落として、「この村に来て三五年になるが、漁民たちから足蹴にされてばかりで生活改善の見通しも一向に立たない。もうこの場所を去ってしまいたい」と語っていた。

筆者たちによるこの訪問も、支援活動につきまとう主客関係から自由であるとは限らない。他所者と接する「主人」（＝指定カースト）が「客人」（＝われわれ）を前にして自分たちの惨状ぶりを誇張することもあり得る。しかし、この被差別集落の人たちが日本のＮＧＯの支援対象に含まれなかったことは事実であり、Ａ村に限らず、Ａ州内部では多くの集落の指定カーストが津波復興支援から除外されがちになっていたことも当時から大きな問題となっていた(16)。漁師の救済だけでなく、それ以外の層の人びとに対する対策も並行して進めるべきとの声が高まっていた(17)。

Ａ村の漁師たちにこうした動きをどう感じているのか聞いてみたところ、「われわれは網や船の後片付けなどを彼らに手伝わせることで被差別集落の住人の生活を支えているのだ」「指定カーストはわれわれに頼らずには暮らせないのだから、われわれ漁師が元の暮らしに戻れるよう優先的に支援を進めるべきだ」との反論が返って

(16) 二〇〇五年八月、ＨＲＦＤＬ（Human Rights Federation for Dalit Liberation）という国際的に知られた指定カーストの自助グループの連合体が州都Ａ市で「公聴会」を開き、そこに参集した各地の指定カーストの人たちは支援をめぐる差別の実態を政治家、官僚、メディアの前で訴えた。

きた。

仮に、日本のNGOスタッフが被差別集落の存在に気を配り、そこにも支援が行き渡るよう提案したならば、村の女性たちは果たしてこの支援を「歓待」したであろうか。A村の女性SHGが日本のNGOの支援を快く受諾できたのは、指定カーストの人たちがこれまで通り支援対象から外されていたからではないのか。漁業を生業とする人たちが大半を占めるA村において、日本のNGOは女性グループから喜びをもって迎え入れられた。しかし、その背景には以上のような事情があったのである。

「歓待」の裏事情への対応

A村の女性たちが日本のNGOの支援を「歓待」したのは、生活再建のための資金援助を約束してくれたり、その運用方法を教えてくれたりといった単純な理由にとどまるものではなかった。かつては地元の有力者やその御用NGOによって仕切られていたSHG活動を自分たちの手で「自由に行える」という期待感や、村のしきたりに沿って被差別集落の住民が受益者にならなかったという（漁民にとっては）無難な支援内容がセットになっていたからこそ、女性たちは日本のNGOを「歓迎」できたのである。

B州での日常業務に忙殺されながらA村の人たちとの準備に数日間しか割けなかった日本のNGOスタッフが（注9参照）、そうしたA村の裏事情を村びとと腹蔵なく話し合える関係を築くことは無理であった。一方、支援を受け入れる村びとたちも、せっかくやって来たNGOスタッフを尻込みさせるような事情にわざわざふれるはずもなかった。限られた時間と予算、人員の中で支援体制を組み立てていくには、両者は「礼儀正しく」行動するしかなかったのである。しかしそれは、支援する側からすれば「根本的な問題に向き合う」ことができなかったということである。日本の著名な国際NGO、日本国際ボランティアセンター（JVC）の熊岡路矢代表理事（当時）はこうした問題について次のような認識を示している。

災害は、貧困者など弱い立場の人々にずっしり重く作用する。これは、二〇〇四年のインド洋津波の被災でも、二〇〇五年米国南部ハリケーン被災でも、同年一〇月パキスタン大地震でも明らかであった。大きな災害は、少数者社会への差別、在住外国人労働者問題、居住権・入会権に表れる土地問題など、隠れていた政治・社会問題を必ず表面化させる。（熊岡　二〇〇五　二五―二六）

ところで、A村を支援した日本のNGOは、その後A州内の別の村でも津波復興支援を始めたが、この時は指定カーストの人たちだけに絞ってSHG活動を支援している（補論九二―九四頁参照）。A村でも指定カーストの人たちに対して目配りがなされていたならば、たとえA村側の意向で彼／彼女らへの支援が実現しなかったにせよ、「根本的な問題」（＝村びとと国際協力団体との間柄が主客関係にとどまっているために「歓待」の背景にある社会事情や人間関係が顧みられなくなるということ）に何らかの変化をもたらすことができたのではないかと惜

(17) A州の漁師たちは地元NGOや職能別組合などの圧力団体を通して、A州政府の復興支援政策を漁師中心に歪めていた。そのため、これに異議を唱える一部の地元NGOからは「津波支援に際しては、漁業コミュニティだけでなく、指定カーストなど社会的に弱い立場に追いやられている人びとにも配慮すべきだ」との反発が強く出されていた（地元NGOの連合体TRRC（Tsunami Relief and Rehabilitation Coordination）発行のニュースレター二〇〇五年三月一日号からの抜粋）。

写真７　国際NGOのスタッフを「歓待」するA村の人びと。本文中の津波復興支援とは別の事業。

しまれる。

　そうした思いを込めて、筆者は帰国後の二〇〇五年三月下旬にA村支援に関する報告書を作成し、A村支援に従事していたNGOスタッフに送ったところ、以下のような返信のメール（四月一三日付）をもらった。「ご指摘のように、同復興支援事業にかぎらず私どもは、期間限定、予算限定、限られた人的資源［＝支援に携わる人材］で最大限の効果を挙げられるよう、日々事業に取り組んでおります。この現実の中で、とりうる最良の方法とは何か、という視点で私たちの現場の活動を評価して頂き有り難く思います。また、一方で理想を言うならば、というご提言に関しては、たしかにその通りだと感じました」。

　このような賛意のメールをいただいたことは嬉しかった。ただ、後日直接会った折に改めて伺った感触では、どうやら、自分たちの活動姿勢は「現実」に根ざしたものであり、筆者の提案は理想的だが「実現可能性は低い」と感じているようであった。

「歓待」の裏事情を把握して、それに対応していくというやり方は、本当に「非現実的」な理想論なのだろうか（**写真７**）。

支援に携わる人たちとどう連携するか

少なくとも筆者は、このNGOスタッフが「期間限定、予算限定、限られた人的資源［＝支援に携わる人材］」の中で迅速に支援事業を立ち上げたことに感銘を受けた。しかし、支援に携わる人員が不足しているから村の実情把握が行き届かず、それゆえ対応範囲に限界が生じる、とする考え方には同意しかねる(18)。

この日本のNGOスタッフが作成した報告書には、A村を訪問する際に帯同したローカルコンサルタントが頻繁に登場するが、地元の受け皿となってもらった新参NGO(19)については全くふれられていない。これは一体どういうことなのか。

筆者は二〇〇九年三月のA村再訪の際、新参NGOの代表にインタビューする機会を得た。彼は当時を振り返りながら、「この津波復興事業でわれわれが行ったのは『儀式の執行 **executing the rituals**』だけであった」と述べた。新参NGOは支援開始式典の段取りや日本のNGOスタッフが訪問する時の下準備を任されただけで、具体的な支援計画について日本のNGOスタッフからアドバイスを求められたり、村びととの話し合いに加わるよう依頼されたりしたことは一度もなかったと言う。これでは「支援に携わる人材を最大限に活かした活動」とは言えない。

実は、注17に紹介したTRRCのニュースレターの中で指定カーストへの配慮の必要性を訴えたのは、他ならぬ支援開始式典の段取りを指揮していた、新参NGOの代表としての彼である。A州全体で見れば、指定カースト支援の実績を持つ地元NGOは数多く存在しており、式典の来賓の中にも近辺の村で指定カーストの権利実現

(18)「期間限定、予算限定」のために支援が行き届かなかったという面については筆者も同感である。第3節で論じるように、国際協力団体はできる限り時間とお金を惜しまず、地元社会と中長期的に関わるよう心掛けなければならない。
(19) 注11で述べた通り、A州では外国から供与された津波復興資金は必ず地元NGOを通して使われることになっていた。

表2　津波復興支援（A村）アプローチの比較

	日本のNGOの単独支援（本事例）	地元NGOとの協働支援（代替案）
準備の手間	あまりかからない（○）	かかる（×）
「歓待」の裏事情	把握しにくい（×）	把握しやすい（○）
中長期的な住民との関わり	希薄（×）	濃密（○）
事業の進捗・成果	平坦でかつ見えやすい（○）	平坦ではなくかつ見えにくい（×）

出典：筆者作成。

や生計向上のための活動を支援している地元NGOの代表が参列していた。指定カーストの地位・生活の改善は、周辺地域においては社会活動としてすっかり定着していたのである。

B州で活動してきた日本のNGOスタッフがA村の指定カーストの存在を想定できなかったはずはない。日本のNGOスタッフは、可能な限り指定カースト支援に携わった経験を持つ地元NGOの意見も聞きながら支援の可否を検討すべきであった。そうしていたならば、日本人NGOスタッフ自身も支援のあり方についての有益なアドバイスを得られたはずである。

もちろん、どの地元NGOでも良いということにはならず、慎重にパートナーを決める作業は欠かせない。実際、南インドでは津波後に莫大な量の支援が入ったために、復興特需に与ろうとする地元NGOに安易に事業を委託して失敗するケースが少なからずあった。それゆえに、やはり地元NGOには頼らずに単独で支援に取り組む方が無難であったという議論も成り立つ。

表2で示したように、そうした単独支援の立場を取ることになった本事例では、地元NGOの選定や活動内容の決定といった準備にはさほど手間がかからず、漁民向けの事業を円滑に開始することができた。できるだけ多くの人たち（＝漁民）に快く受け入れられることを目指して（＝目的論的発想）、現地活動を進めていこう（＝機械論的発想）という姿勢である。ゆえに事業の進捗や成

果も平坦で見えやすかった。しかし、その短所は、手際よく支援を進めることに専心してしまい、村びとの「歓待」の裏事情まで充分に意識を向けることができず、それに対処する上で必要となる中長期的な支援体制（後述）を敷けなかったところにある。

他方、労を厭わず、手間を承知で地元NGOとの協働支援を重視していたならばどうだったであろう。恐らくてきぱきとした事業は実施できなかったであろうし、その進捗や成果も見えにくくなっていたかもしれない。しかし反対に、主客関係に阻まれて地元の実情が見えにくいという問題は回避しやすかったに違いない。もともと地元の事情を日頃から知っている地元NGOと連携するならば、表に出にくい事情も把握しやすくなり、住民との中長期的な関係が充実していく可能性も高くなる。もし日本の支援従事者が協働支援におけるこうした長所を活かせていたならば、指定カースト支援のあり方や、反対住民あるいは地元有力者への対応といった難しい問題に直面したとしても、地元NGOから妙案を出してもらったり、場合によっては、地元NGO自身が直接住民や有力者の説得に当たってくれたかもしれない。また、A州内には前述したTRRCのようなNGO連合体が複数存在し[20]、A州の大学にも津波被害の調査や支援活動に携わった経験を持つ研究者が数多くいたのだから、それらとの連携を通して、どの地元NGOとパートナーを組むかについてアドバイスを得ることで、地元NGOとの協働を進めることもできたはずだ。地元NGOとの協働が日頃から重視されていたならば、支援事業が終了し、日

(20) A村が属する県の県庁所在地にはNGO Co-ordination Centreという連合体があり、どのNGOがどこでどういう活動を展開しているのかについて情報提供を行っている。筆者が二〇〇五年に訪ねた時には、同連合体主催で、「津波復興支援に関する情報・意見交換のための政府・NGO定期会合」が開かれており、会議に出られなかった団体にも議事録がEメールで送られていた。

本のＮＧＯが去った後に何らかの問題が生じたとしても、地元関係者がフォローできる体制を作り上げることができたのではなかろうか。

次の発展につなげるために　しかし、実際にはなかなかそうはならないのが国際協力一般の実態である。その一端を示したのが以下の引用であるが、文中にある「住民」を「地元ＮＧＯを含めた地元関係者」と置き換えて読んでいただきたい。

たとえばある土地の被災時に、日本の援助団体が被災者に対する食糧の配布を開始したとしよう。次第に**住民**は立ち直り復興期に入れば、外部からの支援をまだ必要としながらも、自分たちで活動を組織できる段階に来ているはずである。ところが、援助団体が相変わらずすべてを取り仕切ってしまう。「この人たちはできないから」というのが援助団体側が口にするお決まりの理由であるが、その実態は「させていない」のに過ぎない。**住民**を信頼して任せることのできない人たちを、**住民**が果たして真に信頼することができるのだろうか？　次の発展の段階にどのように繋ぐのであろうか？（野田　二〇〇〇　一一。太字は引用者）[21]

本事例では日本のＮＧＯは国内で集めた募金を資金源としていたので、寄付してくれた人たちに活動内容や成果をできるだけ速やかに報告する義務があった。募金者は「被災者のために少しでも役に立ちたい」という篤志を持つからこそ寄付する人が多いが、その分だけどうしても募金先団体に性急に結果を求めがちとなる。特に災害復興のような緊急支援の場合にそうなりやすく、国際協力団体もそうした声を背後に感じながら、ついつい効率優先で事業を進め、自分たちのペースで「すべてを取り仕切ってしまう」。そして、中長期的に支援活動に関わる地元関係者が不在のまま事業が終了してしまうことが多い。

本章冒頭でもふれたように、支援活動は特定の人びとに対象を絞った「えこひいき」性を持ち、そこから漏れた人たちの間に「ジェラシー」を生み出す性質を持つ。地元住民が一様に「歓待」しているように見えても、実際にはそれとは裏腹の思いを抱いている人びとも少なくない。「アイデンティティの混乱」が生じるのである。A村での復興支援においても、支援対象者から外された指定カーストの人たち、あるいはSHG活動を意のままにできなかった地元有力者（やその御用NGO）が「ジェラシー」を感じていた。このようなケースでは、たとえ支援事業が無事計画通りに終了し、女性たちによるSHG活動が一定の成果を挙げたとしても、支援による恩恵を受けた人たちとそうでない人たちとの間に禍根が残ってしまう。

国際協力団体は地元の「歓待」の背後に存在する複雑な社会事情や人間関係にもできるだけ思いをめぐらせ、「困っている人びと」と「助けようとする人びと」という一般にイメージされがちな二元的な国際協力関係像を乗り越え、あくまで現地事情に通じた地元関係者と手を携えながら活動を進める必要がある。そしてA村のように国際協力団体が常駐していない地域では特に、地元周辺のNGOやその他の関係者に支援事業終了後のフォローを託すよう取り計らう必要がある。中長期的に当該地域と関わり、将来の課題に対応できる体制を整えておく

(21) 筆者もこの意見に総じて賛同するが、もっと言えば、地元関係者に「させていない」支援従事者の意識の問題という側面だけでなく、「取り仕切ってしまわざるを得ない」国際協力のからくり自体も問題にすべきである。すぐ後で述べるように、資金提供者（NGOであれば会員や募金者、ODA機関であれば納税者）に効率的に成果を示すことが求められる仕組みの中、支援従事者の意識以外のところでも活動を手際よく進めざるを得ないもう一つの現実がある。

ためである。この場合、地元関係者も資金が尽きれば活動を続けることはできない。「金の切れ目は縁の切れ目」となりかねない。支援活動に関わった限り、国際協力団体は地元関係者の無償奉仕（ボランティア）に事後を委ねることはせず、支援事業終了後も必要に応じて多少の資金援助を出せるくらいの準備が求められる。この点については次節で引き続き考察したい。

3　どうすれば「礼儀正しさ」を超えた信頼関係が醸成されるのか

前節で見てきたように、支援の現場ではさまざまな社会事情や人間関係が入り組んでいるため、支援の受け止め方も個々の住民によってさまざまである。そうした「アイデンティティの混乱」の中では無条件の「歓待」（＝国際協力団体が地元社会全体から快く受け入れられること）の実現は至難である。

ところで、国際協力団体が無条件の「歓待」を受ける難しさは、国際協力活動そのものが抱える根源的な制約にも起因している。生きた現実の中でさまざまな課題に立ち向かうという性質を持つ国際協力活動は、一つ一つの事業が計画通りに進んだとしても、中長期的に見れば、せっかくの成果がマクロな政治・経済・社会の動向に左右されてしまうことが多い。しかも、資金や時間、人員の面での制約から、事業終了後に生じた問題は対応されずにそのまま放置されてしまうことも少なくない。こうした事情から、地元の人たちは支援のあり方に疑問を持ったり、支援自体には感謝しつつも所詮大海の一滴にすぎないと感じてしまうことがある。

国際協力団体に求められているのは、地元社会に対する中長期的なバックアップ体制である。そのためには、国際協力活動を支えるための資金の保証が必要であり、われわれ自身とわれわれの社会の側でそうした支援体制を築けるかどうかが問題となる。この資金面の問題をわれわれ社会全体の課題としながら、支援従事者が焦らずに時間と労力をかけて、支援の問題を地元の人びとと腹蔵なく話し合えるような支援体制を築いていくことが望まれる。

社会の流れに左右される国際協力――ペルーのある地域共同体の事例

南米ペルーの地域共同体マタチコに関するカナダの人類学者スーザン・ヴィンセントの調査研究（ヴィンセント 二〇〇八）は、地元の人びとの間に国際協力に対する不信の感情が生じる時の様態をよく描いており参考となる。以下はそのヴィンセントによる報告である。

ペルーの中央高原に位置するマタチコは、首都リマから東に二八〇キロメートル離れたところにある。二〇世紀初めまで地元の開発は人びと自身の手で進められていたが、一九三五年に「先住民共同体」指定地域として政府に登録されてからは、政府組織や国際協力団体の支援下に置かれるようになった。「先住民共同体」とは、国家による地域開発事業の受け皿になることを条件に、先祖代々守ってきた先住民の土地の権利を国が保証するという制度であった。この政策のおかげで、マタチコでも次々とインフラ整備や産業振興、さらには学校教育の普及が飛躍的に進むこととなった。そして、それにともなって地元の人びとが政府組織や国際協力団体など外部支援者に依存する度合いも高まっていった。

一九八〇年代末、「農民共同体」（「先住民共同体」の後継制度）が窓口となって、ヨーロッパのある国際NGOの支援の下で総合農村開発事業が実施された。換金作物の栽培指導や貯蔵庫の建設、産地と作物市場を結ぶ道路整備などといった大々的なプロジェクトである。しかし、危機に瀕した国家経済の建て直しの一環として農業補助金がカットされたり、国際的な農産物価格の下落が影響して、目指された所得向上策は芳しい成果を挙げなかった。しかも、政情不安の中、この国際NGOはスタッフの身の安全を考慮し、事業途中でマタチコを去ることとなった。撤退は不可避の選択ではあったが、マタチコの人びとは途中で見放されたと感じて落胆した。しかも、NGO側が事業会計を地元関係者に公開していなかったため、支援金が正しく使われなかったのではないかという憶測まで飛び交う事態となり、やがて人びとの落胆は疑念に変わっていた。

その後「農民共同体」のリーダーたちは、同じくヨーロッパからやって来た第二の国際NGOの助言を得ながら、先行国際NGOが地元に残していった機材を売ることで資金を捻出し、建設・運営経費を抑えた小規模水力発電事業を始めることとした。この水力発電は夜間の数時間しか稼動せず、発電機の維持管理は住民自身で賄わなければならないという短所もあったが、これによって住民たちは念願の電化を実現することができた。

一九九〇年代に入ると、新政府（アルベルト・フジモリ政権）はマタチコやその近隣地帯で大規模な電化事業を開始した。支援したのはヨーロッパのあるODA機関である。この事業では、マタチコの住民が労務奉仕をして建てた送電線が利用されることとなった。周辺地域における電化の拡大である。ところがペルー政府はその利用権を地元に支払おうとはしなかった。第二の国際NGOはすでに去っている。それを引き継ぐ内外の支援団体も存在しない。マタチコの住民は政府に対して成すすべもなかった。しかも、周辺地域内では国の全額負担で送電線が敷設され、そこに住む人たちは労務奉仕をする必要もないという事実を知り、マタチコの人びとの間には「支援を受身で待っていた方が得策だった」という後悔の念だけが広がった。小規模水力発電事業を支援した第二の国際NGOもそのフォローを一切行わなかったので、地元では外部支援をネガティブに捉える傾向が一層強まっていった。

そうした傾向にさらに拍車をかけたのが、新政権発足の目玉政策として始められた貧困削減プログラムである。フジモリ大統領は自らの支持基盤の拡大のために「農民共同体」を迂回して個々の住民に直に生活物資を配った。マタチコでは首都リマを拠点とする地元NGOが事業を任されたが、このNGOは、人気取りに専心し既存の「農民共同体」を蔑ろにする大統領の姿勢を問題にすることもなく、忠実にその一端を担った。このプログラムは国内NGOを通した支援とは言え、マタチコの住民、特に「農民共同体」のリーダーたちにとってあくまで「外部支援者」による支援にすぎず、その進められ方は外部支援者に対する積年の不信や疑念（＝「外部支援者は中長期的な視点で地元と関わることはない」）を増長するものでしかなかった。

ヴィンセントによれば、マタチコの人たちのこうした負の経験は、その後たとえマタチコが外部支援を受け入れたとしても、事業に積極的に関わろうとする人たちの数を確実に減らしているという。新たな支援事業が開始されても、企画や実施に自ら進んで意見を出すというよりは、外部支援者の方で好きなようにやれば良いというシニカルな姿勢が目立っているとのことである。

まとめ――無条件の「歓待」の難しさに向き合い対処する

マタチコの調査研究を行ってきたヴィンセントは、この事例を踏まえて、支援事業の成果をできる限り保障するための「政治契約」が国際協力団体と地元との間で結ばれる必要性を説いている（同上　一三五―一四〇）[22]。「政治契約」とは、食の権利を守らねばならないという暗黙の了解が国家と市民との間にできている国ほど飢饉は起きにくい、と主張するイギリスのアフリカ地域研究者アレックス・ドゥワールが提唱した概念である（de Waal

1996）が、こうした「政治契約」が国際協力の分野で実効性を持つには、何よりも国際協力団体の方から地元への中長期的なバックアップを約束する必要がある。たとえ資金や時間、人員の面で制約があっても、支援活動が政治・経済・社会的な変動（＝外部条件）の中で暗礁に乗り上げたマタチコのようなケースを常に想定した上で、できる限り事後的フォロー体制を整えておかねばならない。

これは支援する側が負うべき道義的な責任であるとともに、地元との信頼関係を築き上げる際の基本的な対応でもある。地元NGOなど地元関係者との協働に力を注ぐことの意義もここにある。支援事業終了後に何らかの問題が発生した場合、地元関係者がいち早く現地に駆けつけられるとか、地元NGOを通じていつでも国際協力団体に連絡できるような体制が整っていれば、たとえ問題の解決が難しくとも、国際協力への地元の信頼は高まるだろう。[23]

この点で、日本の国際NGO、シャプラニール＝市民による海外協力の会（以下、シャプラニール）のバングラデシュでの事例は参考になる。シャプラニールは一九七四年以来、バングラデシュに日本人駐在員を派遣し、同国農村部の生活改善運動を支援する中で多くの地元スタッフを雇用してきたが（斉藤　二〇〇一　一一五）、一九九九年以降、地元スタッフが独立してNGOを立ち上げ、同会のパートナー団体となったケースを三つほど持っている。いずれの場合も、同会が長年拠点としてきた地域事務所をそっくりこれら地元NGOに移管する形を取った。これは、「外部団体による直接支援の長期化は地元住民に依存心を植えつけ、住民の自立に負の影響を与えかねず、どこかで区切りをつけるべきである」という国際協力一般のノウハウに沿った取り組みとも言えるが、「どこかで区切りを」という金科玉条は、序章でもふれたように、この手の支援活動一般においては事業の長期化にともなう外部要因からの負の影響を極力避けるための方便（＝事業からの早期撤退）として利用されてきた面が多かったのではないか。シャプラニールはそうした流れとは一線を画し、あくまで地元NGO（＝パートナー団体）を通じた中長期的な支援体制の構築に尽力してきたのである。

支援事業の成果が地元を取り巻く社会情勢（＝外部条件）によって左右されやすいことは事実である。また、さまざまな制約の中で支援が無尽蔵に続けられるわけではないことも確かである。ならば、まずはそれを冷静に認識した上で、支援事業終了後においても地元の人たちが安心して相談できる地元関係者の活動を支援していくこ

(22)国際協力の動向を大きく左右する立場にある当事国・地域の政治家や政府官僚も、地元との間で「政治契約」を結ぶとが望まれる。政府関係者は、国際協力活動の妨げになるような政策（たとえば、マタチコの事例では農業補助金の削減）をできるだけ回避し、どうしても不可避な場合には、その影響を緩和するための手立てを並行して講じていく必要がある。また、マタチコ周辺地域で行われた電化事業や貧困削減プログラムのように、政権が代わるたびに地元に対する開発計画・政策が変転するようなことがあってはならない。これらを保障する「政治契約」も大切であり、そのための政治家・政府官僚に対する働きかけが国際NGOには求められている。

(23)二〇〇九年三月にA村を再訪した時のこと、筆者はSHG活動の新興女性リーダーから、日本のNGOが雇っていたローカルコンサルタント（A州都在住）の電話番号を知っていたら教えてほしいと尋ねられた。「いくつかのSHGの資金運営がずさんなので何とかしたいが、自分には口出しができない。コンサルタントに来てもらって、適正に帳簿が管理されているかチェックしてほしいのです」とのことだった。有力者やその御用NGOによってSHG活動が振り回されはしまいかと心配しているようでもあった（注15）。その場では電話番号はわからなかったが、後日そのコンサルタントと会う機会があったので女性たちの要望を伝えると、「もう終わった仕事であるし、帳簿の件は地元NGO（＝御用NGO）の責任範疇である」との答えであった。契約ベースの仕事で生計を立てているこのコンサルタントにとってはごく当然の主張であろう。支援事業後に起き得るこうした事態に備え、日本のNGOスタッフは自分たちの現地駐在事務所の連絡先をA村の関係者に伝えておくべきであった。

う。これがシャプラニールの基本的な考え方と言える。もちろんそれでも一筋縄では運ばないのが国際協力の難しさであるが[24]、決められた期間内に決められた事業を粛々と進める目的論・機械論的な支援のあり方に比して、どちらが人びとに望まれているかは論をまたない。

支援従事者には、自分たちでは支援の展開は制御し切れないこと、そして地元の人たちの「歓待」の事情を汲み取ることは容易ではないことを率直に認め、その事実をまず地元の人びとの前で公言していくという発想の転換が求められている。「困っている人びと」と「それを助ける私たち」という二分法では国際協力関係は成り立たず、主客関係という制約の中では地元との真の対話は実現し得ないことを地元の人たちの前で認めることである[25]。

その上で、信頼できる地元NGOがより一層の権限を持って支援事業に携われるよう、事業開始時から協働体制を作り上げていくことが求められる。地理的にも心理的にもより近い存在である地元関係者が最初から住民たちと関わっていくならば、それ自体が地元の人たちにとっての安心感や信頼感につながっていく。

国際協力団体がこのように自らの限界を自覚し、それを公にして新たな支援アプローチに挑戦していくならば、きっと「礼儀正しさ」を超えた新たな関係性が地元の人びととの間に生まれ、両者が腹蔵なく自己開示し合える真の対話空間が開けてくるに違いない。ロバート・チェンバースが長年唱えてきたように、「変わるのはわたしたち」（チャンバース　二〇〇〇の副題）なのである。

(24)シャプラニールのこの取り組みにおいても、地元スタッフの独立にあたっては問題が生じなかったわけではない。これについてシャプラニールの関係者は次のように述べている。「[シャプラニールから地元NGOへの異動は地元の]スタッフにとって勤務先が変わるわけであるから一人一人の人生も左右することになる。実際、こうした経緯の中でシャプラニールから離れて行ったスタッフも多く存在する」(小嶋　二〇〇七　一三)。その背景には、シャプラニールの地域事務所を地元NGOの事務所として独立させるには地元スタッフの給与水準をそれまでのレベルより下げざるを得ないという事情があった。また、そうした事情と関連して、地元NGOが引き継いだシャプラニールの資産(バイク、土地、建物、人びとに貸しているローン)を目当てに、離職者が一部の地元民を巻き込んでさまざまな嫌がらせを事務所に仕掛けてくるという事件も起きた(小嶋　二〇〇六　一四―一五)。

(25)A村で津波復興支援を行った日本のNGOスタッフの報告書には、支援従事者が勧善懲悪で有名なある時代劇の白髪の主人公の顔を借りて、地元の住民を時にはしかり、時には戒めるという脚色を施して、地元民との実際のやりとりをユーモラスに再現するという場面が所どころに登場する。たとえば、復興活動のあるべき姿を男性たちが理解できずに無償の施しを欲しがると、その主人公(に変身したNGOスタッフ)が登場してきて「問題人物」を成敗するといった具合である。ただしこの報告書には、村を仕切ってきた有力者や御用NGOの横柄さ、あるいは被差別集落を放置してきた村びとたちの態度については一切ふれられていない(本来なら、こうした問題にこそ主人公の出番があるはずなのだが)。「困っている人たちを助ける私たち」という構図は、支援活動の矛先を前者(=「困っている人たち」である支援対象者)に向け、後者(=「助ける私たち」である支援従事者)が向き合うべき「根本的な問題」を覆い隠す作用を及ぼしかねない。この点については終章で立ち返りたい。

補論　津波復興支援のその後から見える信頼関係醸成の大切さ

筆者は二〇〇九年三月に現地を再訪して、A村の人たちや他の地元関係者から、津波復興支援のその後の展開について話を伺った。結果、やはり二〇〇五年の初回訪問時と同じ結論に至った。すなわち、日本のNGOスタッフはA村での「歓待」の背景にある複雑な事情について思いをめぐらせながら活動すべきであったし、支援終了後にどういう事態が起き得るのか、それに備えてどういう措置を取るべきか、慎重に検討する必要があったということである。

これはスタッフ個人の問題では決してない。七四頁でふれたNGOスタッフのメールの中には「団体として理想の環境とはほど遠い」というくだりがあった。組織のあり方に疑問を感じていて、できることなら仕事の進め方を変えたい、地元の人たちと確固たる信頼関係を築きたい、という気持ちの表れが見て取れた。しかし、今までのやり方を変えるとなると相応の困難が伴うため、ついついその気持ちを打ち消してしまったのであろう。序章でふれた「不快からの心理的逃走」である。

この補論では、津波復興支援のその後の状況を二〇〇九年三月時点での調査に基づいて報告し、支援従事者が「心理的逃走」をせず、主客関係からくる難しさを正面から見据えて、地元関係者との信頼醸成に向き合っていくには何が求められるのかについて再確認しておきたい。

Ａ村での津波復興支援のその後の展開

日本のＮＧＯによる津波復興支援で女性ＳＨＧ活動が村内で活発になったことが呼び水となり、女性たちはその後フランスのあるＮＧＯからも支援を受けることとなった。一三の女性ＳＨＧすべてがその対象となったが、そのパイプ役は御用ＮＧＯの代表の息子が率いる第二の御用ＮＧＯが担うこととなった。

日本のＮＧＯの場合、支援金はそっくりそのまま個々のＳＨＧに渡していたのに対し、フランスのＮＧＯの支援金はこの第二の御用ＮＧＯの口座にまとめて振り込まれた。これが女性たちの不信感を招いた。昔のように有力者と近しい団体に自分たちの活動が振り回されまいか、そもそも支援金は自分たちの活動を支援するものであるから、第二の御用ＮＧＯがそれを管理するのはおかしいのではないか、フランスのＮＧＯは何を考えているのか、といった猜疑心である。やがてこの第二の御用ＮＧＯはＳＨＧの数グループが期限内に融資を返済できなくなったことから、全グループが完済するまで口座を全面凍結するという措置を取った。連帯責任という原則の適用である。これによりすでに返済を終えていたＳＨＧも活動を続けられなくなった。

第二の御用ＮＧＯが取ったこの措置はマイクロクレジット（小規模融資）においてはよく見られるものである。日本のＮＧＯが取った手法のように各ＳＨＧが自由にお金を使えるようにした場合、グループどうしでチェックし合う仕組みがない限り、不適正な資金運用を行っているグループがあったとしてもなかなか表面化しない。しかも、グループの垣根を越えて問題対処に当たる体制がないと、そうしたグループに助けの手を差し伸べることもできない。実際、Ａ村の新興女性リーダーによると、日本のＮ

GOが去った後は各SHGの会計が自由放任になり、帳簿管理をしないグループも出てきたらしいが、彼女には個々のグループに帳簿の開示を求めたり、帳簿に不備が見つかってもそれを正す権限がないため、何の手も打てないでいた（注23参照）。

こうした実情からすれば、第二の御用NGOが採用した資金の一括管理方式には一定の正当性があったはずだが、新興女性リーダーをはじめ、大方の女性SHGのメンバーはそのやり方を歓迎しなかった。それはひとえに御用NGO対する不信に他ならない。現に、筆者が再訪した時にはこの第二の御用NGOは五ヶ月以上も村を訪問しておらず、女性たちにはその御用NGOが問題解決を図る気などさらさらないと映っていた。

こうした膠着状態から脱け出してほしいと思い、筆者は女性たちに、第二の御用NGOの代表を村に呼んではどうかと提案してみたが、「これは私たちの問題であって、彼らが関わるべき問題ではないのです」と一点張りであった。そこで、筆者はその第二の御用NGOの代表に直接会って、SHG内部で生じている融資未返済をめぐる問題をどう捉えているのか尋ねることにした。代表は、自分たちがずっと村に顔を出していないことは認めたものの、数グループによる返済不履行は大した問題ではなく、その内に完済されるはずだと述べた。どちらの言い分が正しいかはともかく、両者間に溝ができていることは明らかだった。

昔に逆戻りするのではないかという女性たちの不信感と不安感は、（第一の）御用NGOの代表がインド政府任命のアドバイザーとしてA村周辺のSHG活動に関与し始めたことで一層深まった。すでにSHG活動はインド国内の多くの場所で活発化していたが、各グループの資金運用状況をチェックする公的な仕組みがなかったため、国際協力団体がフォローを怠ると資金管理が野放図になりがちとなっていた。日本のＮＧＯによるＡ村支援もこれに当たる。そこでインド政府は全国の各村にＳＨＧ連盟を設置し、各グループで互いに資金運用をチェックし合う制度を設けようと考えた。その一環として行われたのがＳＨＧアドバイザーの登用であり、Ａ村周辺においてその役を任されたのが例の（第一の）御用ＮＧＯの代表だったというわけである。

この政府政策は、上述の新興女性リーダーのように個々のＳＨＧの資金運用の不透明さを憂えていた女性たちにとっては朗報のはずであった。しかし、（第一の）御用ＮＧＯの代表がアドバイザーに着任したばかりか、その代表が「Ａ村をモデル村にしたい」と方々で公言までしているとの噂も立って、女性たちの間には昔のように有力者の取り巻きが村のＳＨＧ活動を牛耳るのではとの不安が広がった（注15で述べたように、その息子である第二の御用ＮＧＯの代表もＡ村のモデル化を考えていた）。

女性たちの心配は杞憂に終わるものかもしれない。Ａ村でのＳＨＧ連盟の代表選出に見られるように（注14参照）、女性グループの間には有力者やその取り巻きの横やりをはね退けようとする気運が生まれており、御用ＮＧＯとしても昔ほどあからさまな行動は取れなくなっていたからである。

いずれにせよ、ここで問題なのは、困難に直面した女性たちに日本のＮＧＯスタッフやローカルコンサルタントは何ら手助けをできなかった（しなかった）ことである（注23参照）。本来なら日本のＮＧＯからコーディネートを委託された新参ＮＧＯが相談役としてフォローできれば良かったのだが、本論で述べたように新参ＮＧＯは日本のＮＧＯの使い走り的な役しか与えられていなかったため、支援終了後も女性ＳＨＧ活動との関係は薄かった。

写真８　渡し舟を降りて家路につくＡ村の人びと。道路脇に有力者の寄贈した休憩所がある。

日本のＮＧＯスタッフは、Ａ村の女性たちの「歓待」の裏に、それまでＳＨＧ活動を牛耳っていた御用ＮＧＯ（や地元有力者）の存在があったこと、それゆえ日本のＮＧＯの支援が終了すれば元の鞘に戻ってしまう可能性があったことを把握する必要があった（**写真８**）。そして、支援事業終了後も、必要な時に村びとがいつでも相談できる体制を設けるべく、Ａ村やその周辺で活動する信頼できる地元ＮＧＯにフォローを託し、また、隣のＢ州に駐在する自分たちも必要な時にいつでも駆けつけられる体制を整えておくべきであった。

別村での指定カーストＳＨＧ支援

ところで、そうした中長期的な視座に立った支援活動を行うには、新参ＮＧＯだけでなく実績ある別の地元ＮＧＯとの協働も見出しておくことが大事であった。地元ＮＧＯ関係者によると、Ａ村支援で日本のＮＧＯからコーディネートを委託された新参ＮＧＯ（＝ここでの「新参」とはＡ村に「新しくやって来た」団体という意味）は一九八〇年代に設立された団体であるが、津波後の復興支援特需に与って息を吹き返したＮＧＯの一つだった。そうした一時的なブームに便乗して（再）登場してくるような団体にすべてをバトンタッチすることはリスクが伴う(26)。現にこの新参ＮＧＯの代表は、筆者の再訪時にはＮＧＯ活動をほとんど行っておらず、晴耕雨読の生活を送っていた。

Ａ村支援を行った日本のＮＧＯはその後Ａ州内の別の村（以下、別村）でも津波復興支援を始めた。しかし、この時はどういうわけか、Ａ村のケースとは逆に指定カーストだけを支援対象者に選び、自分たちは直接タッチせず新参ＮＧＯにすべての活動を委ねた（ローカルコンサルタントは別村の人たちに対して一日だけの事前研修を行ったが、それ以外は一切関わりを持たなかった）。

Ａ村の被差別集落に住む指定カーストの人びと同様、別村の指定カーストの人たちも漁師を補助する仕事や有産世帯の農作業を手伝いながら暮らしていた。支援に乗り出した新参ＮＧＯは、まず女性たちにＳＨＧを結成して家畜や荷車などを購入するよう勧めた。牛乳や卵などの販売、あるいは荷車を使った運送の仕事を通して自前で所得創出を図り、生活を再建しようという提案である（次頁**写真９**）。

やがて一九人の指定カーストからなる女性ＳＨＧが一グループ結成された。ところが新参ＮＧＯのスタッフは充分な事前指導を経ずにメンバーのほぼ全員に一斉に融資を行ったため、個々のメンバーの度重なる失敗に対応できず、計画はすべて頓挫してしまった。すでに融資額の半分近くを返済していたメンバーもいるにはいたが、大方は、健康状態をチェックせずに購入した牛が死んでしまう、農地が塩害で使えないことがわかりせっかく購入した農耕用の牛が不用になる、荷車を購入しても肝心の仕事がないなど、惨憺たる状況であった。

融資額は一人当たり五〇〇〇～二万ルピー（約一～四万円）。日本のＮＧＯが供与した支援金は三〇

(26)七五頁で述べたように、国際協力団体が地元ＮＧＯに事業を委託して失敗するケースは少なからずあった。ここで取り上げた別村でのＳＨＧ支援もそうした例の一つである。

写真9　別村の女性SHGメンバーとのミーティング。

万ルピー（約六〇万円）であるからその全額が融資に充てられていたわけではなかった。しかし、自分たちに供与された支援金にもかかわらず、SHGのメンバーたちは誰もその残高の行方を把握しておらず、支援金を管理する新参NGOのスタッフの連絡先さえ知らなかった。

筆者はこの新参NGOの代表を知っていたので直接この件を尋ねようとしたが、あいにく本人は数週間海外に出ていたため会うことができず、ローカルコンサルタントに事の顛末を伝えて日本に帰国した。その後何度かEメールでこの代表に問い合わせてみたものの、「現在調査中」という返事を二度もらった後は音信不通となった。この日本のNGOに支援金を託した募金者がこれを知ったならどんなに悲しむだろうか…。

ちなみに、SHGのメンバーたちによると、日本のNGOスタッフはこの村を一度も訪問していない。A村でも充分な時間を割けなかったが（注9参照）、別村の支援ではもはや現地に赴く余裕すらなかったようである。しかし、所得創出活動が一筋縄ではないことは、現地事務所を置くB州での活動を通して日本のNGOスタッフは十分実感してきたはずであり、ましてやその経験の全くない指定カーストの人たちを支援するとなれば、委託した地元NGOによって適正な事業がなされているかどうか、折にふれて現地に赴き確認すべきではなかったのか。

この日本のNGOはここでも計画に沿って粛々と支援を進めるだけで、自分たちの活動が後にどのような帰結を生むかについては思いをめぐらすことができなかった。支援従事者がそうした余裕のない状況に置かれることのないよう、国際協力団体は地元の人たちとの信頼関係づくりを第一とする支援アプローチに力を注いでいかなければならない。

じっくりと信頼関係を築くことの大切さ

別村におけるこのような芳しくない結果を前にして、「期間限定、予算限定、限られた人的資源［＝支援に携わる人材］で最大限の効果を挙げられるよう日々の事業に取り組んで」きた当の日本のNGOからは、指定カースト支援は手間がかかり中途半端に終わる可能性が高いので控えるべきだった、という声が聞こえてきそうである。しかし、本論で考察したように、津波以前からカースト問題に取り組んできた、信頼に足る地元NGOをパートナーにするならば、指定カースト支援は決して無理難題な特別な活動とはならないはずだ。それどころか、指定カースト支援は倫理的に見ても最も優先されるべき支援の一つと言える。本論で引用した日本国際ボランティアセンター（JVC）の熊岡による報告にあるように、「災害は、貧困者など弱い立場の人々にずっしり重く作用する」からである（七三頁）。

女性たちの「歓待」の裏で苦悩していたA村の被差別集落の指定カーストの人たちは、二〇〇九年に筆者が再訪した時にはついに一世帯を除いて村から去っていた。どこに移ったのかいろいろ尋ねてみたが、消息はつかめなかった。二〇〇五年の初訪問時、この集落に三五年間住んでいたという指定カーストの男性は、「漁民たちから足蹴にされてばかりで［中略］もうこの場所を去ってしまいたい」と筆者に漏らした（七〇頁）。その言葉通り彼／彼女らは傷心で村を出ていったのかもしれないし、あるいは、どこかの地元NGOの支援を得て希望を胸に引っ越していったのかもしれない。

小泉義之は哲学者エマニュエル・レヴィナスの思想に依拠しながら、「虐げられた貧しき人びとに告発されることが倫理の始まり」と述べている（二〇〇三　三七）。普段は自分のためだけに生きている人間でも、自分とはかけ離れた生活を余儀なくされている「他者」に出会うと「何か自分でできることをしなくては」という気持ちになる。ところが、そうして良かれと思って始めた行動でも、「他者」からの疑義が途切れることはない。「他者」からの問いかけが間断なく続くからこそ、人は常に責任ある行動を取らねばと心掛けることができるのである（同上　四二―四三）。

この日本のNGOが津波復興支援を始めるきっかけも、津波で被災した「他者」の窮状に対して少しでも役に立ちたいという気持ちがあったからに他ならない。しかし、A村で大「歓待」を受けた後は、「途切れることのない「他者」からの疑義」に耳を塞いでしまった。近づきやすい「他者」（＝漁民世帯の女性たち）の声に気を取られて、「歓待」の裏に隠れていた別の「他者」（＝被差別集落の人たち）の声を斜断してしまったのである。レヴィナスの指摘を待つまでもなく、それは倫理的とは言えない。

「期間限定、予算限定、限られた人的資源［＝支援に携わる人材］」という制約のために「他者」の声は聞けない（聞かない）、と主張するような支援従事者はいない。皆、できるだけ多くの人びとの声に耳を傾けたいと思っているはずだ。しかし、それがなかなかできないのはなぜか。そうした「根本的な問い」に向き合い続けることは決して楽ではないが、向き合うことなしには活路は開かれない。

本論ではふれなかったが、二つの村で津波復興支援を行ったこの日本のNGOの支援金は、実は別の日本の国際NGOが集めた募金によって賄われていた。募金したその国際NGOは二〇〇六年度の会員総会用の報告書の中で、今回の津波復興支援の成果を次のようにまとめている。「二つの村で、計三六九世帯を対象とした回転資金の供与、ならびに資金運用のための研修を行った。その多くは漁師の世帯であったが、漁師に従属して生計をたてているアウトカースト〔指定カースト〕の一九世帯も含まれ、いずれも有効に活用されたことが確認されている」。

この国際ＮＧＯは、現地で活動する日本のＮＧＯスタッフの報告に従い、このような評価報告書を作成してしまったのだろう。募金者の人たちも満足したに違いないが、当の地元の人たちがこの報告書を読んだなら、どんな思いを抱くであろうか。

こうした齟齬が生じないようにするには、本論の最後で取り上げたシャプラニールの活動のように、そもそも支援事業というものは地元の社会状況や人間関係に左右されやすいこと、そして事業終了後もさまざまな課題が残ることを前提に、中長期的な視座で地元の人たちとの関係を作っていくことが欠かせない。住民たちに支援の申し出を「歓待」してもらい、事業計画を手際よく完遂すれば良い、といった目的論・機械論的な発想からまずは脱け出し、地元から提出されるさまざまな問題提起を真摯に受け止め、支援の成り行きは自分たちでは制御し切れないという限界性を踏まえた上で、地元との信頼関係を築いていかなければならない。

引用文献

小嶋淳史、二〇〇七「バングラデシュ農村開発活動はなぜ見えにくくなったのか？―岐路に立つシャプラニールのバングラデシュでの農村開発活動」『もうひとつの南の風』Vol.7。

小嶋淳史、二〇〇六「ＰＡＰＲＩ―六年間の組織変遷と今後の課題について」『もうひとつの南の風』Vol.5。

熊岡路矢、二〇〇五「歴史の中のＮＧＯ」日本国際日本国際ボランティアセンター編『ＮＧＯの選択―グローバリゼーションと対テロ戦争の時代に』めこん。

小泉義之、二〇〇三『レヴィナス―何のために生きるのか』ＮＨＫ出版。

斎藤純一、二〇〇八『政治と複数性―民主的な公共性にむけて』岩波書店。

斉藤千宏、二〇〇一「シャプラニール★外国ＮＧＯの試行錯誤の実際―住民参加とはどういうことか」若井晋他編『学び・未来・ＮＧＯ―ＮＧＯに携わるとは何か』新評論。

佐藤郁哉、一九九二『フィールドワーク―書を持って街に出よう』新曜社。

佐藤寛、二〇〇五『開発援助の社会学』世界思想社。

野田直人、二〇〇〇『開発フィールドワーカー』築地書館。

チェンバース、ロバート／穂積智夫・甲斐田万智子監訳、一九九五『第三世界の農村開発―貧困の解決　私たちにできること』明石書店。

チェンバース、ロバート／野田直人・白鳥清志監訳、二〇〇〇『参加型開発と国際協力―変わるのはわたしたち』明石書店。

デリダ、ジャック／林好雄・森本和夫・本間邦雄訳、二〇〇一『言葉にのって』ちくま学芸文庫。

ヴィンセント、スーザン／真崎克彦監訳、二〇〇八「ペルーの地域住民の参加と抵抗、「ローカル」なるものの問題点」サミュエル・ヒッキー他編『変容する参加型開発―「専制」を超えて』明石書店。

Derrida, Jacques, 1991, *Donner le Temps, 1. La fausse monnaie*, Gallilée.

de Waal, Alex, 1996, 'Social contract and deterring famine-first thoughts', *Disasters* 20(3), pp.194-205.

Masaki, Katsuhiko, 2009, 'Rectifying the anti-politics of citizen participation: Insights from the internal politics of a subaltern community in Nepal', *CPRC Working Paper* 147.

第2章

支援対象者の絞り込み

「言語の自由」から生じる曖昧さ

言語で指し示される支援対象者の範囲は射撃競技のようには厳密に定まらず、国際協力では想定外の人たちが被支援者に含まれてしまう場合が少なくない。支援従事者には、支援対象者の絞り込みにつきまとう曖昧さを常に念頭に置きつつ、地元関係者の協力を得ながら選定作業を進めていくという「発想転換」が求められる。それは、地元の人びととの対等な関係とは何かというもう一つの根本的な問いにも通じていくだろう。

1　支援対象者を「ターゲット」に見立ててよいのか

国際協力関係者の間での議論の一つに、支援が草の根の然るべき人たちのところにきちんと行き届いているか、というものがある。たとえば、食糧援助が権力者に横流しされることなく、飢餓に苦しむ人たちの手に確実に行き渡っているか、あるいは貧困層のための融資が別の層の人たちに横取りされずに適切に活用されているか、といった議論である。そこで、国際協力活動の開始段階では、誰を支援対象者にすべきかをあらかじめ決めておき、そこにきちんと支援が行き着くよう筋道を立てておくことが慣例となっている。とりわけ本書が取り上げる「地域社会開発支援」では、支援対象者自身が支援事業の主体となるので、支援対象者の選定自体が支援事業そのものの成否の鍵を握る。

支援対象者の絞り込みの過程では、被支援者はしばしばターゲット・グループと呼ばれている。「ターゲットを明確にした上で支援しよう(1)」という言葉遣いが関係者の口からよく聞かれる。これは、前章で検討したように、国際協力は複雑な社会状況や人間関係の中で実施されることが多いので、支援従事者は支援対象者をきちんと選定した上で事業を開始すべし、ということである。しかし、この考え方にはいくつかの大きな問題点もある。

ターゲット・グループを絞り込む際によく使われるのが参加者分析と呼ばれる手法である（次頁**表1**）。ここでの「参加者」とは支援事業に関わる地元の住民全体を指している。すなわち参加者分析とは、事業を展開するにあたって特に重要と思われる地元関係者（人、グループ、組織）を受益者、側面支援者、潜在的反対者などに分類して、それぞれの特徴や問題点を抽出した上で、直接の支援対象となるターゲット・グループを選出する事前調査のことである。

たとえば、前章で取り上げた南インドのA村は、二〇〇四年のインド洋沖の津波によって漁船や魚網が流されたり壊されるなどの被害を受けた。こうした村の窮状を知った日本のあるNGOは、村が災禍から一日でも早く立ち直れるよう復興資金を供与することになった。そこで、村の主な稼ぎ手である漁師、つまり男性たちに資金を直接渡すべきか、それとも地元の自助グループ（SHG）活動を経験してきた女性たちに資金を預けるか、どちらの場合が適切かについて分析することとなった（次頁**図1**）。その結果、飲酒やギャンブルなど浪費癖の目立つ男性よりも、家計を堅実に切り盛りしてきた女性の方が資金を有効に活用できると判断し、女性グループを実質的な支援対象者として事業を開始することにした。

（1）すべての国際協力が個々の被支援者・グループを直に支援するわけではない。支援活動が現地エリート層の利害に直結しかねないという反省から、政策・制度づくりを通して中間搾取を抜本的に是正しようとする当該政府の施策を支援する方法もある。たとえば、農業用水路の利用機会が地元社会で公平に分かち合われるためには、利害調整を担う農民組織の存在が必要となるが、そうした地元組合の発展には政府の政策的な後押しが必要となる。こうした場合には、国際協力団体が政府によるバックアップ体制の整備を支援することになる。しかし、このような支援においても、ターゲット・グループを明確にするという手順は同じである。

表1　参加者分析

目的	支援事業に関係する個人、グループ、組織を把握
手順	①　関係者の抽出（⇒受益者、側面支援者、潜在的反対者などの分類） ②　詳細分析（⇒ターゲット・グループの選出）

出典：コーエイ総合研究所（KRI）『国際開発コンサルタントのプロジェクト・マネジメント』（国際開発ジャーナル社、2003）をもとに筆者作成。

図1　参加者分析の実例（南インドの津波被災地での復興支援）

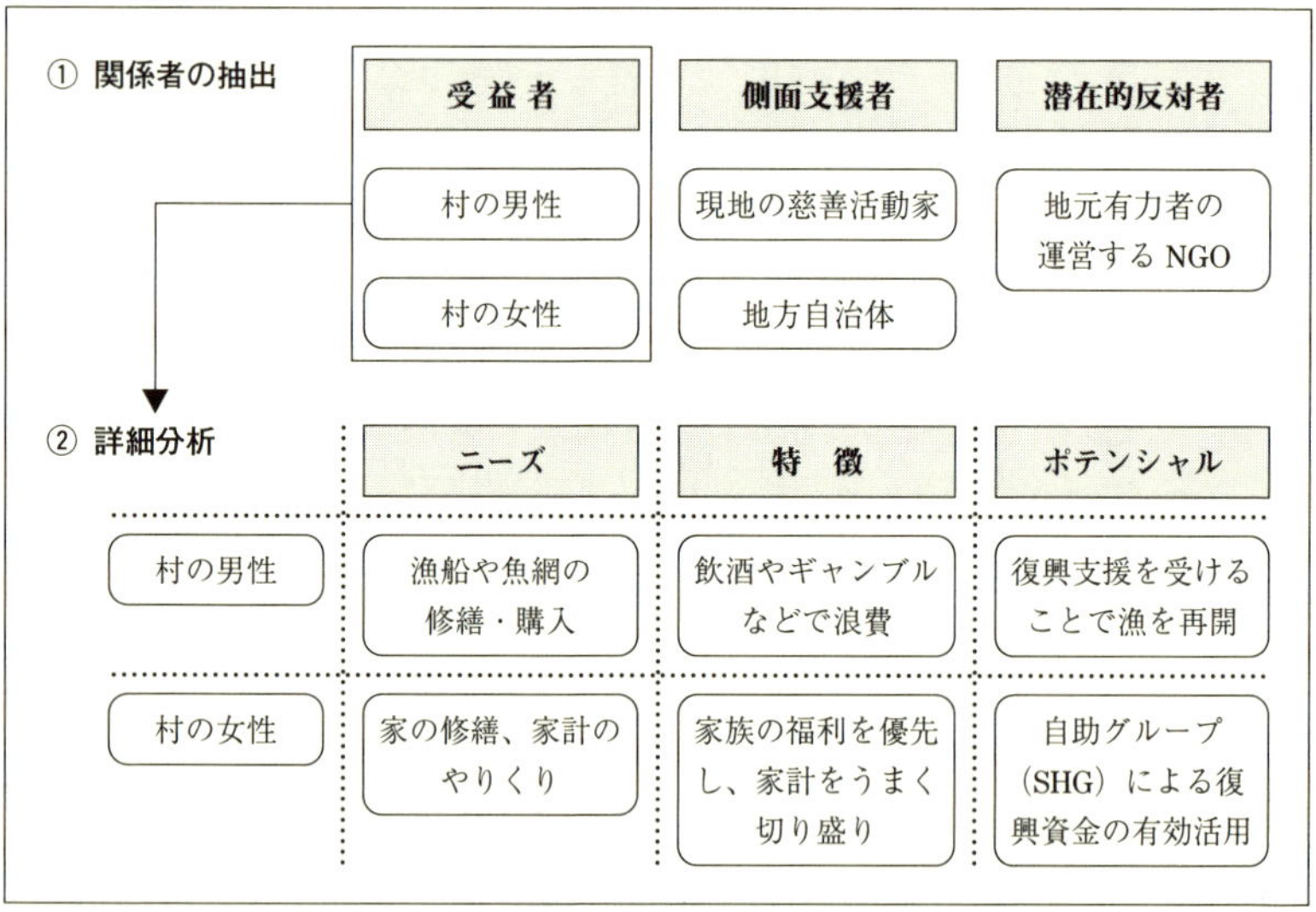

出典：国際開発高等教育機構（FASID）の『PCM—開発援助のためのプロジェクト・サイクル・マネジメント　参加型計画編』（2007年3月改訂第7版）をもとに筆者作成。

この参加者分析は、日本の政府開発援助（ＯＤＡ）機関で幅広く用いられているプロジェクト・サイクル・マネジメント（ＰＣＭ）の一部として公式採用されてから一般にも知られるようになった手法だが（国際開発高等教育機構　二〇〇七）、以前から多くの国際協力団体がそれとなく実践してきた対象選定の慣わしでもある。[2]

しかし、一見何の問題もなさそうに見えるこの「支援対象者の絞り込み」という手法にも、「当面のニーズに応える」ことを優先する風潮が表れている。「ターゲットに狙いを定める」という目的に従って（＝目的論的発想）、絞り込みの手続きを着々と踏んでいけば良い（＝機械論的発想）、という考え方である。そこでは、絞り込みの結果として生じがちな「根本的な問題」、すなわち、たとえ絞り切れたと思っても、実際には支援従事者の意図とは異なる人たちが対象者になっている、という現状への対処については二の次にされている場合が少なくない。どうすれば然るべき人たちに支援をよりよく届けることができるのであろうか。

参加者分析の限界――「言語の自由」から生じる難しさ

支援従事者が「ターゲット・グループ」と言う時、当然その選定に際しては対象者を言語化して分類し、名付けを行う。「貧困層」「難民」「被災者」「Ａ村の女性」などである。しかし、たとえば、「貧困層」とは具体的に誰を指すのか、「Ａ村の女性」とはＡ村の女性全員を指すのかなど、「ターゲット」に狙いを定めると言っても、射撃競技のように的は一つということにはならない。

---

(2) 参加者分析は、受益者だけでなく、**図1**にあるように側面支援者や潜在的反対者など、支援の成否の鍵を握る他の地元関係者も対象として行われる。できるだけ円滑に事業が進められるよう、支援対象地域の全体像を把握しておくことが狙いである。

このことはわれわれの身の回りに即して考えてみれば自明である。筆者は生まれてから二四歳になるまで大阪で暮らしていた。しかしそれ以降は国内外を転々としていて、大阪に住んだことがない。それでも未だに大阪弁が抜けないので、友人、知人の多くは「大阪人」と見なしている。では一〇歳まで大阪にいて、その後は別の場所に住んでいる人は？　あるいは、大阪生まれではなくても、大学時代からずっと大阪に居を構え、在住歴一五年になる人は？　このように突き詰めて考えるならば、どういう人を「大阪人」と呼ぶのかは実に曖昧かつ多義的である。「東京人」にしても同じで、「五代続けばちゃきちゃきの江戸っ子」という言い方があるように、対象を厳密化していくほど、意味付けに必要な言葉（＝装飾語）が一つ、また一つと付け加わっていく。ある言葉が指し示す対象は自明に確定されるどころか、確定しようとすればするほど言葉を増やさざるを得ない。

国際協力における支援対象者の選定では、言語の曖昧さから生じるこうした「ターゲット化」をめぐる「根本的な問題」がある。

数十年にわたる内戦を経験し、今も米軍主導のタリバン掃討作戦が続くアフガニスタンでの「難民」帰還支援の例を見てみよう。多くの人びとが隣国パキスタンやイランで「難民」生活を送るアフガニスタンでは、国連が中心となり、一日でも早く本国に帰り、普通の生活に戻りたいと願う人びとを「ターゲット」に、帰郷の交通費や当面の生活必需品を供与する「難民」帰還支援が行われている。しかし、郷里に無事帰還できても、外国軍による治安活動（＝武力介入）や政情不安でとても平常の生活はできず、再び隣国に戻ってしまうケースも多い。

ところが、支援を受けた帰還「難民」の中には、すでに隣国で生活基盤を築いている人もいれば、子どもの教育のために隣国にとどまらざるを得ないという人も多い。つまり、初めから隣国にUターンするつもりで、それを隠して帰還支援を受ける人がかなりいる（Turton et al. 2002）。たとえ故郷の騒擾が収まったとしても、一時帰国しか考えていないのである。あるいは、支援を利用して何度も里帰りする人たちもいる。筆者は、こうした一時帰還者であれ「難民」であることに変わりはないので、帰還支援の対象にすべきと考えるが、参加者分析の考え方からすれば、一時帰還者は「本来は意図されていなかった対象者」となり、支援対象からは除外されてしまうのである。たとえ一時帰還であれ、いみじくも故郷を追われた人たちである。彼／彼女らのさまざまな心情・事情を鑑みれば、当然、支援対象に価するはずだが、限られた資金・時間・人員の制約の中で行われる支援活動においては「ターゲット化」が優先されて、それだけではフォローし切れない「根本的な問題」（＝帰還支援に価する「難民」を特定化すべきかどうかという問題）に向き合うことが脇に追いやられてしまうのである。

逆に、「ターゲット化」のズレによって本来意図しなかった人まで支援対象となり、そのことが地元の人びとに負の影響をもたらすこともある。たとえば、日本のＯＤＡ機関が行った以下の二事業のケースがそれである。

支援対象地の自然環境や人びとの暮らしを大きく左右しかねないと予測されるＯＤＡ事業の場合、負の影響をできる限り低減するよう「地元の人たち」（ＯＤＡの支援従事者が使うこの言葉には、「事業による負の影響を受ける可能性のある人たち」という意味合いがある）との事前協議を経ることが義務付けられている。ネパールである水力発電事業においても、その「地元の人たち」の声を直に聞くために、ダム建設予定地で公聴会（二〇〇七年五月、筆者も参加）が開かれた（次頁**写真1**）。ところが、「地元の人たち」とは言っても、その発言者の顔ぶれを見ると、なかには（その村の出身者ではあっても）近くの町に生活基盤を置く有力者も少なからず見られた。彼らの発言内容は「売電で得られる歳入の一部を地方交付金として還元してほしい」といった、村びとの暮らしとは直に結びつかない要望であった。どうやら、これらの「支援対象者」は公共事業の利権を目当てに公聴会に参加したらしい。

写真１　ネパールのダム建設予定地における公聴会。

　また、同じくネパールでのある道路整備事業においては、ＯＤＡの支援従事者は構想段階から「地元の人たち」に情報を公開し、村びとの意見を取り入れながら影響緩和策を練り始めようと計画した。ところが公聴会（二〇〇六年四月）が開かれた後は、その意図とは逆に、道路を自分の土地の近くに通してほしいといった要望が道路局に多数寄せられるようになった。何でも、道路整備によって特に負の影響を受けるわけではない「地元の人たち」（＝地主たち）が、補償金を手に入れようと動き出したらしい。このように、「（事業による負の影響を受ける可能性のある）地元の人たち」を「ターゲット」にしたとしても、実際にはそうではない地元関係者が「自分たちも負の影響を受けている」と主張して協議の場を牛耳ってしまうケースは少なくない。

　これらの事例は哲学者ジャック・デリダの言う「言語の自由」、つまり、ある言葉の指し示す対象は多種多様なものを含むので、思わぬ形でその言葉が解釈され、使われてしまうという状況を示している。「難民」にせよ「地元の人たち」にせよ、その言葉の持つ意味はそれを使う人たちによって自由に解釈されるため、どんなにその言葉の意味範囲を杓子定規に定めようとしても決定不可能なのである。それゆえ「言語の自由」は有史以前からずっと人間の想像力を掻き立てて、人と人との対話を豊かなものにしてきたとも言える。

　しかし、問題を「ターゲット化」の成否に戻すと、「言語の自由」を甘受したまま「ターゲット化」を進めれば、当然、支援対象者の範囲は曖昧となり、当初の目論見とは異なる人たちまでが支援対象者に選ばれてしまうだろう。そして、その結果、もし相対的に恵まれた人たちが支援対象者に選ばれたとすれば、国際協力が社会格差の増長に加担してしまうことにもなるだろう。参加者分析の徹底化、つまり「難民」を「故郷に帰ることを望む難民」と「隣国にUターンするつもりの難民」に分類して支援対象者を絞り込むような手法はそうした事態を避けたいがための発想と言えるが、どのように絞り込んでみたところで、結局は、われわれの使う言葉には「言語の自由」がつきまとう。

たとえば、「隣国にUターンするつもりの難民」の中にも望郷の念で一時帰還を夢見ている人たちは大勢いるはずだし、もし一時帰還できたならそのまま故郷に住みつきたくなるかもしれないと思っている人たちもいるだろう。逆に「故郷に帰ることを望む難民」であっても、変わらぬ政情不安に耐え切れず、あるいは隣国に残した家族・友人のために、数年後には再び隣国に戻ろうと考えている人たちだっているはずだ。そのような個々の事情を想像するならば、帰還支援の対象を「故郷に帰ることを望む難民」に絞り、「隣国にUターンするつもりの難民」を対象から外す、といった単純なやり方には問題があると言わざるを得ない。事前に定められた分類に沿って支援対象者を決める参加者分析の手法では、対象者の範囲が逆に曖昧になってしまうという「言語の自由」に対処することはできないのである。

これまでの国際協力では、こうした根源的なジレンマに注意が向けられることはあまりなかった。ジレンマの前に足踏みしていては、生活に困窮する人たちへの支援はいつまでたっても始められないからである。「当面のニーズ」に応えるために速やかに活動を開始しなければならない。速やかな活動を疎外する踏み込んだ探求は控えなければならない。これが国際協力における一般的慣例である。

次節で検討するネパールの「土地なし農民」の事例が示すように、支援対象者の絞り込みの難しさを乗り越える処方は簡単には見つからない。しかし、然るべき人たちのところに然るべき支援を届けることは国際協力における第一の使命である。難題に背を向けず、まずは参加者分析の厳正化の手法には問題があるという「根本的な問題」に向き合うことで、その袋小路を抜け出す方途を探っていかなければならない。それは、「言語の自由」にどう対処すべきかという課題でもある。

2　支援対象者は絞り切れるのか——ネパールの「土地なし農民」支援

写真 2　B村の「土地なし農民」の家。道路脇の公有地に居を構える。

以下は、インド国境近くに位置するネパール西部のB村に住む「土地なし農民」の事例である。この村とその周辺地域は、かつては、ぽつぽつと点在する集落を除いてはほとんどが森林に覆われた辺境の地として、英領インドに治められていた。しかし一九世紀半ば、同じ英領インドの別の地域で動乱が起こり、時のネパール政府がイギリス軍に援軍を送ってその制圧に力を貸したことから、ネパールはその見返りとしてB村を含む辺り一帯の土地を譲渡された。そこでネパールの統治者はその新領土で年貢を取り立てようと、臣下に土地を分け与え農地を開拓させた。これにより元からこの土地に暮らしていた先住の人びとは先祖代々の土地を取り上げられ「土地なし農民」となった。B村の「土地なし農民」はその末裔である。(3)

写真3　B村の大地主の家。19世紀当時、祖先は領主としてこの辺り一帯を治めていた。

筆者は二〇〇〇年六月から二〇〇一年五月にかけてB村周辺の調査を行った（**写真2・3**）。ネパール領となってからすでに一五〇年以上もたっていながら、先住民の大多数がいまだ「土地なし農民」として移民地主に頼りながら暮らしていた。調査当時、B村の近辺では困窮する暮らしに耐えかねた「土地なし農民」の人たちがネパール政府に対して声を上げ、これを支援する内外のNGOが数多く活動していた。

「土地なし農民」は農業が主たる生活の糧であり、他人の土地を耕さなくては生計を立てられなかったが、地主に収穫の大半を年貢として収めるという昔からの不文律によって、生活改善を図る道が閉ざされていた。地主と「土地なし農民」との雇用契約形態は大きく分けて二つあった。一つは農機具や荷車など自前の道具を用いて農作業に専念するという契約、もう一つは身一つで農作業や地主宅の家事一切を行うという契約である。雇用条件は前者の方がまだ良かったが、それでも手元に残る収穫はわずか三分の一にすぎなかった。

こうした古いしきたりに耐えかねて「土地なし農民」は立ち上がった。未使用の公有地を占拠し、その使用権

(3) 現在、B村には先住民である「土地なし農民」以外にも、移民地主と同じ民族集団に属しながらも「土地なし農民」として暮らす人が少数存在しているが、本節で「土地なし農民」と言う場合は先住民のそれを指す。筆者が現地調査をしていた二〇〇〇年当時は、同村周辺地域に住む先住民グループによる権利要求運動（＝土地獲得運動）が高揚し、先住民の「土地なし農民」に対する国際協力が盛んであった。

(それが無理な場合は代替地の割り当て)を政府に求める土地獲得運動に打って出た。主な活動は、県庁所在地まで出向いての座り込みやデモ行進、政治家や役人に対する陳情活動である。マスコミを使った世論喚起、運動の組織化、運動費用については複数のNGOがこれを支援した。

運動はある程度の成果を挙げた。たとえわずかでも自分の農耕地(つまり、収穫のすべてが自分のものとなる土地)を持てるようになった人たちが増えた。筆者訪問時、B村周辺では、「土地なし農民」という言葉は農耕地を「全く持たない人」だけでなく、「ほとんど持たない人」、つまり運動によってわずかでも自分の土地を獲得できた人も含めたゆるやかな意味で使われていた。またNGOの間でも、自分の土地だけで暮らしが成り立つには程遠い後者の人たちを「土地なし農民」のカテゴリーに含めることは妥当と考えられていた。

NGOによる「土地なし農民」支援は、土地獲得運動に限られていたわけではない。職業訓練、識字教育、保健衛生といった伝統的な開発事業も活発に行われていた。筆者の現地調査中にも、ネパールで名の通ったあるNGOがB村に職業訓練のための下調べに来ていた。自転車修理や電気配線などの技術指導を中心とした支援らしい。支援にあたりこのNGOは村長に、「支援候補者となる『土地なし農民』の名簿を作ってほしい」と依頼したという(後述)。この場合、NGOが想定していた「土地なし農民」とは農耕地を「全く持たない人」と「ほとんど持たない人」の両方である。B村で活動する内外のNGOの間では、両者を分け隔てることなく支援することが一般化されていた。

これに対し、地元での活動歴も長く、「土地なし農民」の実情に通じた別のネパールのNGOからは次のような疑問が出された。果たして、それら二つのカテゴリーを一緒くたにして支援しても良いものか、いや、以下のような仮説に立てば、「土地なし農民」支援は農耕地を「全く持たない人」に絞って進めた方が望ましいのでははないか、参加者分析の手続を取るべきではないのか、という問題提起である。

【参加者分析の手法を取るネパールのNGOの仮説】

- 「全く持たない人」と「ほとんど持たない人」を区別することなく「土地なし農民」支援を進めれば、先に挙げた「言語の自由」を助長することになり、ますます支援対象とすべきターゲットが曖昧になってしまう。
- 「ほとんど持たない人」は相対的に恵まれているのだから、「全く持たない人」に絞り込んで支援する方が、社会格差の是正という観点からも望ましい。

十人十色の「土地を全く持たない人」

これらの仮説は有効だろうか。検証してみよう。

参加者分析を取るNGOの仮説とは、つまり、そもそも地元の人たちの間で使われている「土地なし農民」という言葉は「ほとんど持たない人」も含む紛らわしいものだから、支援対象者を決める際にはさらなる絞り込みを行って、「全く持たない人」に限定した文字通りの「土地なし農民」支援を実現することが望ましい、というものである。

しかし、一見正しそうに見えるこの命題も、B村の現実に照らしてみると、必ずしも妥当ではなかった。農耕地を多少持つからといって、農耕地を全く持たない人よりも豊かだとは限らなかったからである。むしろ、「全く持たない人」より「ほとんど持たない人」の方が相対的に困窮している場合もあったのである。[4]

写真4　B村の「土地なし農民」の家。写真2の「土地なし農民」の家とは違って、日当たりの良くない森林脇のわずかばかりの土地の上で暮らす。

以下に、十人十色の「全く持たない人」の姿を、ごく一握りではあるが紹介してみたい。

1　夫婦と幼児の三人で森林脇の粗末な小屋に住んでいる（**写真4**）。農機具や荷車などの道具を一切持たないので、夫婦そろって地主の家に身一つで奉公に出ており、農作業から買物、洗濯まであらゆる仕事を朝から晩まで任されている。以前から仕事を探して住居を転々とし、数年前にこの村に移り住んだ。他の「土地なし農民」と同じ先住民ではあるが他所から移ってきたので、村内にはいざという時に頼れる身寄りや隣人はいない。

2　夫婦と一〇代の子どもの三人家族。こちらも村外から移ってきた先住民である。二〇年ほど前まで別の村に居住していたが、洪水で住む場所を失い、その地区に生活していた一六世帯とともに現在の場所に移ってきた。以来、地主の土地に頼って生計を立てている。農機具や荷車など自前の道具を持ち込んで農作業に専念する、という契約を地主と交わしているので、地主宅の家事まで任されることはない。

3　何世代にもわたってこの村に住んできた「土地持ち」先住民家族の三男。独身である。実家には土地はあっても、三人兄弟が食べていけるほどの広さはないので、三男は手の空いた時に他の家の仕事を手伝いながら生活してきた。村の近辺でNGOの支援を受けた土地獲得運動が始まった時に、自分も「土地なし」となるべく、近くの公有地に小屋を立てて実家から独立し、運動に参加し始めた。

これらの人たちは、いずれも自分の土地を持たないという意味で「土地なし」であるが、それぞれのライフ・ヒストリーや生活環境はかなり違っている。

1と2はいずれも地主のもとで生計を立てているが、労働条件からすると、2の方が農業に専念できるという点である種恵まれているように見える。しかも、2には前の居住地から一緒に移り住んできた一六世帯の仲間がおり、身寄りのない生活を送っている1よりは不安が少なそうに思える。

それに比べて3の場合は、いざという時に頼れる「土地持ち」の実家があるという意味で、暮らしは相対的には楽そうに見える。また、3は代々この土地に住んできた先住民の息子であるから、貧しいとはいえ、1や2のように「新参」者としての差別待遇を受けることもない。

このように、「全く持たない人」を「ターゲット化」してみたところで、同じような人たちから成る均質的な集団とはならない。とりわけ3は、元々は（家族全員が食べていけるほどの広さはないにせよ）「土地持ち」の家の三男であり、土地獲得運動に参加するために自分の意志で家を離れて「土地なし」を選んでいる。しかも、

（4）そうした実情の中で、それでもなお対象者の絞り込みに徹して「ターゲット」をさらに限定し、「より貧しい人」を確定していくような参加者分析の手法を取るならば、すでに挙げた「犠牲の累進性」を容認することとなり（序章注20、本章注6参照）、「土地なし農民」のすべてに降りかかる差別構造が生み出す「根本的な問題」を見逃してしまうことになる。

表2　土地を「全く持たない人」の類型モデル

モデル	労働条件＼社会的条件	頼れる村びと	村での立場	家の働き手
1	地主のためにあらゆる仕事	なし	新参者	夫婦
2	地主の土地で農業に専念	あり（16世帯）	新参者	夫婦と10代子ども
3	？（土地持ちの実家頼り）	あり（多数）	先住民	兄弟とその家族

出典：筆者作成。

表2からわかるように、「全く持たない人」の類型は、例に挙げた三組を取り上げてみるだけでも、どういった社会的条件や労働事件に着目するかによって幾通りにも分かれる。その上、実際にはもっと別のタイプの「土地なし農民」も存在するので、その類型化は一筋縄にはいかない。つまり、参加者分析でいくら厳密に「ターゲット」を絞り込もうとしても、十人十色となってしまい、類型化をただ複雑にするだけで終わる可能性が高い(5)。

もちろん、類型化で明らかになる差異に目をつぶってよいということではない。そうした差異が、自分たちの生活や権利に関わる社会運動に参加しやすい人とそうでない人の差を作り出しているのも事実である。たとえば例に挙げた三組の場合、時間と労力のいる土地獲得運動に3の男性が積極的に参加できたのは、生活を支えてくれる兄たちがいたからである。1のように幼児を抱え、しかも近くに身寄りもいないような家族にとっては、生活を投げ打ってまで運動に参加することはできない。2の家族も土地獲得運動に参加しなかったが、その背景には、同じ先住民でありながら「新参」者だったため、何世代にもわたってこの土地に住んできた先住民家族から仲間外れにされていたという事情があった。

支援対象者の絞り込みという難題

言葉の指し示す内容が多種多様なものを含むという「言語の自由」は、むろん土地を「全く持たない人」にだけ当てはまるわけではない。

先に、土地獲得運動に参加して政府に少しばかりの土地を割り当てられた「ほとんど持たない人」についてふれた。この人たちは、政府からその使用権を正式に認められた層である。しかし、「ほとんど持たない人」の中には、政府のお墨付きを得ることなく、自分で見つけた森林脇や川沿いの空き地で非合法に耕作している人たちもいた。いつ立ち退きを迫られるかわからないという不安を抱えながら日々の生活を営んでいる人たちである。

ここでもう一度問うてみる。「ほとんど持たない人」より「全く持たない人」の方が生活に困窮していると言えるのであろうか。少なくともここでわかるのは、どちらのカテゴリーも実際には多種多様であるということだ。自分で見つけてきた猫の額ほどの土地を非合法に耕す「ほとんど持たない人」と、土地獲得運動に参加するために「全く持たない人」となった人とを比べるならば、前者より後者の方がより困窮しているとは一概には言えない。農耕地を持っているかどうかで暮らしの困窮度を等級付けすることはできないのである。「土地なし農民」に対して真に必要な支援を着実に届けていくには(6)、決められた類型に沿って支援対象者を絞り込む参加者分析の手法のみに頼っていてはならないのであり、個々の「土地なし農民」が抱える多種多様な労働条件や社会条件に合わせて、臨機応変に対応し得る別のアプローチが求められる。

(5)B村の「土地なし農民」の生活圏は村内に限定されるわけではない（真崎 二〇〇八）。たとえば、一部の人たちは近くの町を拠点とする地元NGOの支援を得ながら、別の村に住む「土地なし農民」と一緒に生活改善のための諸活動を進めていた。また、地元政治家の選挙運動を手伝う「土地なし農民」もおり、功績が認められた人の中には政界に転身した人もいる。このように、「土地なし農民」の社会関係は集落の外へと広がっており、そのような多元的なネットワークまで考慮に入れるならば、「土地なし農民」の類型化はさらに複雑なものになるだろう（補論参照）。

もちろん、参加者分析の採用、不採用以前の問題もある。ちなみに、ネパールで名の通った先のNGOは参加者分析を行わずに「土地なし農民」の名簿づくりを村長に依頼したが、村長からその作業を任された相手は、その少し前に村長のコネで政府から土地使用権を認められたやり手の「土地なし農民」である。「全く持たない人」と「ほとんど持たない人」という分類で言うと後者に入るが、彼が名簿化した「土地なし農民」とは自分に近いタイプの（＝村長とのコネを持つ）人たちであった。

筆者が現地調査をしていた当時、B村近辺では内外のさまざまなNGOが「土地なし農民」支援を盛んに行っていた。そのすべてがこのNGOのように、支援対象者の絞り込みを特定の有力者に丸投げするようなずさんな団体ばかりではなかったが、たとえ参加者分析を行っていたNGOであっても、往々にして「土地なし農民」支援の対象者に選ばれるのは、時間や労力を割く余裕があり、村の有力者ともコネを持っているような、より優位な立場にある人たちに偏りがちであった。こうした対応は、仮に部外者であるNGOがその実情を把握していたとしても、村の内情にまで立ち入ろうとすれば却って支援活動がスムーズに運ばなくなる可能性もあり、やむなき事とされた。この点でNGOによる活動は「土地なし農民」の階層化に加担する傾向を一般的に持っていた。

いずれにせよ、「ターゲット」化を行うには以下のような難題がどうしても付きまとう。

- 「言語の自由」という性質上、言葉で表現された支援対象者（ここでは「土地なし農民」）の境界はどうしても曖昧になってしまう。したがって本来は意図していなかった人たちまでが支援対象者に含まれてしまう。また、そうした「不測の事態」を防ぐために採用されたはずの参加者分析も、事前に受益者の類型を言葉によって大雑把にでも定めた上でなければ進められないものなので、結局、ここでも「言語の自由」が影響を与えることになる。

● しかも、B村のようにNGOの駐在所が一つもないところでは、「言語の自由」が生み出す現実を把握することは容易ではない。たとえば、自ら進んで「土地なし農民」となった人のことも、その人が土地獲得運動に合わせて実家から独立したという経緯を知らなければ、外からはわかりにくい。

当時B村の近くでは、貧困削減支援でよく知られる日本の国際NGO、シャプラニール＝市民による海外協力の会（以下、シャプラニール）も「土地なし農民」の生計向上のために活動していた。しかし定評あるシャプラニールですら、同会元ネパール駐在代表の定松栄一が回顧録で述べているように、「『より恵まれた立場にある人びと』を支援しているにすぎない。わたしたちの支援は『本当の債務労働者』には届いていなかった」という矛盾を抱え込んでいた（定松　二〇〇二　二〇二）。

ここで言う「債務労働者」とは、地主から借りたお金が返せなくなったために過酷な労働条件で働くことを余

(6)注4で述べたように、どういう「土地なし農民」であれ生活に困窮している点では同じである。したがって、「土地なし農民」の中で相対的に恵まれている人たちを、「もっと苦しんでいる人がいるのだから、あなたたちは自分で頑張りなさい」という言い分で、国際協力の対象者から外して良いわけではない。日本国内の貧困対策に関して、「世界中には格段にひどい状況で暮らす人が大勢いるのだから日本の状況はまだまし。世間にはもっとひどい人が大勢いるのだから、あなたはまだよい方だ」といった言い方で問題が放置されることがあるが、これでは「犠牲の累進性」を日本の生活困窮者に押し付けることになる（雨宮他　二〇〇八　一三九―四〇、本章序章の注20参照）。同じように、国際協力においても、最下層の人たちへの配慮にこだわって、それ以外の困窮者が顧みられなくなることのないよう留意する必要がある。この点については第3章のラテン・アメリカのある村の事例を参照のこと。

儀なくされた「土地なし農民」を指している。シャプラニールは「土地なし農民」の中でもそうした極貧層に「ターゲット」を定めて支援しようとしたが、それがうまくいかなかった。バングラデシュやネパールでの貧困削減支援で高名なＮＧＯですら、結果としては比較的優位な立場にある人びとに肩入れしてしまったのである。

3　どうすれば支援対象者の絞り込みの難しさを克服できるか

然るべき人たちに然るべき支援が届くよう支援対象者の絞り込みを行っても、なかなか思うようにはいかない現実。このジレンマに一体どう対処していけば良いのか。序章でも概観したように、これまで支援従事者たちの間では、そうしたジレンマには背を向け、あらかじめ決められた目標に向けて適宜作業を進めていく目的論・機械論的な姿勢が優勢であった。限られた時間、資金、人員の中でとにかく支援対象者の選定を早く決めて事業を開始しなければならない（＝目的論的発想）、そのためには何よりまず参加者分析を効率よく進めなければならない（＝機械論的発想）、といった姿勢である。

しかしながら、「根本的な問題に向き合う」活動だけにこだわり、そこに生じるジレンマに足踏みしていては、支援事業自体が滞ってしまう。また、たとえ「根本的な問題に向き合う」ことで望ましい支援（＝然るべき人を然るべく手助けする）の方途が見えてきたとしても、被支援対象者サイドの事情からそうした事業が暗礁に乗り上げてしまうことがあり[7]、支援する側は結局それに取り組むことに躊躇してしまう。仮に最貧層の人たちを公明正大に選定できたとしても、腰を据えた支援の用意がなければ最底辺で暮らす人たちの生活改善に協力することは難しく、支援従事者自身そうした活動を回避しがちな傾向にある[8]。

本節では、支援する側の似たような都合で対象者の絞り込みが歪められてしまった事例、アフガニスタンにおける「市民社会」支援（＝「市民社会」振興のための支援）に焦点を当ててみたい。そこでは本来なら支援対象となるべき地元の在来組織が対象から外され、手際よく活動できる「地元NGO」に支援が集中しがちとなった。「土地なし農民」への支援が本来の意図とは外れた人たちを対象にしてしまったように、この「市民社会」支援も同じような問題に陥ったのである。

国際協力団体の都合による「ターゲット」の選定――アフガニスタンの「市民社会」支援

アフガニスタンは二〇〇一年の暮れ、時のタリバン政権が、同年に米国で起きた「九・一一」事件の首謀者と

---

(7)たとえば、最貧層の人たちを対象に職業訓練プログラムを立ち上げても、支援対象者の側に訓練に参加する余裕がなかったり、訓練に必要となる最低限の情報や技術が不足していて、活動効果を期待できない場合がある。また、前節で取り上げた土地獲得運動のような陳情活動も、日々の暮らしで精一杯の人たちだけでは思うような成果が挙がらない。

(8)シャプラニール＝市民による海外協力の会はバングラデシュにおいて地元NGOとのパートナーシップを視野に入れた息の長い支援を展開している（第1章第3節参照）。このアプローチは最貧層の人たちを支援する上で参考になる。たとえば、同会の長期的なサポートを受けて活動する地元NGOのPAPRIは、交通の便が悪いために他の国際協力団体がなかなかやって来れない河川の中洲で活動を始めた（小嶋　二〇〇六）。シャプラニールは貧しい人たちを対象とした小規模融資（マイクロクレジット）を積極的に支援しているが、中洲に住む人たちには融資を所得創出に結び付けるだけの技術や情報もないので、「当面のニーズ」として融資だけを行っても持続的な活動は難しいと考えた。そこで、PAPRIは直ちに小規模融資を始めるのではなく、まずは識字教育を中心とする基礎的プログラムに取り組んだ（同上　七）。シャプラニールがあえてこのような時間や労力を要する総合的支援に取り組むことができたのは、地元NGOとの確固たるパートナーシップを基盤に中長期的な支援計画を立ち上げることができたからである。

写真5　ANCB（Afghan NGO Coordination Bureau）の事務所にて。ANCBはアフガニスタンのCSOの連合体。筆者が訪れた時、役員の人たちは「市民社会」支援について忌憚ない意見を述べてくれた。

されるオサーマ・ビン・ラーディンの引渡しを拒否したという理由で米英軍により軍事攻撃を受けた。その後同政権は崩壊し、米国の後ろ盾で成立したカルザイ政権の下、現在まで国際社会の大々的な支援を受けながら国の再建を進めている。しかし、すでに過去数十年にわたる内戦で社会は分断されており、辛うじて求心力を保っていたタリバン政権が去った後は国土が地方有力者に分割統治される状態に逆戻りしている。また、テロ掃討の大義で展開される多国籍軍による治安活動＝武力介入は、多くの民間人を巻き込んで、逆にテロの激化を招くこととなり、カルザイ政権も外国軍隊の助けで何とか首都カブール周辺を掌握できている状態である。

　こうした中、アフガニスタン復興支援の柱の一つとして国際社会が行っているのが、「市民社会」の育成・強化事業である。本節は、筆者が二〇〇八年五月に国連開発計画（ＵＮＤＰ）アフガニスタン事務所の市民社会振興アドバイザー（civil society engagement advisor）を務めた時に行った調査に基づいている[9]（**写真5**）。

「『市民社会』支援の意義は市民性の醸成にある」。現地滞在中、多くの国際協力団体の関係者がそう語っていた。自由で自立した市民が力を合わせて社会問題の解決に取り組むならば、個々の部族や氏族のみの利害にこだわる排他的な社会風土に変化をもたらし、これまで争いの絶えなかったこの地に和平の機運をもたらすだろう。そして、そうした市民が国家や地域の運営に積極的に関わるようになれば、政治的にもチェック・アンド・バランスが働き、有力者が個人的な利害を優先する旧弊に歯止めを掛けることができるだろう。これが「市民社会」支援の目的とされているものである。

　ところで、一口に「市民社会」支援と言っても、アフガニスタンではその大半が「市民社会組織」（ＣＳＯ　civil society organisations）を介して進められる。ＣＳＯは大まかに次のように分類される（Counterpart International 2005a 20-26）[10]。一つは、地域在来の意思決定組織である「シューラー／ジルガ」（shura/jirga）。通常は村の長老によって構成されている。もう一つは、「社会・文化活動組織」（social and cultural organisations）と呼ばれるもの。これは、宗教行事や青少年育成など地域に根ざした活動を行っている団体から、職能別組合のような地域を越えた利益団体まで、さまざまな組織を含んでいる。そして三つめは、外部支援者として全国各地の人びとを手助けする「地元ＮＧＯ」（local NGOs）である。

　こうした多種多様なＣＳＯのうち後者二つはタリバン政権の崩壊後から急速に数を増やし、活動も活発化して

（9）筆者は、二〇〇七年三月にも個人の資格でアフガニスタンを訪れて復興支援の動向を調査しており、本節はその結果も反映している。また、二〇〇六年夏季にアフガニスタンの「市民社会」に関する現地調査を行ったロンドン大学ＬＳＥ（London School of Economics）校の市民社会研究所所長ジュード・ハウエル教授にも有益な情報をいただいた。

（10）同報告書では、国際協力団体側が設けた種々の「村の組織」（ＶＯ　village organisations）、たとえば注12でふれる「コミュニティ開発協議会」（ＣＤＣ　community development councils）などもＣＳＯの一形態と見なしているが、そもそもＶＯは市民のイニシアティブで生まれた組織ではないので本節では省略している。筆者がカブールのＣＳＯ関係者にインタビューした時も、ＶＯはＣＳＯには含まれない、とする意見が多かった。

いるが[11]、国際協力団体が「市民社会」支援と言う時には普通「地元ＮＧＯ」を介して進められる場合がほとんどである。そうなる背景には国際協力団体側の以下のような考え方が反映されている（Masaki 2008）。

① 非公式団体より政府登録団体を重視

多くの国際協力団体は、ＣＳＯを支援する際にはアフガニスタン政府に法人登録した（＝政府の審査を受けた）組織を対象にすべしという規則を設けている。その結果、「シューラー／ジルガ」のような非公式の組織は（間接的に支援を受けることはあっても）蚊帳の外に置かれがちとなる。個々人の自由や平等を優先する西洋リベラリズムの発想に立って、旧来の権威やしきたりを重んじる「シューラー／ジルガ」のような組織は「ＣＳＯ」（＝自由で自立した個人による結社）に該当しないと考えるのである[12]。

② 遠隔地団体より首都在住団体を重視

政府登録団体の大半が首都カブールやその近郊を拠点としているため[13]、国際協力団体にとっても地の利の面でそうした組織を直に支援する方が活動しやすい。治安状況が悪化する中、国際協力団体は地方にスタッフを送ることさえままならず、地方への支援は首都を拠点とする「地元ＮＧＯ」を通じてなされているのが実情である。

③ 書類作成能力を重視

「地元ＮＧＯ」の多くは以前から国際協力団体と仕事をした経験があり、書類の作成に慣れている。支援を申請するには企画書を用意しなければならないし、活動開始後においては進捗状況の報告書を作成しなければならないため、たとえ豊富な活動経験と能力があっても、それらの書類の作成に慣れない「社会・

文化活動組織」や「シューラー／ジルガ」はその段階で支援選考から外れてしまう。

④　事業形式の活動を重視

「地元ＮＧＯ」の多くは事業形式の活動（＝期限と到達目標を設けて集中的に特定の取り組みを行う活動）にも通じている。国際協力団体が支援先を選考する際には、限られた予算や時間内でどれだけの成果が生み出せるかを説明した事業企画書の提出を求めることが多い。ここでも、自分たちの活動を事業としてパッケージ化することに慣れていない「社会・文化活動組織」や「シューラー／ジルガ」は不利となる。

⑤　アドボカシー活動より啓発活動を重視

国際協力団体にとっては、「地元ＮＧＯ」は「上」（＝政治家や官僚などの有力者）に対するアドボカシ

---

(11)同国のＣＳＯ活動は、民主主義、人権、雇用、生活インフラ、教育、保健衛生、文化振興、紛争解決、汚職、治安など、多岐にわたっており（Afghan Civil Society Forum 2006 30）、「市民社会」振興の国際協力も多領域に及んでいる。

(12)「シューラー／ジルガ」の回避は、「市民社会」支援だけでなく、アフガニスタンに対する国際協力全般に普く見られる。たとえば、「地方分権化」支援に関わる国際協力団体は、「シューラー／ジルガ」を避けるために、草の根の別の受け皿として「コミュニティ開発協議会」（ＣＤＣ）を設けている。性別や年齢、民族や氏族などによる差別をなくし、人びとが選挙で自分たちのリーダーを選べるよう取り計らうための組織である。ただし、実際には「シューラー／ジルガ」がＣＤＣを乗っ取っている地域も多い」（筆者が二〇〇七年三月にカブールでインタビューした国際ＮＧＯ、ＤＡＣＡＡＲのスタッフの発言）。

(13)二〇〇六年に行われた政府登録済みＣＳＯについての調査によると、カブール州には五〇〇以上のＣＳＯが事務所を構えている。これに対して、他の三つの州には約七〇団体ずつ、別の二州には二団体ずつしか所在しておらず、それ以外の州には全く存在していない（Foundation of Culture and Civil Society 2007 11）。

ー活動より、「下」（＝地方で暮らす草の根の人びと）に対する啓発活動を中心に行っているので、支援対象として好ましい。なぜならCSO支援が「上」に向いてしまうと、国際協力団体を占領統治と一体化した存在、統治者側の「下請け機関」（熊岡　二〇〇五　二五）として見なす草の根の人びとから攻撃される恐れも出てくるからである(14)。したがって、CSO活動は「下」に向いている方がやりやすいのである。

こうしてみると、「市民社会」や「CSO」という言葉も、前節の「土地なし農民」という言葉と同様、「言語の自由」から生じる曖昧さのために、いつの間にか支援する側にとって都合の良いアクターである「地元NGO」だけを指すものになっていることがわかる。「地元NGO」の多くは、国際協力団体から支援を受けた経験を持ち、期限と目標を据えた事業形式の活動にも慣れているので種々の書類の作成能力に長け、手際よく仕事を進めたい国際協力団体側にとってはやりやすい存在なのである。

CSO支援が「地元NGO」に集中していても、それがアフガニスタンの和平にきちんと結びついているのであれば何ら問題はない。しかし、実態は逆である。「シューラー／ジルガのような伝統的組織は新興CSOよりも人びとに信頼されている」（Counterpart International　2005b　114-115）(15)という報告が一方でありながら、そうした市民感情が尊重されず、仲介NGOのみが引き立てられているために、人びととの間では不満が高まっている。しかも、CSO支援は名の通ったごくわずかの「地元NGO」を通して展開されることが多いため（Counterpart International *op.cit.* 2005a　3）、少数エリートによる中間搾取に近いとの非難もなされている(16)。

前述の通り、西洋リベラリズムの価値観からすれば、伝統的権威やしきたりを重んじる「シューラー／ジルガ」はCSOに値しないと見られる傾向にある。しかし、アフガニスタンの諸地域に根差した慣習にも、自由、平等、公正、自治、自発性など「市民社会」的な素養が備わっていないわけではない（*ibid*　97-102）[17]。西洋的な「市民社会」概念と地元の「伝統文化」概念との二項対立に囚われることなく、両者の接点に沿って市民活動を育てていくことは可能である。「活発な市民社会と民主的な国家の発展のために、またそうした市民感覚を遠隔の地へと広げていくためにも、シューラー／ジルガの関与は欠かせない」（*ibid*　115）。

(14)すでに何度か引用してきた報告書の作成者、Counterpart Internationalという米国のＮＧＯは、米国国際開発庁（ＵＳＡＩＤ）の資金で「真実と正義」（Truth and Justice）という名の「市民社会」支援をアフガニスタンで展開している。しかし活動中に「ＵＳＡＩＤ」というロゴを一切見せないようにしている。米国主導で進められてきた「戦後復興」では、治安回復やテロ対策を優先させるあまり過去に起きた軍による人権侵害が不処罰となっているが、このことに対して真実と正義を求める人びとの矛先が自分たちＮＧＯに向けられてしまうと身の安全が保てなくなるからである（Howell and Lind 2009　124）。

(15)これは全国七ヶ所で開かれた円卓会議（政府役人、ＣＳＯ関係者、村の長老など、総計二二一人が参加）の結果をまとめた報告書の抜粋である。

(16)実地で地道な成果を挙げている「地元ＮＧＯ」もあるので、こうした非難はすべての「地元ＮＧＯ」に向けられているわけではない。アフガニスタンではタリバン政権崩壊後の「戦後復興」支援ブームの中で実体のない団体が蔓延してしまったが、そのことを反省して、「地元ＮＧＯ」のリーダーたちの中には自分たちで取り決めた「行動規範」に従って相互監視を強めたり、政府に対して厳格なＮＧＯ審査を求めるなど、自助努力を着々と進めている人もいる。しかし、資金の「七〇パーセントが職場や車や高給に費やされ、残りの三〇パーセントしか活動に廻されない」（Counterpart International　2005a　33）という「地元ＮＧＯ」一般に対する風評も絶えない。

(17)確かに、女性の諸権利が尊重されない、教育程度の高くないムッラー（宗教指導者）がコーランの教えを適正に実践していないなど、アフガニスタンのしきたり、習慣にも（他のどの社会のしきたりと同様）是正すべき点はある（Counterpart International　2005b　90-97）。

写真6　首都カブールを行く多国籍軍の装甲車。多国籍軍はテロ抑止の成果を挙げようと治安活動を急ぐが、テロはなかなか収まらない。「市民社会」支援にも似た面がある。

アフガニスタンの「市民社会」支援が「地元ＮＧＯ」に偏っているのは公然の事実である。確かに一部の国際協力団体の間では、これまでの反省を踏まえ、「シューラー／ジルガ」に対しても積極的に支援していこうという動きが近年高まってはいるが[18]、その場合もあくまで政府登録を済ませた公式ＮＧＯに一度資金を渡して、それを非公式組織である「シューラー／ジルガ」に再交付（re-grant）するというパターンが大半である。各地に点在する在来組織を個々に支援するより、首都を拠点とする「地元ＮＧＯ」を介して支援する方が効率的だからである。しかし、これでは資金の「三〇パーセントしか活動に廻されない」（注16参照）という状況を変えることはできないし、「市民社会」支援が目指しているはずの和平の機運の醸成にもつながりにくい。

大所高所から見れば、アフガニスタンの政情不安がなかなか収まらない一因は、国際社会が目に見える支援成果を急ぐあまり[19]、人びとの暮らしぶりの改善という肝心な事柄が二の次にされてきたことにある（**写真6**）。大門毅はこの点について次のように述べている。「現象として把握しやすい紛争後の『復興支援』に重点が置かれ、紛争の『根本要因』にまで踏み込んだ領域については手つかずの状態にあった。その結果、開発支援事業の多くがドナー［＝国際協力団体］側の実績作りのみに貢献し、治安は悪化していった」（大門　二〇〇八　一六八）。

支援従事者は、本質的に多義性を孕んだ「市民社会」という言葉が、自分たち「ドナー側の実績作り」を優先するがゆえに「地元ＮＧＯ」という狭い意味で使われがちになっていること、そしてそれが人びとの反感を生む「根本要因」となっていることから目を背けてはならない。人びとの主体性の尊重という「市民社会」支援の本来的な目的に立ち返り、地元の人びとに昔から信頼されてきた「シューラー／ジルガ」に対しても、直接的に支援を届けることができよう制度の根本的な見直しを行っていく必要がある。

まとめ――支援対象者の選定の難しさに向き合い対処する

以上の考察に見る通り、「土地なし農民」や「市民社会」といった言葉で支援対象者の範囲を絞り込んでも、射撃競技の標的のように「ターゲット」を明確に定めることはできない。「言語の自由」によって実際にはさま

(18) たとえば、Counterpart International は二〇〇七年よりＩ‐ＰＡＣＳ（Initiative to Promote Afghan Civil Society）という事業で「シューラー／ジルガ」への支援を開始した。また国連開発計画（ＵＮＤＰ）でも、Access to Justice at the District Level プロジェクトにおいて同様の支援を二〇〇八年後半に実施した。

(19) 筆者が市民社会振興アドバイザーとして関わったＵＮＤＰの Afghan Sub-national Governance 事業では、アフガニスタン政府による地方分権政策の立案を支援するために、何人もの外国人アドバイザーが雇われ、政府関連部局の年次プランや人事計画の作成まで肩代わりしていた。また、政府官僚の給与はＵＮＤＰが補塡していた（こうした給与の部分負担は日本のＯＤＡ機関による警察支援にも見られる）。政府の財政基盤の強化や役人の能力向上など地道な取り組みを怠って、成果を取り繕おうと腐心するこのような国際協力を、果たして「復興」支援と呼ぶことができるであろうか。

ざまな個人、グループ、組織がその範疇に入ってしまうため、支援従事者は往々にして、自分たちにとって都合の良い、支援を円滑に進められる相手を支援対象者に選びがちとなる。その結果、本来の目的とは異なる相手が支援対象者となっているケースが少なくない。

では、こうした問題はどう乗り超えられるべきか。一つの考え方としては、本論で述べてきたように、参加者分析をより徹底化させるという方法がある。できるだけ正確に「ターゲット」を定めて（＝目的論的発想）、そこにできる限り命中するよう現地調査や分析を進める（＝機械論的発想）という従来路線の踏襲である。しかし、そこには本質的な限界があった。どんなに「ターゲット」を絞り込んでも、結局は予期せぬ人たちが必ずそこに含まれてくるという「言語の自由」には対処し切れない。逆に支援対象者として相応しいはずの人たちが、参加者分析の機械的な精緻化によって対象から漏れてしまうことも起こり得る。[20] こうしたジレンマに直面すればするほど、支援従事者は無意識にそのジレンマに背を向けるようになっていく。序章で述べた「不快からの心理的逃走」が起きてしまうのである。

支援対象者の選定をめぐるそうした袋小路から抜け出すためには、参加者分析の精緻化以外の方途を探ることが必要である。たとえばその方途の一つとして、支援すべき対象者の選定はあくまで地元の人たち自身の手で行う、ということが考られる。[21]

「思わぬ人たち」が支援対象者になりかねないという問題は、往々にして国際協力団体側が地元の事情を把握し切れていなかったり、あるいは事情は知っていても立ち入りにくかったりすることで生じる。「よりふさわしい人たち」が支援対象者から外されるという問題も同じである。これらは第1章で論じたように、支援する側と支援される側との間に生まれる主客関係にも絡んだ問題である。そもそも地元の実情を最も知っているのは地元の人たちに他ならない。そうであれば、支援従事者は自分たち部外者が抱える限界を公にして、支援対象者の選定の難しさを地元の人たちに率直に伝え、地元の人たちの知恵を借りながら、地元の人たち白身が納得して選定作業を進められるような体制を作ってもよいはずである。

この場合、B村の事例分析でふれたように、あらゆるコネが横行して支援対象者が一層偏ってしまうのではないか、という懸念が残るかもしれない。また、地元有力者が思うままに支援対象者を決めたなら、住民たちは選定作業に関わることすらできなくなるという心配もあるだろう。しかし、そのような時にはきっと、住民たちの間から対立、抵抗、交渉などの新しい動きが内発的に沸き起こるはずである。そこからどのような軌道修正が生まれてくるのか、あるいは生まれてこないのか、支援従事者は地元の人びとが作り出すそのプロセスをこそ大事にすべきである。その結果として仮に人びとの活動が思わぬ方向にそれたとしても、それに気づいた人びとの中から新たな働きかけがなされるというのは、どの社会においても必ずある。[22]プロセスを大事にするというのは、支援従事者側にとっては地元の人びとに対する信頼の問題である。

ただし単に地元任せにする、という話ではない。支援従事者は、支援対象者の選定のプロセスにできる限り幅広い層の人たちが参加できるよう協力することが求められる場合もある。そのためには第1章で論じたように、

(20)たとえばアフガニスタンの「シューラー／ジルガ」の場合は「書類作成の能力が不足している」「事業形式の活動に慣れていない」といった烙印を押され、支援対象から外されかねない。

(21)このやり方は「住民参加型アプローチ」の一つとも言える。ただし、従来型の「住民参加型アプローチ」においては「支援者がお膳立てするプロセスに住民が参加する」という形式が主流であり、地元社会に対する真の意味での権限返還がなかなか起きない。従来型の「住民参加型アプローチ」の問題については第3章で分析する。

現地事情に通じた地元NGOと協働することも大切であり、場合によっては地元NGOとともに地元の有力者に直接進言するという心づもりも必要である。地元の人びとにとって地理的にも心理的にもより近い存在である地元NGOは、そうした働きかけをする上で大きな力となる。

こうした試みが浸透していけば、これまで国際協力団体の都合で行われてきた参加者分析という手法そのものが抱える「根本的な問題」も、地元サイドから明らかにされるかもしれないが、それは国際協力団体にとっては歓迎すべきことである。アフガニスタンの「市民社会」支援で言えば、「『地元NGO』が支援従事者の都合で選ばれている」(注20参照)といった問題提起がなされるかもしれないが、このように人びとから忌憚ない意見が出されれば、支援従事者にとっても、「言語の自由」に乗じて都合の良い相手を支援対象者に選定する、という「根本的な問題」に向き合う上で弾みとなる。

支援従事者が支援対象者を公明正大に絞り込んでいるかのごとく振る舞うことを控え、地元の人たちの手でその選定作業が行われるようになれば、地元の人びとの間にある不平等な関係性を変えていく契機にもなる。(23) そしてそれは、国際協力における対等な関係とは何か、というもう一つの「根本的な問い」にも通じていくだろう。

（22）たとえば、B村には、政府の行う諸活動から排除されることの多い被差別集落がある。しかし、そこに住む人たちは運命を甘受してばかりいるわけではない。地元の政治家に働きかけたり、地元の奉仕活動に積極的に参加することで、他の村びとや政府役人との交渉力を高め、近年では政府事業の支援対象者として選ばれるようになっている（Masaki 2007 98）。不平等な慣習の残る地元社会でもそうした融通性は備わっているのである（補論参照）。もちろんB村のケースとは違って、被差別者の自助努力だけではいかなる手も打てないような場合もある。そうした時にこそ、国際協力団体が表に出て是正を求めるという道が開かれる。逆に、最初から支援従事者が支援対象者の選定を取り仕切ってしまうと、後で何らかの問題が生じた時、軌道修正を求めていくことが難しくなる。地元の人たちを説得して決めた以上、その分だけ方向転換を言い出しにくくなるのは当然である。あくまで地元の人たちによる自己決定が尊重され、支援従事者は必要に応じて働きかけをするという支援アプローチが望ましい。

（23）「暮らしが良くなる」とはどういう状態を指すのか、あるいはその達成にはどういう手法が必要になるのかなど、支援活動の方向性を決める国際協力団体の「指導」の下で、地元の人たちは常に受動的な立場に置かれてきた。そうした不平等な関係の中で、国際協力活動一般が支援従事者側の都合に左右されがちになっていることを、地元の人たちが快く思わないのは当然である。国際協力活動に対して危害を加える事件が目立つアフガニスタンの例は、そうした地元の人びとの感情をあからさまに表すものである。しかもアフガニスタンでは、武力侵攻やその後の占領統治の成果を急いで取り繕いたい大国の意向が支援活動に大きく影を落としており、「人びとに寄り添う」という国際協力の理想を追求しようとしてもそれが極端に実現しにくい情勢下にある（注19参照）。しかしたとえそのような情勢下であれ、不平等な関係性を変えていくに当たっては本来の理想を免除する例外地域を設定して良いはずはない。

補論

なぜ支援対象者の選定を地元の人たちの手で行うのか

第2節の「土地なし農民」による土地獲得運動の事例が示すように、地元の人びとの間にはこうした地域活動に参加できる余裕のある人とそうでない人との差がどうしても出てしまう。筆者がそのことを改めて認識させられたのは、このネパールでの初期の現地調査の資料を整理中、ある一枚の写真にふと目が止まった時である（**写真7**）。その写真は、本事例より二、三年前の一九九八年、日本のある国際協力団体の仕事でB村を初訪問した際に撮ったものである。

写真7　B村での「土地なし農民」との会合（1998年）。

当時、ネパール政府は全国洪水対策計画を策定中で、その国際協力団体は数名の外国人コンサルタントを現地に派遣して、政府の計画作りを手伝っていた。筆者もその一人として、各地域の被害実態や防災体制を調べる「社会調査」に従事していた。

B村やその周辺の集落は洪水対策の重点地域に指定されていた。ところがわれわれ調査団には各村を一つ一つ綿密に調査するだけの時間も予算もなく、どの村を訪れても役場で話を聞くだけで精一杯であった。それでも、「土地なし農民」の人たちへの支援を最優先したいと考えていたので、B村では村長を通じて先住民の人たちに集まってもらい、小一時間ほどではあったが直接話を伺った。集まったのはすべて男性であるが、これはB村周辺地域の一般的な慣わしであった。ところで、この初訪問時には知りようもなかったことだが、先の写真を改めて見直してみると、会合への出席者たちに二つの共通点があることに気づいたのである。まず、いずれの出席者も昼間に小一時間ほど休みを取る余裕のある人たちであったこと、それにそのほとんどが村長の属する政党の支持者だったことである。つまり、近くに頼れる親戚縁者もなく、四六時中仕事をしなければ生活が成り立たないような極貧の「土地なし農民」の人たちは、この会合には出席していなかったということである。

村長による会合出席者の選定に問題はなかったか。われわれの側が事前に参加者分析を行い、「ターゲット・グループ」をあらかじめ絞り込んでおくべきだったのか。いろいろ考えさせられたが、「ターゲット化」の手法を取っていたとしても限界があっただろうという結論に達した。仮に「時間的余裕のある人／ない人」「村長とコネを持つ人／持たない人」という分類で参加者分析を行い、「時間的余裕のない人」「村長とのコネを持たない」人たちに絞り込んでいたとしても、本論の**表2**で示した通り、個々の先住民の人びとの暮らしぶりは実にさまざまな社会的条件から捉えられるのであり、単純な類型化では個々の人たちの持つ別の側面が見過ごされて、却って「自分たちは支援従事者から偏った見方をされているのではないか」と地元の人たちから不信感を招いていただろうと思ったのである。

村内に存在している多元的な社会関係

部外者に特定の社会的条件だけで判断された時、地元の人たちはどのように戸惑ってしまうのか、筆者のB村調査中の体験談を紹介しておきたい。

写真8　B村での洪水対策事業。

B村では二〇〇一年に、雨季の河川氾濫を防ぐ護岸工事として洪水対策事業が実施された（写真8）。上記の全国洪水対策計画の結果を受けてのことであるが、これは洪水対策計画作りを支援したのとは別の国際協力団体による支援事業である。

B村には昔からインフラ整備のための無償労役が「土地なし農民」に課せられるしきたりがあり、最初はこの事業にもそれが適用される予定だった。移民が移り住んだ一九世紀半ば、村の辺り一帯は森林で覆い尽くされており、新しく地主となった移民たちは「土地なし農民」を動員して森林を切り拓き、用水路や道路などのインフラを整えた。それ以来の村の因習である。

しかし、ちょうどこの頃は農繁期に当たり、別の公共事業で労役に従事させられていたこともあって、「土地なし農民」は洪水対策での労務提供に難色を示した。労役を怠った「土地なし農民」には罰金が課せられる規則があり、村長はそれに沿って警告を発したものの、「土地なし農民」たちは拒否し続けた。

そこで、作業を遅らせるわけにはいかない国際協力団体の事業担当者は、村長と話し合いを重ね、「今回に限っては移民地主が労働者を手配する」という方針に切り換えてもらった。これにより地主の家人が工事現場に出るか、どうしても使用人（＝「土地なし農民」）に頼りたいのであれば、彼／彼女らに労賃を支払わなければならないこととなった。

当時筆者は知り合いの人権活動家（ネパール人）と共同で調査を行っていた。積年の移民支配下でいかに苦しい生活を送ってきたのか、多くの「土地なし農民」から話を聞かせてもらっていたこともあり、われわれは当然のごとく、「土地なし農民」の人たちはこの事業での労役免除をさぞかし喜んでいるだろうと予想した。しかし、その方針変更を特別な出来事と捉えている「土地なし農民」の人たちは少なく、われわれはその意外さに驚いた。たとえば、日頃から土地獲得運動に関わっていたあるリーダー格の「土地なし農民」の人に「労役が免除されて良かったね」と声を掛けても、「別に…」というつれない返事しか戻ってこなかった。

われわれの見当違いはどこから起きたのであろうか。

やがて調査を続けていくうちに、互いに反目してばかりいるように思えた「土地なし農民」と移民地主との間にも、実際には日常生活のさまざまな場面で協力関係ができていることがわかった。「土地なし農民」の人たちは普段から「仲間内」に閉じこもってばかりいたわけではなく、移民地主ともさまざまな「仲間」関係を築いていたのである。

その最たる例は政党政治をめぐる関係に見ることができる。ネパールでは一九九〇年に政変が起こり、それまでの王政に代わって複数政党制による議会政治が始まった。B村の周辺で影響力を持つようになった政党は、ネパール会議派と統一共産党である。両党とも一九九〇年代に政権を幾度も担った大政党である。村での両党の活動の中心的な担い手は移民地主たちであったが、同時に、村の多数派を占める「土地なし農民」は大切な票田でもあり、政治活動に熱心な両党の移民地主は自分の党を支持する「土地なし農民」の人たちと手を組むようになっていたのである。

それは何も選挙の時だけではなかった。たとえば、村道整備など公共事業の政府予算が村に割り当てられた際には、統一共産党に属する村長(＝移民地主)は同党を支持する村民(「土地なし農民」を含む)の住まいの周辺にその事業を廻そうとし、反対勢力であるネパール会議派に属する有力者(＝移民地主)は同党を支持する他の村民(「土地なし農民」を含む)とともにそれに反対していた(先の写真に見る会合出席者についても、村長は洪水対策の便宜を図ろうと考えて、統一共産党を支持する「土地なし農民」を召集したものと思われる)。

村の中には「移民地主」対「土地なし農民」という区分を横断する形で、「ネパール会議派」支持者対「統一共産党」支持者という構図ができあがっていた。つまり、「土地なし農民」は一枚岩ではなく、それぞれの政党を支持する人たちが二つに分かれ、公共事業をめぐり競い合うこともあったのである。「移民地主」対「土地なし農民」という二分法を超えたこのような動きは、別の局面にも見られた。たとえば、「土地なし農民」の一部は、近くの町を拠点とする地元NGOの支援を受け、B村やその周辺で生活改善運動に取り組んでいたが、この地元NGOを運営していたのは、別の村に土地を持ち、普段は町で生活する移民地主の篤志家であった。B村のこの「土地なし農民」グループは村外の移民地主ともつながりを持っていたのである。

また、B村では「移民地主」の女性たちと「土地なし農民」の女性たちが一緒になって、禁酒や衛生改善などの活動に取り組んでいた。通常、村の寄り合いは各世帯から一人ずつ出席することが決められていたが、慣習上、参加者は男性に限られていた。そのせいもあって、アルコール依存や子どもの健康など、女性たちが重視する問題を会合で取り上げるような機会は滅多になかった。そこで、女性たちは階層の垣根を越えて、従来の男性主導の村運営を変えていこうと、一九九三年に女性グループを結成していたのである。

このように、「土地なし農民」の人たちの社会との関わりは多元的であり、「土地なし農民」という一側面だけでその人たちの実情を把握することはできない。たしかに、一九世紀に「移民地主」に土地を奪われたことが契機となり、以来今日まで「土地なし農民」は貧しい生活を余儀なくされてきた。そうした歴史的経緯を持つＢ村の現況を理解する上では、「移民地主＝支配者」対「土地なし農民＝被支配者」という二項対立的な見方は避けられない。しかし同時に、政党政治、ＮＧＯ活動、女性活動のように、両者は共通の課題を見出して連携することもあり、「土地なし農民」に開かれたそうした多種多様なネットワークに目配りすることなしには、Ｂ村社会の全体像を捉えることはできない。

したがって、二〇〇一年の洪水対策事業で労役免除の決定に至った事情を考える際にも、「仲間内」を越えて幾重にも存在するＢ村の社会関係に思いをめぐらせる必要がある。実際、洪水対策事業の計画変更の裏では、数名の移民地主が「移民地主」対「土地なし農民」という対立構図を超えて、後者の立場改善に尽力した。この事業で「土地なし農民」に労務提供が課せられようとした時、ネパール会議派を支持する移民地主たちは、統一共産党に属する村長（＝事業実施側）に対して、「農繁期に、しかも、もう一つの事業にも駆り出されているというのに、どうして追い打ちをかけるように無償労働を課そうとするのか」と抗議し、労役免除を要求したのである。労役免除になれば、自分たち「移民地主」が洪水対策の現場仕事を切り盛りせざるを得なくなるが、それでも政党活動の一環として「土地なし農民」の権利擁護を訴えた。

労役免除の決定がなされた背景には、近くの町を拠点とする先の地元NGOの存在もあった。移民篤志家が率いるこのNGOは、B村やその周辺で強制労働に反対するアドボカシー活動を行っており、それが「従来の搾取慣行を改めなくてはいけない」というB村の人たち（「移民地主」も含む）の意識の高まりに一役買っていた。移民篤志家は洪水対策事業に直接関わったわけではなかったが、彼が中心となって行ってきた活動は、「移民地主」対「土地なし農民」という階層対立を越えた人権尊重の動きを醸成し、それが間接的に労役免除の決定を後押しすることになった。「土地なし農民」と「移民地主」の間にあった多元的ネットワークの存在が洪水対策事業の計画変更を促したわけだが、こうした背景を知れば先の「土地なし農民」リーダーの「別に…」という反応もそう驚くべき話ではなかったことがわかる。

実は、この「土地なし農民」のリーダーは統一共産党の活動家でもあった。そのコネを活かして「同胞」（＝「土地なし農民」）のために土地獲得運動に奔走してきたらしい。一九九四年に統一共産党が政権の座に就き、支持基盤拡大のためにB村やその周辺地域に住む「土地なし農民」に未利用の公有地の使用権を与えた際には、彼自身もその恩恵を受けている。それによって暮らしぶりががらりと変わったわけではないが（＝移民の下で小作人として働かないと生活が成り立たない状況は変わらない）、それでも以前に比べればずいぶん生活は楽になったらしい。「仲間内」に閉じこもらず、移民と手を組みながら生活改善運動に取り組んできた身にとって、「移民地主」対「土地なし農民」という二分法の基準で「『敵』から労役免除を勝ち得た」と一喜一憂するのは、彼の生活実感とは合わなかった。事業計画の変更はライバル政党であるネパール会議派の抗議に押された形で実現したものなので、統一共産党支持者の彼としてはこれを素直には喜べないという気持もあったかもしれない。

しかしそれ以上に、「別に…」という彼の反応には、自分たちを「土地なし農民＝被支配者」として一面的に見ているわれわれ部外者への反発の気持ちが込められていたのではなかったか。

「リゾーム」（根茎）状況から生じる世直しの潜在性

ある支援対象集団を特定の側面だけで捉えてしまうと、その人たちの持つ多元的な社会関係に注意が払われないばかりか、そこから内発的に生まれ得る社会変容の契機をも見逃しかねない。

仮に、B村の洪水対策を支援した国際協力団体が「土地なし農民＝被支配者」の窮状を救うべく、最初から「強制労働を止めなければ支援はしない」と主張したとしよう。それがB村に受け入れられたなら始めから労役は免除され、事業も円滑にスタートしていたであろう。「土地なし農民」の人たちもわざわざ反対の労を取る必要もなかっただろう。

しかし反面、国際協力団体が村の「支配—被支配」関係のみを強調してそこに干渉してしまうと、人びとの主体的な活動の芽を摘むことになる。つまり、支配的立場にあるネパール会議派の「移民地主」が「土地なし農民」と手を携えて労役免除を要求し、事業計画の変更へとつなげていくような地元社会の潜在性が活かされなくなる。

「思わぬ」事態の展開が起き得る世情のことを、フランスの哲学者ジル・ドゥルーズは「リゾーム」（根茎）と呼び、「ツリー」（樹木）と区別している。「リゾーム」とは、地中の根が縦横無尽に張り巡らされることに喩えて、世の出来事が予測不可能な方向へと向かう潜在性を指した概念である。

従来の国際協力では、部外者に見えやすい要素を抽出して、それらの関係性を理路整然と説明するという「ツリー」（=地上から見える場所で育ち、幹から枝に分かれるというような秩序立った構造を持つ）的発想が取られてきた。B村で言えば、「移民=支配者」対「土地なし農民=被支配者」というわかりやすい対立構図に依拠して、前者に対する後者の相対的な地位改善を活動目標とする姿勢である。たとえ参加者分析を通してより細かい「ターゲット」化が図られたとしても、それが「ツリー」的発想であることには変わりない。既述の通り、「移民―先住民」「統一共産党―ネパール会議派」「保守層―社会運動家」「男性―女性」など、さまざまに折り重なる村の社会関係を細かく捉えようとすればするほど、逆に支援対象者は絞り切れなくなる。結果、あらかじめ決められた特定の側面に従って理路整然と支援対象者を選定せざるを得なくなる。こうした「ツリー」的発想では地元の人たちを一つの型にはめ、地元社会が本来備えている世直しの契機を封じかねない。

地元の人びととより良い関係を築いていくためには、支援従事者は「ツリー」的発想から離れなくてはならない。できるだけ正確に「ターゲット」を定め、事前に決められた社会的条件に従って支援対象者の絞り込みを行う、という従来の目的論・機械論的発想から離脱する必要がある。むしろ、「思わぬ」方向へと物事が進展する潜在性の力と、そうした「リゾーム」状態を生きる人びととの主体性を尊重し、地元の活動の舵取りをより本格的に地元の人びとに返還していくことが求められる。この点については、引き続き次章で考察する。

引用文献

雨宮処凛・萱野稔人、二〇〇八『「生きづらさ」について―貧困、アイデンティティ、ナショナリズム』光文社文庫。
小嶋淳史、二〇〇六「PAPRIの新たな挑戦―チョール（中洲）での活動」『南の風』220：4-7。
コーエイ総合研究所（KRI）、二〇〇三『国際開発コンサルタントのプロジェクト・マネジメント』国際開発ジャーナル社。
熊岡路矢、二〇〇五「歴史の中のNGO」日本国際日本国際ボランティアセンター『NGOの選択―グローバリゼーションと対テロ戦争の時代に』めこん。
国際開発高等教育機構（FASID）、二〇〇七『PCM―開発援助のためのプロジェクト・サイクル・マネジメント　参加型計画編』国際開発高等教育機構。
定松栄一、二〇〇二『開発援助か社会運動か―現場から問い直すNGOの意義』コモンズ。
大門毅、二〇〇八「アフガニスタン復興援助の現状と課題」鈴木均編『アフガニスタンと周辺国―六年間の経験と復興への展望』アジア経済研究所。
真崎克彦、二〇〇八「援助に求められる主体性の尊重―弱者に開かれた社会関係に注目して」『アジ研ワールドトレンド』第151号。
Afghan Civil Society Forum, 2006, *Strengthening Civil Society in Afghanistan: Introduction*, Kabul: United Nations Development Programme (UNDP).
Counterpart International, 2005a, *Afghanistan Civil Society Assessment: How Afghans View Civil Society*, Kabul: Counterpart International.
Counterpart International, 2005b, *Roundtable Report: How Afghans View Civil Society*, Kabul: Counterpart International.
Foundation of Culture and Civil Society, 2007, *Afghan Civil Society Baseline Survey: Provincial Analysis*, Kabul: Foundation of Culture and Civil Society.
Howell, Jude and Jeremy Lind, 2009, *Counter–terrorism, Aid and Civil Society: Before and After the War on Terror*,

Hampshire: Palgrave Macmillan.

Masaki, Katsuhiko, 2007, *Power, Participation, and Policy: The 'Emancipatory' Evolution of the 'Elite-Controlled' Policy Process*, Lanham, MD: Lexington Books.

Masaki, Katsuhiko, 2008, *Recommendations for Process-oriented, Community-based Approaches to Civil Society Engagement*, Kabul: United Nations Development Programme (UNDP).

Turton, David and Peter Masden, 2002, "Taking Refugees for a Ride?: The Politics of Refugee Return to Afghanistan," *AREU Issues Paper Series*, Kabul: Afghanistan Research and Evaluation Unit (AREU).

第3章

住民参加の推進

主体性を制限する「例外状況」

そもそも住民参加型アプローチは「住民の主体性」を「外からの働きかけ」で高めるという原理的な矛盾（＝「例外状況」の発生）を抱えており、そこから逃れることはない。支援従事者はそうした矛盾を矛盾としてきっちりと受け止めた上で、つまりはそうした「根本的な問題に向き合う」ことで、それとは異なる次元の「例外状況」が安易に設けられていないかを見定めていかなければならない。

1　住民参加型アプローチの定番（ＰＲＡ／ＰＬＡ）は主体性を尊重するのか

支援する側と支援される側がともに問題対処に当たる住民参加型アプローチは、今日では支援従事者の間で幅広く支持されている[1]。地元の人たちに対する直接支援（＝本書で扱っている「地域社会開発支援」）だけでなく、ダムや道路のような大規模インフラ整備も含めて、住民参加型アプローチはあらゆるタイプの国際協力事業において常道となっている。

こうした手法は、近年では個々の事業への参加だけでなく、個々の事業の方向性を一から決める政策決定プロセスへの参加においても注目を集めている。後者は、個別事業にとどまっていては事業を超えたより広い範囲での住民参加がなかなか実現しにくいという事情から出てきた支援形態である[2]。それでも、住民の生活を直に左右するのはあくまで具体的な個々の事業であり、引き続き個別事業における住民参加の改善を図っていくことは大切な課題である（補論参照）。そこで本章では、個別事業、特に地元社会の人たちを直接の対象とする事業（＝「地域社会開発支援」）に焦点を当てて、そこで生じている「根本的な問題」について考える。

一口に「住民参加」と言っても、実際にはさまざまな進め方がある。大まかには①外部で計画された事業に住民が労務を提供する、②出来合いの事業を進めて良いかどうかを人びとに相談した上で事業を実施する、③住民主体で事業を計画・実施する（野田　二〇〇〇　一〇六―一〇七）、という三形態に分けられるが、これまでの支援現場では、既定事業を地元社会に持ち込む①や②が主流だった。しかし、住民による主体的な生活改善という本来の理念を実現していくには、①や②のように「住民をわれわれ［＝国際協力団体側］の活動にどうやって参加させるか」といった考え方に立つのではなく、③のように「［自分たち国際協力団体は］住民の行う参加プロセスにどうやって参加すべきか」といった発想に転換する必要がある（同上　一〇七）と言われる。

住民参加型アプローチの定番――ＰＲＡ／ＰＬＡ

住民参加型アプローチにおいて幅広く用いられているのが、参加型農村調査法（ＰＲＡ　Participatory Rural Appraisal）もしくは参加型学習と行動（ＰＬＡ　Participatory Learning and Action）と呼ばれる手法である。これは、住民自身が自分たちの置かれている現状を把握・分析し、生活改善にとって必要な取り組みをまとめた

（1）地元住民のために図書館を作ったが大半の人びとは字が読めなかった、山間部に自動車道を建設したが荷物の運搬で生計を立てていた人びとが路頭に迷ったなど、地域の実情を考慮することなく出来合いの事業を持ち込んでしまうと、人びとの役に立つどころか逆に迷惑をかけかねない。住民参加型アプローチはこのような反省から生まれてきた考え方である。

（2）その一例としては、全国各地の人びとの声を反映しながら国全体の貧困削減戦略を策定する貧困削減戦略文書（ＰＲＳＰ　Poverty Reduction Strategy Paper）作成支援や、地方・草の根レベルで住民参加の国家制度を設ける参加型ガバナンス整備支援が挙げられる。これら支援形態の可否については補論で考察する。

上で、具体的な行動へ移していくというそのプロセスを支援するアプローチである。外部支援者は必要に応じて側面から助言することはあるが、原則として主導権は握らない。また、住民たちが互いに納得し合って現状分析と計画作りを進められるよう、地元社会の状態を地図で表現する「マッピング」や地元社会の歴史的な変遷をたどった「年表作り」、地元社会の諸課題に優先順位を付ける「ランキング」など、さまざまなツールが外部支援者によって提供される。

これまで被支援者にはそうしたプロセスに主体的に関わる能力がないと考えられがちであったため、上記の①や②のように、外部支援者が準備した事業案に沿って支援が進められる傾向にあったが、それに対する疑問から生まれたのがＰＲＡ／ＰＬＡである。「『ない』『できない』から始まるのではなく、むしろ『ある』『できる』から始まっていく」（プロジェクトＰＬＡ　二〇〇〇　二一七）という③の立場から、本来被支援者に備わっている計画策定・実行のポテンシャルを引き出そうというわけである。したがってＰＲＡ／ＰＬＡは、「住民たちの『リアリティ』に配慮したプロジェクトを実施していくというのではなく、住民自身が自分たちの『リアリティ』を『学習』し『共有』していくことの重要性、〔中略〕つまり開発プロセスを住民に委ねること」（同上　二一〇）を重視したアプローチとも言われる[3]。

しかし、「住民自身が自分たちの『リアリティ』を『学習』し『共有』する」という言い方には、そもそも住民たちには（あまりよく）わかっていない「リアリティ」があるから、そのことに気づいてもらうよう外部支援者は住民に「学習」を促さなければならない、といったニュアンスが隠れている。この点でＰＲＡ／ＰＬＡも外部支援者の関与を暗黙の了解としており[4]、「住民の主体性」を「外部からの働きかけ」で高めるという原理的な矛盾を抱え込んでいる。また、「開発プロセスを住民に委ねる」という先の文の主語が外部支援者である点からわかるように、ＰＲＡ／ＰＬＡの活動は、部外者によってあらかじめ決められた手法を人びとに「委ねる」ことなしにはなかなか始まらないという想定の上に成り立っている。住民参加型アプローチを進めているつもりでも、実際には外部支援者によるお膳立ての上で人びとの参加が始まっているとすれば、やはりその矛盾に向き合わないわけにはいかない。

「例外状況」という落とし穴

こうした逆説的な状況は、何も国際協力に限った話しではない。哲学者ジョルジュ・アガンベンが指摘するように、ある価値を実現しようとする際には、それが適用されない「例外状況」を設けなくてはならない場合が多い（Agamben 2005）。たとえば、人びとが自由に暮らせる権利を社会的に守っていくには、個々の人間の行動の自由にある一定の制限が加えられなければならない。同じように、国際協力において被支援者への何らかの支援

(3)もともとこうしたアプローチはＰＲＡと呼ばれていたが、この言葉には外部支援者による調査（appraisal）という含意があることから、近年ではこれに代わって、人びと自身による学習と行動（learning and action）を強調するＰＬＡという用語も使われるようになっている。しかし実際には、これら二つの用語は厳密に区別されることなく使われることが多い。

(4)住民参加型アプローチの第一人者である野田直人は、「インドなどの例では、村人の中にツールの使い方などを熟知して、自分たちだけでどんどん作業を進めている」人たちがいるので、「このプロセスには外部の人間が必ず必要というわけではない」（野田　二〇〇〇　一〇九）と述べている。しかし、そもそも外部支援者が設定したそのアプローチを実践するには、少なくとも外部支援者から「ツールの使い方」を習って、そのことに「熟知した村びと」がいなくてはならないという意味で、外部支援者の存在を前提としている。

を実現していくには、被支援者の同意のもと、人びとの主体性に必要最低限の制約が「例外状況」として加えられることがある。

とは言え、「例外状況」の必要性を自明視してしまうと、不用意に人びとに不自由を強いることにもなりかねない。その端的な例がイラクにおける「戦後復興」である。二〇〇三年三月、米国はイラクを「大量破壊兵器を持つテロ支援国家」と見なして軍事攻撃を行い、サダム・フセイン大統領を政権の座から追いやったが、その後イラクの人びとは米軍占領下という制限の中で国家再建を進めることとなった。米国は、「自由」世界に脅威を及ぼす（と米国が見なした）政治体制を変革するために、イラクの人たちの「自由」に制限を加えたのである。その結果、たしかにイラクでは、二〇〇九年一月に戦後初の地方選挙が大過なく実施され、米国のオバマ新政権がイラクからの米軍撤退時期を早めるなど、「例外状況」によってポスト・フセインの政治体制は整いつつあるようにも見える。しかし、非民主的な形で「民主政」を持ち込んだことに対する地元の人びととの反発は依然収まってはいない。イラク戦争の開始前、米国政府はイラク国内外で活動するイラク人反体制グループとロンドンで会議を開き、イラク人自身による政体変革を支援する可能性について探っていたようだが、結局は「例外状況」として人びとの自由を制限し、軍事介入を行った。

国際協力の場でPRA／PLAを実施する場合も、これと似たような「例外状況」が発生することがある。つまり、実際には地元の人たちの力で生活改善を進める可能性があるにもかかわらず、不必要にそうした主体的な行動を制限しているケースである。

本章では、「住民主体の支援」という時に陥りがちないくつかの負の事例を取り上げることで、「根本的な問題に向き合う」ことの大切さ、つまり「住民の主体性」を「外からの働きかけ」で高めるという矛盾、そしてその矛盾の中で「例外状況」が不必要に設けられかねないという実態を正視することの重要性について考える。まずはじめに、ＰＲＡ／ＰＬＡに関する代表的文献の中で「成功」例と見なされている事業を取り上げ、国際協力団体が「当面のニーズに応える」活動を尊重するあまり、支援従事者サイドのシナリオが知らず知らずに持ち込まれてしまっているというからくりを明らかにする。次に、ＰＲＡ／ＰＬＡの教則本に焦点を当て、この種の書物が人びとの主体性を過剰に制限する「例外状況」の産出にむしろ加勢している状況を明らかにする。

２　ＰＬＡ実践ではどのような「例外状況」が生じ、どのような問題を生んでいるのか

本節では、プロジェクトＰＬＡ編『続入門社会開発―ＰＬＡ　住民主体の学習と行動による開発』（国際開発ジャーナル社、二〇〇〇）を用いて考察を進めたい。この書物は「住民主体・住民参加［中略］が真の意味で理解され、実際に行われているとは限らない」（表紙の文言）という問題意識のもと、「真の意味での住民主体・住民参加」を実現した「成功」例として、ラテン・アメリカのＢ国のモンターニャ村での事業を取り上げている。[5] 日本のＮＧＯのスタッフがＢ国の地元ＮＧＯのスタッフと一緒にモンターニャ村に滞在しながら、村の人びとと膝を交えつつ活動を立ち上げていくというストーリーとなっており、執筆者の言葉を借りれば、「焦らずにリラックスした態度で［中略］住民たちの開発プロセスを促す」（プロジェクトＰＬＡ　前掲　二一〇）ことに「成功」した「真の意味での住民主体・住民参加」の実践例として紹介されているものである。

（５）この書で分析対象となっている地域は架空となっているが、すべて執筆者たちの実体験に基づいて書かれている。

しかし、そこで取り上げられたB国のケースは、本当に「住民主体」の支援の「成功」例と言えるものだろうか。まずは同国モンターニャ村での支援活動をめぐる全体のストーリーを簡単に紹介しよう。

モンターニャ村でのPLA実践——最貧層重視の追求

B国のNGOマム（＝B国各地で活動を展開する地元NGO）は、ボゴダ村で協同組合作りの支援を行ってきた。ボゴダ村には近くのモンターニャ村から多くの出稼ぎ労働者が来ていたが、その一人がボコタ村に常駐するマムのスタッフに対して「わがモンターニャ村でも同じように協同組合作りを支援してくれないか」と持ちかけた。そこでマムのスタッフは、生活環境がより厳しいモンターニャ村に支援を広げるのは意義深いと考え、日本のNGOであるロクの会に相談を持ちかけたところ、合同で事前調査を行うこととなった。

両NGOのスタッフは、農繁期のため出稼ぎ先から帰郷する人が多い雨季を選んでモンターニャ村を訪問した。到着して早々、村長に村の中を案内してもらうが、その途中で見かけた川向こう（川南）の地区には案内されなかったことが気になり、自分たちだけでそこを訪ねてみようと思い立つ。

［事前調査の一日目］　調査初日の朝、たまたま出会った出稼ぎ労働者の男性に彼が住む川南に連れて行ってもらった。川北にある村長の家の辺りとは対照的に瓦屋根の家は少なく、地すべりで耕作地を失った世帯も多いことがわかり、厳しい暮らしをしている人たちの存在を知ることとなる。

村の使者に呼ばれて村長宅を訪れると、すでに学校の校長など「知識人」（＝地元有力者）とされる男性たちが集まっていた。支援の具体的な話し合いの始まりである。自己紹介に続き、マムのスタッフの提案でさっそく村の「年表作り」が行われた。村の変遷と現状の把握を村びとたちと共有することが目的である。昼食時になると、自宅に引き上げていく男性たちに代わって、今度は食事の世話を終えた女性たちが次々と集まってくるが、彼女たちには日頃の「行動範囲図」を地面の上に描いてもらった。これによって女性たちは年間を通じて村外のさまざまな場所に出かけていることがわかった（図１）。また、その場に居合わせた子どもたちには、模造紙に色紙を切り貼りさせて村の「地図」を作ってもらった。その「地図」からモンターニャ村の世帯数は六〇戸、人口は約四〇〇人であることがわかった。内三六戸は家族の誰かが出稼ぎに出ている世帯であることもわかった。

【二日目】　二日目の朝、ＮＧＯスタッフは村の女性たちとともに水汲みや洗濯をしたり、子どもたちに連れられて学校を訪問したり、男性たちの農作業を手伝うなど、思い思いに村びとの日常生活に直にふれる機会を持った。その結果、立場によって人びとの価値観はまちまちであることに気づき、そうした差異に留意して調査をさらに進めることにした。

　午前中はまず、何人かの男性に「季節カレンダー」を作成してもらった。これによって、農繁期には食糧備蓄が底をつく世帯が存在し、それらの世帯は他家の仕事を手

図１　女性の行動範囲図

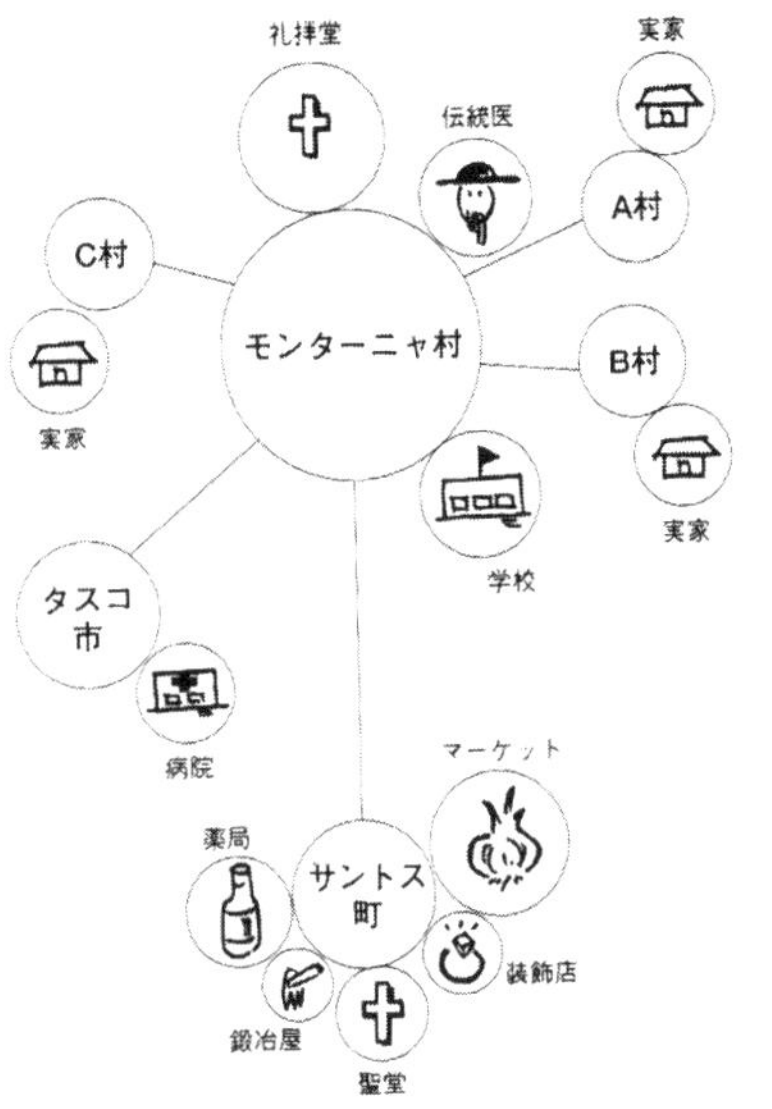

出典：プロジェクトPLA編『続入門社会開発—PLA　住民主体の学習と行動による開発』（国際開発ジャーナル社、2000、113頁）。

図２　男性のベン相関図

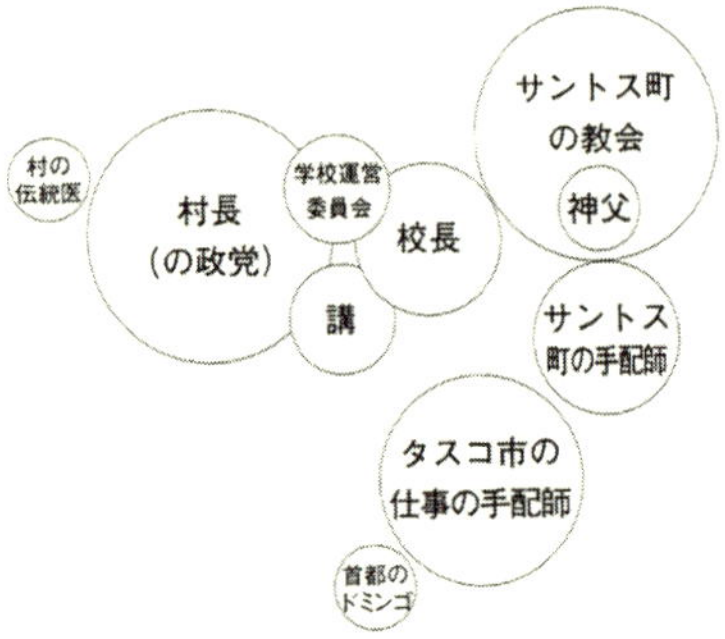

出典：同上書（139頁）。

図３　女性のベン相関図

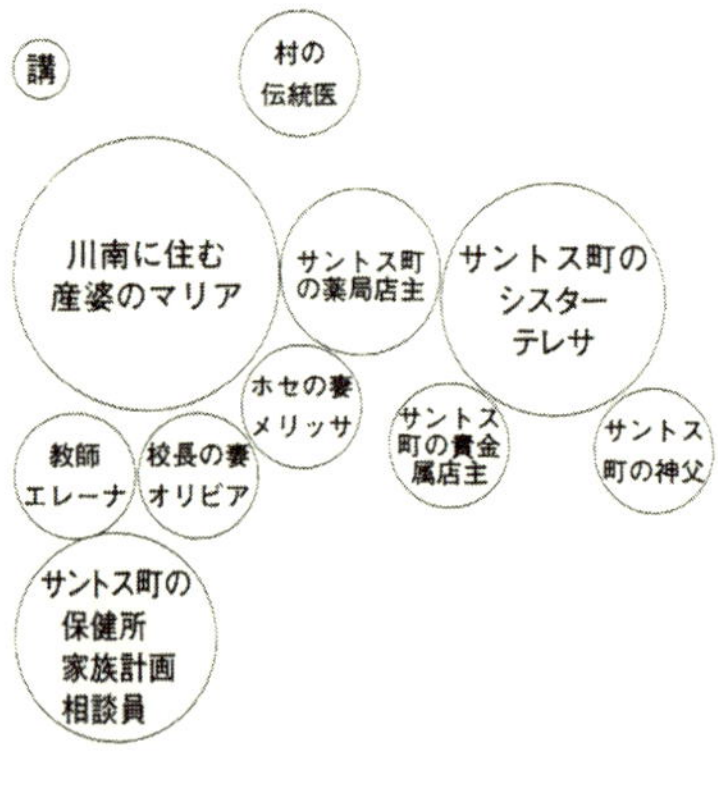

出典：同上書（142頁）。

伝うか、仕事がもらえない時には余裕のある世帯から借金をして凌いでいることがわかった。こうした生活困窮者は特に川南の住民に多いとのことであった。

午後は男性と女性の集まりを別々に開き、村に関わるさまざまな組織や人間の関係を示す「ベン相関図」を作成した。男性たちは近くの町（＝サントス町）の教会や村長の属する政党などを比較的重要な組織として挙げた（**図２**）。かつては掛け金を出し合って互いにそれを融通し合う日本の講のような仕組みが活発だったが、今では開店休業状態であるという。

他方、女性が困った時によく相談するのは、川南の産婆やサントス町の修道女、保健相談員などであった（**図３**）。出稼ぎ世帯の女性は男性の不在時に思わぬ支出が必要となり、親類にも頼れずに困ってしまうことが多いが、そのような時にはサントス町の貴金属店を使って指輪やピアスを質入れする。「女性たちだけで講を始めてはどうか」というNGO側の提案に対しては、お金の計算ができないので男性抜きでは難しいとのことであった。どうやら講は男性が牛耳っており、その中でも比較的裕福な人が仕切ってきたらしい。村長の家の使用人として暮らすある女性の場合は、たいぶ以前、夫を亡くした時には講から葬儀代を出してもらったが、それ以外は村から何の支援も受けたことがないという。講は、今では灌漑ポンプを買うような恵まれた人たちのための組織であり、土地を持たない貧しい人びとには無縁であることがわかった。

【三日目】　この日は、村内の貧富の格差について話し合うために、「豊かさランキング」を男女混成で作成してもらうことにした（**図4**）。通常の寄り合いには男性のみが参加するというしきたりがあったので、女性にも積極的に呼びかけたところ、男性一五名と女性一〇名が集まった。ミーティングの中で、村びとの考える豊かさの指標は、土地の所有面積、出稼ぎによる収入、学校教育の程度、家の造り、などであることがわかった。また、それらの基準に従って各世帯をランク付けしたところ、どの指標でも下位に入ってしまう家が一二軒あることもわかった。

図4　豊かさランキング

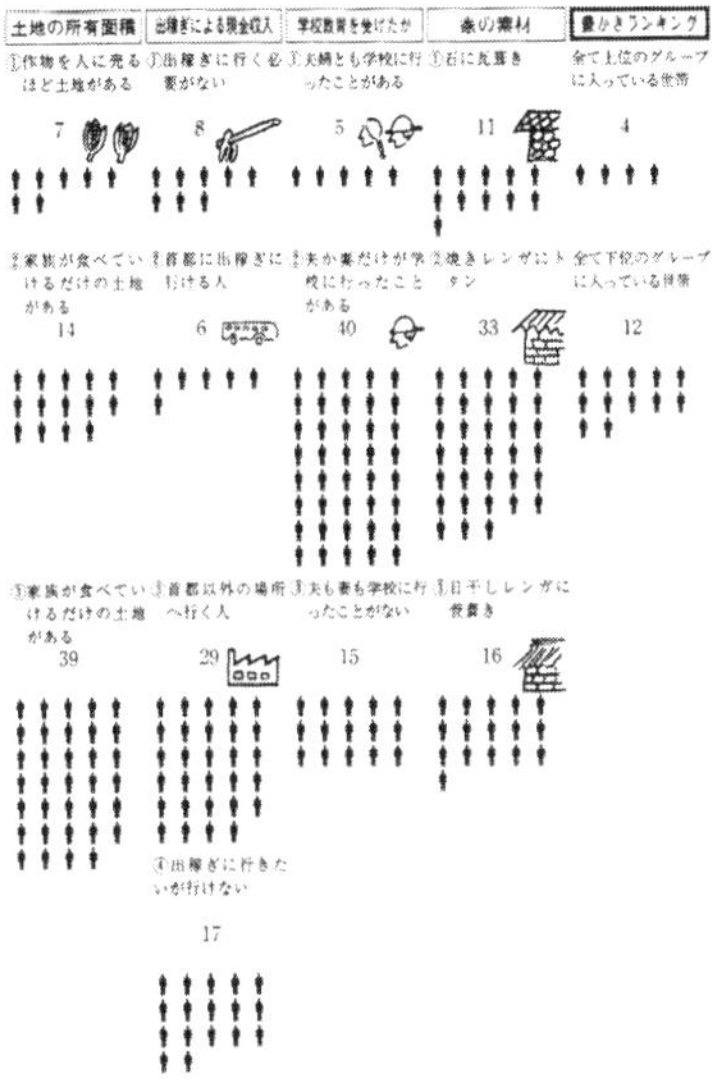

出典：同上書（154頁）。

図5　総当たりランキング

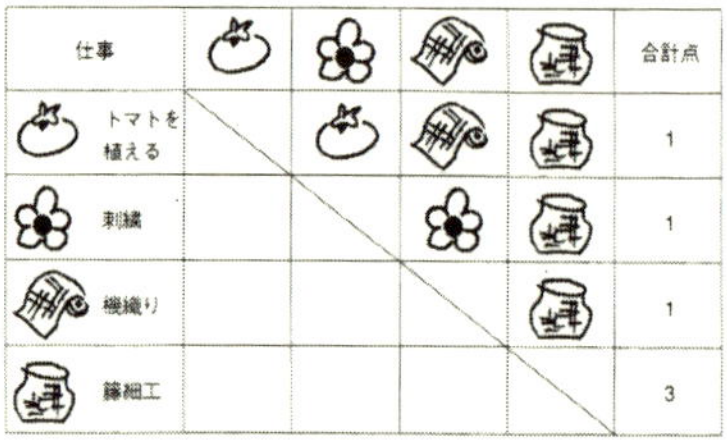

出典：同上書（159頁）。

そこで夕食後にはその一二世帯の女性たちに集まってもらい、彼女たちが村内で取り組める所得創出活動の可能性について話し合うことにした。彼女たちの収入源となり得る活動としてはトマト栽培、刺繍、機織り、籐細工作りなどが挙げられたが、「総当たりランキング」によってそれらに優先順位を付けてもらったところ、籐細工作りが活動の最優先候補に選ばれた（**図5**）。これまで女性が籐細工作りを始められなかったのは、籐のつるを刈るにも、また製品を町に売りに出すにも、男性の助けが必要だからということがわかった。話し合いの後、何人かの出稼ぎ労働者を訪問して籐細工作りの流通・販売に協力できるかどうかを尋ねたところ、自分たちの利益にもつながるものであれば喜んで手伝いたいとの返事が返ってきた。

【四日目】　午前中は前日のミーティングのフォローアップのために最貧層の女性を戸別訪問し、籐細工作りで得た現金収入を男性が浪費しないよう、女性たち自身で金銭管理を行う必要性を伝えた。また、前日の会合に来られなかった女性たちの家にも訪問して話し合いの結果を伝え、籐細工作り活動に参加するよう呼び掛けた。さらに、村の共有地に自生している籐を刈り出すには村の許可が必要になるので、これについては昼食後に男性リーダーと話し合うことにした。

昼食後、初日に集まってくれた「知識人」たちと再び村長宅で中間報告会を兼ねた会合を持った。しかし、彼らは貧しい女性たちへの支援にはさほど関心を示さなかった。村長をはじめ多くの「知識人」たちはむしろ、野菜販売によって現金収入を得ることや、共同で灌漑用ポンプを購入して農作物の収穫を増やすことなど、自分たちにとって有利な支援活動を優先して欲しいと考えていた。そこでマムのスタッフは、ボゴダ村での協同組合作り事業は貧しい女性たちによる所得創出活動として始まったことや、籐細工の流通・販売には男性たちが積極的に関わる必要があることを訴えて理解を得ようとした。それでも多くの「知識人」たちは、さほど大きな利潤が見込めない、しかも自分たちを直に益するわけでもない籐細工作りのような事業には熱心になれないようであった。

［五日目］　いよいよ最終日となり、村びととの最後の集まりが持たれた。できるだけ多くの人に参加してもらうよう前日に村長に頼んでおいたため、一五〇人ほどの盛大な会合となった。はじめにＰＬＡの実践に参加した村びとたちが自分で作成した図や表を披露し、報告した。休憩時間には会場の壁にそれらの図や表を掲示して自由に見てもらうようにした。

休憩後は、村の今後の発展のあり方について話し合ってもらった。ここでは、貧困は生活困窮者を苦しめるだけでなく、たとえばトイレのない世帯をそのままにしておくと水源の汚染が進むなど、村全体にとっても不利益をもたらすことが確認された。そして村長が、これまでのように出稼ぎばかりに頼るのではなく、村内でも所得創出の機会を増やしていくよう村びとに呼びかけた。

これをきっかけに、貧しい女性たちの間で提議されていた籐細工作りが話題となる。しかし一部の参加者からは、籐細工作りは外からの支援がなくても始められる事業だとの意見が出された。「われわれだけでは手に負えない事業を支援してくれるのがＮＧＯではないのか」という反論である。

そこで、マムのスタッフは女性中心で運営されているボゴダ村の協同組合作り事業に話題を移し、一度モンターニャ村の人たちも男女混合グループを組んでボゴダ村まで視察に行ってみてはどうかと勧めた。村びとたちはそのアイデアを歓迎し、マムに宿泊代と食事代を出してもらう代わりに、バス代は自分たちで捻出することを約束した。こうして日本のロクの会のスタッフは事前調査を終えて日本に戻り、具体的支援活動はマムによって行われることとなった。

【三ヶ月後】 ロクの会のスタッフは、モンターニャ村での事前調査から三ヶ月後にマムの進捗報告書を受け取った。それによると、女性五名を含む一〇名がボゴダ村を視察したらしい。村びとによるバス代のカンパは思った以上に集まった。しかし視察者の大半は生活に比較的余裕のある世帯の人たちであり、貧しい人たちの住む川南からの参加者はいずれも政党の男性役員だった。マムのスタッフは、最貧層の女性たちを最優先する支援の必要性についてさらに村びととの話し合いを重ねたいとしながらも、村びとの中には協同組合作り自体に強い関心を持つ人も多かったため、熱気が冷めない内にまずは貯蓄グループの形成に早急に取りかかりたいとする旨をロクの会に伝えた。

籐細工作りの事業については、ちょうど女性たちが作った製品を出稼ぎ男性に託したところであり、販路などについては彼らの報告を待っている段階だという。ただし製品の質にはばらつきがあり、出稼ぎ男性も営業のプロではないので、マムはあまり成果を期待しなかった。マムとしては、いずれ女性たちに首都にある手工芸品販売団体のショールームを見学してもらい、専門家による籐細工作りの指導を受けてほしいと考えていた。

村びとの間でも協同組合作り事業を成功させたいという機運は高まっていた。軌道に乗るまでは村びとの相談役が必要である。そこでマムはスタッフ二名を一年間常駐させるために経費面での支援をロクの会に要請した

（経費支援はその後実現する）。

【二年半後】　支援開始から二年半後、ロクの会のスタッフは活動成果を振り返るワークショップに出席するためモンターニャ村を再訪した。

支援開始時に作成された「女性の行動範囲図」を作り直してもらったところ、女性たちの出かける場所は明らかに広がっており、村外に出る頻度もより増えていた。特に、作付けする野菜の種類を増やしたことで、サントス町にある市場まで野菜を売りに出る女性の数が増えていた。サントス町に新設された政府系農業銀行の支店に数名の女性が融資の相談にまで行っており、これにはロクの会のスタッフも驚いた。籐細工のような手工芸品作りの事業に政府が融資を行っていることまで調べ上げた女性もいて、融資申請のための書類作成をマムのスタッフが手伝っていた。

暮らしぶりの良くない出稼ぎ世帯の女性を主なメンバーとする貯蓄グループも三つ結成されていた。ただ、貧しい女性の中にはこれらのグループにまだ参加できないでいる人がいるので、マムのスタッフは引き続きグループリーダーに、取り残された女性の加入について働きかけることとした。一方、籐細工作りに関しては、他の地元NGOを通じて技術訓練が開始されており、その成果を活かした新製品の販売を首都の手工芸品団体に委託したところ、やっと少しずつは売れるようになっていた。

ワークショップ終了後、ロクの会とマムのスタッフは、事前調査時に川南を案内してくれた男性の家を訪問した。その人の妻も籐細工作りに取り組んでいて、彼女は近所の女性が相談に来るほどの腕前であった。しかし、村のある男性に売上の何割かをもらうという口約束で製品販売を委託したところ、それっきり何の連絡もなく困り果てていた。村社会の狭い人間関係の中で強く催促することもできず、正規ルート（＝手工芸品団体）に納入する約束を破って勝手にその男性に預けてしまった手前、マムのスタッフにも相談できないでいた。そこでロクの会のスタッフはマムのスタッフに女性をサポートするよう要請した。また、それまで手工芸品団体との交渉はマムのスタッフが一手に引き受けていたが、以後は女性たちが自力で外部組織と折衝できるよう、女性たちによる生産者グループの立ち上げを支援することとした。

一方、かつては専業主婦だった村長の親族のある女性は、ボゴダ村への視察団に加わったことで、今では貯蓄グループのリーダーをしたり、近くの町にある政府機関まで情報を仕入れに行くなどして、積極的な社会活動を行っていた。ロクの会のスタッフはかつて「村長一家＝豊かな人＝支援の優先順位が低い人」というイメージに捉われていたことを反省する。しかし同時に、こうしたチャンスが一部の人に偏っていることを残念に思った。村長の親族であるこの女性によると、「川南の人たちは日銭稼ぎで忙しく、女性たちの中には籐細工作りに取り組む時間的な余裕がないことから、貯蓄グループへの加入を躊躇する人もいて、無理やり勧誘することもできない」らしい。ロクの会のスタッフはマムのスタッフとともにこの問題について検討を続けることとした。

この日のワークショップには、近隣の町村から政府職員や地元有力者たちが招かれていたが、少なくともモンターニャ村の女性たちがそうした人びとの前で自分たちの活動成果を堂々と発表できたことは、ロクの会やマムのNGOスタッフにとっては大きな収穫として認識された。同時に、女性たちの間には個人差がまだまだ目立っていることから、その差を埋めていくことが今後の優先課題として総括された。

PLAのために設けられた「例外状況」

以上の事例紹介では、紙幅の関係上、NGOスタッフが真摯に試行錯誤を重ねていく姿が伝え切れていないことを断っておきたい。実際には、毎晩遅くまで続けられる調査メンバー間の話し合い、立場の異なる住民間の意見の調整、協同組合作りにしか関心を示さない村の有力者（「知識人」）との粘り強い交渉など、利害が錯綜するモンターニャ村において貧しい女性を対象とした所得創出活動を何とか実現しようと、並々ならぬ苦労が払われている。

また、NGOスタッフのこうした仕事ぶりの中でも、社会的に不利な立場にある人たちに対する確かな視線は特筆に値する。NGOのスタッフたちは初訪問の際、村を案内する村長が川南には行こうとしなかったことが気になり、事前調査の初日の朝に自分たちの足でこの地区を見に行っている。しかも、最貧層の世帯を対象とする会合に来なかった家庭を後に戸別訪問して事情を聞くなど、話し合いに来なかった人に対する目配りも忘れていない。ロクの会による二年半後の再訪時にも、貯蓄グループへの参加が生活困窮者の間で低調であることに気づいて、最も貧しい川南の女性たちに優先順位を置くという方針を確認している。第1章で取り上げた南インドの津波復興支援の事例とは対照的に、支援従事者は自分たちの活動が地元の社会格差に加担することのないよう細心の注意を払っている。

しかし同時に、不利な立場にある人たちへの思いが強い分だけ、NGOスタッフは村びとの主体性を制限しすぎている。その証拠に、どういう目的でどのPLAツールを使うのかについては常に、住民の意向を聞くことなくNGOスタッフが決めている。たとえば、三日目に貧困世帯を明らかにする「豊かさランキング」を行うことになったのは、その前の晩のNGOスタッフによる打ち合わせの時である（「(6)　どこで線をひくか?・」同上　一四三―一四六)。また、同じ三日目、貧しい女性たちに村内でできる活動を探ってもらおうと考えたのも、NGOスタッフである(「(3) やりたいことは何?」同上 一五六―一五七)。

さらに、協同組合作り事業には村長や他の有力者の多くが興味を持つであろうことを知りつつ、四日目の中間報告会までこれを取り上げなかったのも、NGOスタッフの意向である。(6) この報告会ではむしろ村長の側が、「なかなか組合の話が出なかった。[中略] そもそも村人の一人がボゴダ村でマムのスタッフに協同組合のことを尋ねたのがきっかけだから、この機会を生かして、じっくり話し合おうじゃないか」(同上 一六九)と逆提案している。第1章の津波復興支援では最初から被差別集落向けの活動が射程から外されていたように、モンターニャ村のこの事例では、有力者が中心となった活動案がはなから除外されていたのである。

原著では、「事業を推進する住民の指導者として存在するのではなく、住民だけでは解決の難しい場面での手助けに徹する」(同上 二一〇)好例として、ロクの会とマムによるこの取り組みを評価している。しかし、そもそも一日目の初会合が、村長の「何をしにきたのか、あなたたちの口からもう一度説明してもらえますか」(同上 一〇五)という言葉で始まったことに象徴されるように、「PLAの進行を住民に任せて」(同上 二一〇)はいない。何をどのように話し合うのかについての舵取りは最初の時点からNGO側が握っており、「住民の指導者ではなかった」とは言えないのである。

確かにそうした舵取りがなければ、貧しい女性を中心とする貯蓄グループや籐細工作りは実施されることなく、生活が比較的楽な人たちの意向を色濃く反映した活動しか行われなかったかもしれない。(7) しかし他方、そうした舵取りを行ったことで、「住民の『リアリティ』を開発関係者が勝手に学習し、[中略] 結局は『上位の人(Upper)』である開発専門家たちに合わせたプロジェクトが行われている」(同上 二〇七―二〇八)という状態が作り出されてしまったとも言える。つまりこの事例では、「村びとは協同組合作り事業よりも貧しい女性への支援を求めている」という「リアリティ」がＮＧＯによって作り出され、村びとはその「リアリティ」に同意するよう促された形になっているのである。

正にこれは、表向きは村びとたちの主体性を尊重すると言いつつそれを制限する「例外状況」に当たる。果たしてこのケースの「例外状況」の設定は妥当だったと言えるのだろうか。それとも、あくまでそうした「例外状況」は設けずに、支援対象者に一から決めてもらうべきであったのか。

「豊かな人＝優先順位の低い人」という前提の可否　モンターニャ村で活動するＮＧＯスタッフにとっては、野菜販売や灌漑用ポンプ購入などで比較的余裕のある層の人たちが益する協同組合作り事業より、貧しい女性たちが潤う貯蓄グループや籐細工作りなどの事業を優先することは至極当然であった。しかし、住民参加型アプローチの専門家が指摘しているように（佐藤　二〇〇五、クリーバー　二〇〇八）、経済的に苦しい生活を送る人たちにとって、自分たちで所得創出活動に取り組むことがいつも望ましいとは限らない。ある女性の作った籐細工を男性が預か

（６）しかも、協同組合作り事業について話し始めた理由は、「［貧しい女性を支援することについての］村全体の合意は、弱者以外の人の問いにまず答えなければならない」（プロジェクトＰＬＡ　二〇〇〇　一六九）という消極的な理由からである。

（７）こう考えると、貧困削減支援のあり方をさまざまな経験から学んでいる国際協力団体が全体的な方向付けを行い、その範囲内で人びと自身が具体的な中身を詰めていくのが、理想的な住民参加型アプローチであると見なすこともできよう。しかし、後述するように、「豊かな人＝優先順位の低い人」という前提は妥当とは言えない。

ったまま売上の清算を放置した事例のように、バックラッシュが起きる可能性もある。また、国際協力団体の間では貧困削減支援の世界標準とも言われるほど人気の高い貯蓄グループ活動にしても、実際には貸し倒れで貯金が底をついたり、余裕のある人がいくつものグループを設けて牛耳ってしまうなど、さまざまな課題を抱えており、万能薬というわけではない(8)。

こうした問題を回避するには、個々の生活困窮者にはどれだけの労力が課されているのか、あるいは、その労力の結果としてどれだけの便益が見込めるのかを、支援従事者は慎重に見極めなければならない。「[生活支援]自体を目的化して、啓発教育やさまざまなインセンティブ供与を行う」(佐藤　前掲　一九一)だけにとどまったならば、たとえ人びとに意欲があっても芳しい結果を得られない場合が出てくる。

そもそも、生活困窮者自身が所得創出活動の担い手として自ら行動を起こさねばならないとは限らない。たとえば、協同組合を通して進められる灌漑整備や野菜販売は確かに所得に余裕のある地主層が直接の受益者になるが、それによって地主はより多くの労働力を必要とするから、同時に土地なし農民の雇用機会が増えて便益がより広い層に行き渡るケースも多い。「コミュニティでの立場を脅かしてまで[中略]権利主張を行うよりも[中略]むしろその関係性の中で」(クリーバー　前掲　三一五)生活困窮者への間接的な所得創出支援を図るという方法である。こうした間接的な所得創出活動も一つの村びとの「リアリティ」だとするならば、生活困窮者自身による所得創出活動というNGO側が作り出した「リアリティ」とのすり合わせを通じて、村びとから双方の長短について直接意見を聞くのが妥当ではないのか。第1章の津波復興支援の事例に当てはめるならば、漁師に対する支援と被差別集落に対する支援の双方を俎上に載せ、それぞれの長短について地元の人たちに話し合ってもらうというアプローチである。

住民のあいだで、情報・プロセスを共有し、お互いの「リアリティ」を確認し、お互いの理解を深めなくてはならない。特定の住民だけが主体的に参加し、彼らだけの「リアリティ」が片影されていたとすれば、どこかで残りの者との衝突、摩擦、猜疑心が起きているからである。（プロジェクトＰＬＡ　前掲　二一三）

モンターニャ村の事例では、ＮＧＯスタッフの考える「リアリティ」（＝最貧層の人たちへの直接支援が最重要であるという見方）が優先されてしまったため、生活に比較的余裕のある人たちとの間に「衝突、摩擦、猜疑心」が起きた。この事例は、村には複数の「リアリティ」が存在していることを踏まえた上で、村びとと支援の方向性を検討していく必要があったことを教えてくれるものである。(9)

「自分たちの『力』への自信のなさ」の真偽　住民主体の支援を成功させるためには逆にその主体性を制限する「例外状況」を設定しなければならない。こうした考え方は、「被支援者は部外者の働きかけなしには行動を起こさ

(8)序章で述べたように、貨幣は「究極の『差別原則』」（見田　二〇〇六　一一六）として人びとの間の格差を助長しかねない。特に生活に余裕のない人ほど、所得創出活動に参加できない、あるいは参加してもうまく稼ぎが得られないなどの問題にぶち当たることが多い。最貧層の人びとをそのように苦慮させてまで所得創出活動に重点を置くべきかは慎重に検討する必要がある。

(9)もちろんロクの会やマムのスタッフがそのことに全く気づかなかったわけでは決してない。上述したように、二年半後に再訪したロクの会のスタッフは、初期に「村長一家＝豊かな人＝優先順位が低い人」（プロジェクトＰＬＡ　前掲　二〇〇）というイメージに捉われていたことを反省している。

ない」という支援従事者側の暗黙の想定によって不必要に生み出されている可能性が高い。この点については以下の引用が手がかりとなる。『続入門社会開発』の著者が、一年半後にロクの会のスタッフがモンターニャ村を再訪した時の様子を分析した文章である。

目を引くような成功例が多く現れている訳ではない。川にましな橋が架かったり、女性のリーダーが現れたりしているだけである。課題も山積みである。しかし、住民の中に小さな変化が見られ始めている。たとえば、人びとが夢を語れるようになったこと、次なる変化を求める住民の態度、自分たちの「資源」「力」(「ある」「できる」こと)への自信、[中略]などである。(同上 二一七)

この文章からは、「次なる変化を求める住民の態度」が見られないとか、「自分たちの『資源』『力』への自信」がない、「夢を語」ることもできない、「女性のリーダー」もいない、といった「ない」「できない」の視点を前提として支援が開始されたように読み取れる。実際、本事例では、「私たちがたくさん情報を集めたからといって、村の人が本当に自分たちの力で状況を変えようと動き出すわけではない」(同上 一七七。傍点は引用者)といったくだりに見られるように、村びとを「ない」「できない」存在として見なしている表現が目につく。

それゆえにか、たとえば女性活動についても、「数人の女性が一緒に詳しい話を聞きに銀行[=サントス町に新設された政府系農業銀行]に行ってみた、というのは私にとって驚きであった」(同上 一九四)とか、「[村長の親族の女性のように]多少ゆとりのある村びとがソーシャルワーカー的な働きをするようになったことは[中略]嬉しい驚きであった」(同上 二〇一)という印象が何らためらいもなく語られている。これでは、「『ない』『できない』から始まるのではなく、むしろ『ある』『できる』から始まっていく」（同上　二一七）というPLAの精神とは正反対の反応と言える。

「ある」「できる」というPLAの精神からすれば、ロクの会としてはもっと有効な支援の方向性を探れたのではないのか。たとえば、村に関わるさまざまな組織や人間関係を示す先の「ベン相関図」の男性版（**図２**）では「村長（政党）」が大事な存在としてクローズアップされ、女性版（**図３**）ではそれが抽出すらされていないが、そうだとすれば政党活動に携わる女性は皆無なのだろうか。いや、票田の半分を占める女性層を政党は放っておくはずはないのではないか。むしろ政党関係者の中には女性と政党との橋渡し役として女性リーダーを登用したいと思っている人もいるのではないのか。そして、そう思っている男性たちの中から、女性の地位向上に尽くそうとする人が出てくるのではないのか。

　また、村の学校には「教師エレーナ」という地元では数少ない高等教育を受けた女性がいるが（**図３**）、この教師がソーシャルワーカー的な存在として、女性の抱えるさまざまな問題の相談に乗ることはないのか。あるいは、村から歩いて二時間のサントス町にある「保健所」が啓発活動のために村の女性を臨時スタッフとして雇用することはないのか。そこからリーダー的な意識を持つ女性が出てくる可能性はないのか。

　モンターニャ村の事例は架空のストーリーであるからこれらの問いに答えを出すことはできないが、問題なのは、この「ベン相関図」の話の中でNGOスタッフがこの種の問いかけ、すなわち「ある」「できる」を探ろうとする問いかけを行っていないことである。逆に、講は男性に牛耳られているので女性たちにはほとんど利用されていない（同上　一四二）という風に、村びとたちの「ない」「できない」部分を探るために「ベン相関図」が用いられる。**図２**や**図３**で抽出されたさまざまなアクターに何が「できる」のかや、どのようなポテンシャルが

「ある」のかについては探られていない。

住民の主体性が制限される「例外状況」はこうして不必要に生み出されることになる。たとえばモンターニャ村の事例には、籐細工作りを始めたある女性が、村のある男性に、後で売上の何割かをもらうという口約束だけで自分の作った製品を持って行かれ、いつになったら支払ってもらえるかわからず困っているという報告がある。そのことを知ったロクの会のスタッフは、「村びとの相談相手であるために常駐しているスタッフがいるというのに」（同上　一九八）と、この女性がマムのスタッフに相談していなかったことを嘆き、そのスタッフに「籐製品を持っていった男性が戻ってきたときに、女性の交渉をバックアップします」（同上）と誓わせている。この女性が抱えている問題を村びとどうしでどう解決するのかといった方向ではなく、男性との交渉の進め方をNGOスタッフが直接女性にアドバイスすることで問題解決を図ろうというやり方である。

もちろん、NGOスタッフが後ろ盾となってくれることは、女性にとってはありがたいに違いない。しかし、NGOスタッフの手助けがなければその女性は全く何も「できない」のだろうか。そんなはずはない。村びとどうし、さまざまな人間関係に支えられながら生きているのである。あるきっかけさえあれば、村の政党役員に思い切って相談してみることもできるはずだし、村を定期的に訪れる神父に悩みを打ち明けることだってできる。そうした行動がトラブルの解決に結びついていくかもしれないのである。ところが、原著では、村びとどうしで問題解決を図るそうした可能性については一切ふれられていない。

当事者どうしが主体的に何らかの行動を起こせるよう側面から支援してこそ、真の住民主体の支援活動と言えよう。住民主体の支援において支援従事者が直に問題解決を手助けするというのはあくまで最終手段にすぎず、そもそもその最終手段を適用したからと言ってそれが真の問題解決につながる保証はどこにもない。

よく言われるように、国際協力団体が安易に地元社会の問題解決に介入してしまうと、地元の自助の芽を摘み取りかねない[10]。モンターニャ村でのこのケースも同じである。外部支援者は、地元の人びとが育んできた「ある」「できる」ことへの自信を決して摘み取ってはならない。「ない」「できない」というシナリオを押し付けるのではなく、地元の人びとどうしの取り組みからどのような活動が生まれてくるのか、そしてその活動からどんな展開や問題解決策が生まれてくるのか、まずはそれを見守ることが支援の第一歩である。

3　教則本はＰＲＡ／ＰＬＡの精神に則っているのか

『続入門社会開発』に描かれたモンターニャ村の事例では、支援する側が貧しい女性たちを排除しないよう万全な配慮をしていた分だけ、皮肉にも、知らず知らずに村びとの主体性を脇に追いやるという「例外状況」を不必要に生み出していた。ＮＧＯスタッフが全体的な方向付けを設定しすぎてしまい、その制限の下で住民主体の支援が進められたのである。

「住民の行う参加プロセスに支援従事者はどうやって参加すべきか」。住民参加型アプローチにおけるこの精神を意味あるものにするには、むしろ「ＰＲＡ／ＰＬＡをツールにした支援」という発想から一歩離れてこの課題

(10)たとえば、中東地域ではイスラームの教えに根ざした喜捨のしきたりがある。そこでは生活に余裕のある人が貧困や紛争下であえぐ人たちに義援金を送るという行為が普通に行われている。しかし、国際機関やＯＤＡ機関、ＮＧＯが大挙して入ってくるようなケース（＝「国際社会」が大々的に注目するようなケース）では、その莫大な資金力や組織力を前に地元の慈善家たちが萎縮し、喜捨を控えてしまうことが多いと言われる。

表1　PRAに関する神話

① 簡単で誰にでもできる。
② 手法の集まりである。
③ 理論的な面での煩わしさがない。
④ 訓練こそ答えである。
⑤ 政治的ではなく、関わっている人は中立である。
⑥ 農村の人びと向けである。
⑦ 字を読めない人びと向けである。
⑧ NGO セクターのためにある。
⑨ 地図や図表作りのことを指す。
⑩ あらゆる開発問題の万能薬である。
⑪ 住民参加を自然と導き出す。

出典：ソメシュ・クマール、田中治彦監訳『参加型開発による地域づくりの方法―PRA 実践ハンドブック』（明石書店、2008、48-53頁）をもとに筆者作成。

を捉えてみることも必要である。

> 参加型開発では、印象深い参加型のツールが紹介される。そのため往々にして、ツールそのものが参加型の中心として考えられてしまいがちであるが、そうではない。ツールは状況によっては使う必要はない。ツールを使うことが重要なのではなく、それ以前にどう現状を見極めるのか、それにどう対応するのかを決めるのが重要なのである。ツールの選択や使用はその後の話でしかない。（野田　前掲　一一一）

本節ではソメシュ・クマールの『参加型開発による地域づくりの方法―ＰＲＡ実践ハンドブック』（以下、ハンドブックと略（田中治彦監訳、明石書店、二〇〇八））を取り上げながら、ツールを用いる以前に「どう現状を見極め、それにどう対応するか」が支援従事者にとっていかに大切なのかを考えたい。

このハンドブックは、住民参加の実践や指導者養成でよく知られるクマール[11]の著作だけに、ＰＲＡにおけるさまざまな手法がわかりやすく解説されている[12]。新米の支援従事者にも敷居の高さを感じさせないという点で、住民参加型アプローチの普及に大いに貢献し得る書物と言えるだろう[13]。

しかし同時に、そうした手軽さは諸刃の剣であり、「簡単で誰にでもできる」（**表1**の①）という「神話」を生み出しやすくもする。いざやってみると、地元の人たちからさまざまな反響が得られ、「意外と自分にもできるではないか！」という気分にさせてくれるのである。

　そしてそれはさらなる「神話」を生む。「皆が立場を超えて真剣に考えている」（同⑤）、「住民参加が自然にできあがっていく」（同⑪）、「地図や図表などを作れば良い」（同②⑨）、「自分も地元の人びとも、うまく手法を使いこなせるようになることが大事」（同④）、「理論などどうでも良い」（同③）などの思い込みに陥りやすくなるということである。こうした風潮の中、「手際よく」ＰＲＡ／ＰＬＡを進めるための教則本ばかりがあふれることになったとも言われている（チェンバース　二〇〇七　三〇二―三〇六）。住民参加型アプローチを普及させるにはある種の手軽さが求められているが、手軽さを強調した教則本が出廻ることで、却ってＰＲＡ／ＰＬＡの粗製濫造につながっていくという皮肉な悪循環を招いている。

　もちろん、クマールがそうしたジレンマを意識していないはずはなく、ハンドブックの冒頭では「用語や手法

---

(11)クマールはＰＲＡ実践や指導者養成で名高いインドの「プラクシス」（パトナ参加型活動研究所、一九九七年に正式発足）の設立者であり、『世界開発報告二〇〇〇―〇一年版』（世界銀行）に所収された「貧しい人びととの対話」研究にも参画にした経験を持つ。

(12)たとえば、前節でふれた「ベン相関図」の場合、その用途に関する大まかな説明がまずあって、次に初歩的な図の作成手順が述べられ、続いて、平面上で三次元の関係をどのように表現するかなどの応用編が掲載されており、最後は「ベン相関図」を使う利点と課題で締めくくられている。

(13)また、被支援者にとっても、平易にＰＲＡ／ＰＬＡに取り組めることは大切である。実際、このアプローチでは、木の枝や石ころなどの手軽な道具を用いて、図や表などを作りながらできるだけ楽しく住民参加が進められるよう工夫されている。公の場で発言することに慣れていない村びとでも親しみやすく参加できる雰囲気を作るためである。

表2　PRA／PLA における「正当な態度や行動」
――クマールによる提言

①　普段から横柄な振る舞いをしないようにする。
②　同僚・上司にも人びととの交流機会を与える。
③　急がないで時間をかける。
④　シナリオを押し付けないよう柔軟な態度で接する。
⑤　目標達成より、プロセスや質的変化を重んじる。
⑥　手法（＝ツール）のみを強調するファシリテーター（＝話し合いの進行役）を拒否する。
⑦　地域と長期的な関わりを持つようにする。
⑧　国際協力団体そのものが持つ「援助文化」を変革するよう努める。

出典：同上書（53－54頁の「囲み1－4」）をもとに筆者作成。

は覚えるのにはたやすいが、正当な態度や行動のないところではそれらは有効ではない」（クマール　前掲　八。傍点は引用者）と但し書きを付した上で[14]、その序章においてはＰＲＡ／ＰＬＡを安易に使わないよう「正当な態度や行動」についての提言を行っている（表2）。

しかし、何度かふれてきたように、国際協力では与えられた時間や予算、人員でどれだけ効果を出せるかという尺度によって支援の成果が判断されがちであり、支援従事者は計画達成や予算執行に追われてしまうことが多い。したがって、表2の提言の中でも、とりわけ「国際協力団体そのものが持つ『援助文化』（＝支援従事者がてきぱきと事を進める慣習（表2の⑧））が変わらない限り、支援従事者がいくら柔軟な姿勢で人びとに接しようとしても、①から⑦までの「態度や行動」は実行できないことが多い。国際協力団体は、個々人の努力だけでは一朝一石に変えることのできない「援助文化という根本的な問題」に向き合うことが求められているのである。

この点に関してロバート・チャンバースは、予算配分、事業評価、人事考課、職員研修など、団体運営のあり方を修正することで「援助文化」を改善するよう提言している（チェンバース　前掲　二〇〇七　三三五―三三八）。しかし、そうしたあからさまな組織的な変革だけでは不充分である。支援従事者が知らず知らずに身につけてしまった目に見えない支援者中心の「援助文化」のあり方にも目を向ける必要がある。実は後者の「援助文化」の方が「正当な態度や行動」の実現を阻む決定要因になっていることも少なくないからである。支援従事者が「正当な態度や行動」を身につけるためには、「正当ではない態度や行動」を無意識に生み出してきた国際協力の暗黙のしきたり（＝目に見えない既存の「援助文化」）にまで踏み込むことが大切なのである。

以下では、『続入門社会開発』で「成功」例とされた前節のモンターニャ村の事例をふり返りながら、そこではどのようなしきたり（＝「援助文化」）が暗黙の前提となり、支援従事者の「正当ではない態度や行動」につながっていったのかを検証する。

問題点その1――支援従事者がPRA／PLAのお膳立てをすること

マムのスタッフは支援事業を開始する前にモンターニャ村を三度ほど訪問し、村びとたちと話をしている（プロジェクトPLA　前掲　一〇五）。しかし、原著からは、この予備調査（＝事前調査の前段階の調査）の段階でNGOスタッフが村びとたちに住民主体の支援の目的や意義を伝えたり、村びとたちにとって必要な準備について語っていたことを示す手がかりは見当たらない。事前調査の初日に開かれたミーティングでは、NGOスタッフに対して村長が「知りたいことがあればどんどん聞いてくれ」（同上）と発言しているように、村びとは最初からNGOスタッフに対して情報提供者的な受け身の姿勢を取っている様子が見て取れる。

もしモンターニャ村のPLAが「成功」例であると言うならば、住民参加型アプローチは支援する側の一方的なお膳立てと、それに従う地元住民の合意さえあれば始められるということになるが、すでに見てきたように、

（14）ロバート・チェンバースも同書に寄せた「序文」の中で、クマールのもう一つの著作『PRAのABC―態度と行動の変容（*ABC of PRA-Attitude and Behaviour Change*）』（Kumar ed. 1996）と併せて読むことで、「正当な態度や行動」をきちんと学んでおくよう勧めている（クマール　二〇〇八　四）。

それは明らかな間違いである。しかし実際には、この事例と同様、他のケースにおいても「自らの状況をどのように把握しているのか」「どのような支援を望んでいるか」などについて住民どうしがあらかじめ話し合い、その結果を住民どうしでまとめ合うような機会が設けられることは少ない。

住民参加のプロセスが地元の人びと自身によって始められない限り[15]、住民の主体性を最優先するはずの参加型支援には「ボタンのかけ違い」は常に起こり得る。住民自身による意見集約の機会が与えられないうちにＰＲＡ／ＰＬＡ支援が開始されたなら、地元の人びとは始めから上下関係の下に置かれたと感じ、「できない」存在として烙印を押されたような気持ちになるだろう。

人びとや共同体に自らの弱点や無力な立場にあることを認めさせるような強力な圧力がかかることで、開発機関とのパートナーシップのあり方が根本的に歪められてしまうのである。〔中略〕コミュニティからは自発的に行動が起こらないという想定が暗になされている。そうでなければ、そのような過程をコミュニティに持ち込もうとする理由がないはずである。外から持ち込まれた参加型の作業は、既に地元にあって、しかも潜在的に正当性を持っているような意思決定の制度を台無しにしてしまう。（ワディントン他　二〇〇八　二三七―二三八）[16]

住民参加型アプローチが「『ない』『できない』から始まるのではなく、むしろ『ある』『できる』から始まっていく」（プロジェクトＰＬＡ　前掲　二一七）のであれば、支援従事者は何よりも先に地元の人びとによる自己分析の機会を優先的に設定し、それに基づいて可能な限り住民自身が中心となり話し合いを始められるよう協力し、必要に応じて臨機応変に住民にアドバイスするという姿勢を見せることが望まれる。

また、「急がないで時間をかける」（表2の③）、「柔軟な態度で接する」（同④）、「プロセスや質的変化を重んじる」（同⑤）といったクマールによる提言の実践を目指すにしても、最優先すべきは地元の人たちの意向を聞こうとする姿勢を最初に示すことである。それは「横柄な振る舞いをしない」（同①）という態度にも通じていき、より対等な関係に基づいた「長期的な関わり」（同⑦）を築くための第一歩ともなる。

このような考え方に対しては、往々にして「それができていれば、そもそも支援など必要ない」とか、「そのようなことをすれば、地元のエリートや有力者に好き勝手を許してしまう」といった反論が出る。しかし、実際に住民のチャレンジを見ることなしに、外部の者が「できる」「できない」の議論に終始するのは控えるべきである。仮に支援のための事前準備が「エリートや有力者の好き勝手」によって牛耳られたとしても、住民たちにとってそれは次なるステップにつながっていくはずである。村が温存してきた意思決定のシステムの長短が浮き彫りになり、住民自身の課題がより明らかになれば、新たな展開へと結びつくことも十分考えられるのである。

(15)たとえばB国各地で活動している地元NGOマムのスタッフを同国人として「地元の人びと」の中に含めることができる、という考え方もある。しかし、マムのスタッフは毎晩、日本のNGOであるロクの会のスタッフと会議を持ちながら次の日の方針を決めていた。つまりマムのスタッフは資金供給先の日本のNGOの意向を被支援者の意見より優先して活動していた。実際、このような行動パターンを取る地元NGOは少なくない。したがって、地元NGOによる説明責任（アカウンタビリティ）が「下」でなく「上」に向けられている限り、地元NGOを「人びと」の一部として見なすことはできない。

(16)逆に、既存の地元の意思決定システムのリーダーが主導権を渡すまいとして支援の流れに負の影響を与えることもある。しかし、そうしたケースはあまり多くはない。

こう考えると、「ツールを使うことが重要なのではなく、それ以前にどう現状を見極めるのか、それにどう対応するのかを決めるのが重要なのである」という野田の主張は一層の重みをもって捉えることができる。

問題点その2——支援従事者が既成のツールに頼って活動を始めること

支援従事者による「お膳立て」の問題は、事前準備の段階に限らず、ＰＲＡ／ＰＬＡが具体的に開始される段になっても生じがちである。地元の人たちはこの段階になっても、どういうテーマをどういう手順で話し合うかについて考える余地さえ与えられないことが多い。モンターニャ村での最初のミーティングでも、ＰＬＡの具体的な目的や意義が村びとたちにあまり説明されないまま、[17]マムの提案する「年表作り」でスタートした。参加した村びとの中には、「こんなことをして一体何になるんだ」という言葉を残して早々と帰っていく人たちもいたが、それはＰＲＡ／ＰＬＡが抱える以下のような問題のせいでもあろう。

［支援従事者がミーティングの進行を仕切ってしまうと］いかなるＰＲＡ／ＰＬＡも、お仕着せの現状把握・問題分析・意思決定への参加を押し付ける手段となってしまう。そして、ＮＧＯのような外部機関とのコンタクトにおいてだけでなく、人びとの間でどのように情報や分析が分かち合われ、どのように意思決定に至るのかという点についてまでもが、外部主導で決め付けられてしまうのである。（ワディントン他　前掲　一二三八）

真に「柔軟な態度で接する」（**表2**の④）のであれば、ミーティングをどう進行させていくかについても、支援従事者の持ち込んだツールで始めるのではなく、できるだけ地元の人たちどうしのやり取りの中から出てきた手法をヒントにして進めていくのが望ましい。支援従事者は地元の人たちにどんなことを話し合ってほしいかを大まかに伝えるだけにとどめ、「手法（＝ツール）のみを強調するファシリテーター（＝話し合いの進行役）」（同⑥）にならぬよう注意すべきである。ファシリテーターが既成のツールをいきなり持ち出したなら、その使い方に精通しない住民たちはスタート時点から支援従事者にリードされることになり、両者の話し合いは自ずと支援従事者中心に進められることになる。これでは「［住民主体の］プロセスや質的変化を重んじ」（同⑤）、「急がないで時間をかけ」（同③）、「シナリオを押し付けない」（同④）というＰＲＡ／ＰＬＡの精神からは逆に遠ざかってしまうだろう。「進め方がわかっていない」「やる気がない」といった言い方を支援従事者に許しているものは何か。支援従事者側に自己省察が求められている課題と言える。

モンターニャ村の事例において執筆者はこう指摘する。「村の人も外部のＮＧＯがやってくると、『ない』と貧しさを強調することに慣らされていて、『ある』ことを言わない習慣がついている」（プロジェクトＰＬＡ　前掲一五七）。住民との話し合いがなかなか進展しない理由の一端がここには見え隠れしている。ツールの使用に慣れた外部支援者のもとで被支援者はさまざまなことをさせられる。主体性を発揮せよと求められながら、実際には「自分たちだけで物事を進めることは許されない」と感じている。あるいは「黙っていれば向こうが始めてくれる」ことがわかっているから『ある』ことを言わない」。そういった「外部からやってくる者と付き合う時の

---

(17)ミーティングでは支援従事者がいつでも「説明役」になることを当然視してはならない。むしろ、住民たちが常に「説明される側」に置かれてきたというこれまでの不平等な関係性を見直すことが大事である。住民主体の支援の理念に従えば、そもそも支援従事者はＰＲＡ進行の「説明者」になってはいけないはずであり、支援従事者が持ち込んだ既成のツールで話し合いが始まるという慣習それ自体が見直されていかなければならない。

智恵」（同上）が過去の経験から身に付いている。地元の人びととの信頼関係を築くには、既成のツールは常に現実とのすり合わせの中で使われねばならないこと、そして、そのためにはまず地元の人びと主体の話し合いの中でその現実を明らかにしてもらう必要があること、この二つを支援従事者側からはっきりと地元の人びとに伝えていく姿勢が求められる。

問題点その3——支援従事者が住民に「指揮棒」を渡さないこと

ここでは、前項でふれた「手法のみを強調するファシリテーター（＝話し合いの進行役）」（表2の⑥）の問題について補足したい。ＰＲＡ／ＰＬＡ支援では既成のツールの使用を前提としていることからファシリテーターを務めるのはその使用法を知るＮＧＯスタッフや外部専門家であることが当然視されている。モンターニャ村の事例でも、話し合いの場には必ずＮＧＯスタッフがファシリテーターとして出ており、村長のような地元リーダーがその役を担うことはなかった。

ファシリテーター役を地元住民が担うケースもないわけではないが、その場合でも、雇い主（＝国際協力団体）から報酬を受け取る関係にあることが通例なので、結局は国際協力団体側の意向を気にせざるを得ず、支援する側のペースでＰＲＡ／ＰＬＡが進められがちとなる。ファシリテーターから一般住民へ、という上下関係はこうしてできあがる。

この上下関係の問題にＰＲＡ／ＰＬＡの提唱者たちが気づいていないわけはなく、クマールも、ファシリテーターである支援従事者はできる限り主導権を地元住民に移譲する必要がある（クマール　前掲　四三）と述べている。チェンバースはこれを、「指揮棒を手渡す」と表現している。

指揮棒（またはペンやチョーク）を手渡す。——地域住民自身による調査、分析、発表及び学びをファシリテート［=促進する］することによって、地域住民は、自分たちで成果を生み出し、それを自分たちのものとして所有し、同時に学んでいく。これには「人びとは自分でできる」、つまり地域住民は地図を描き、模型を作り、順位や点数を付け、図表を描き、分析・計画・行動することができる、という確信が必要である。ファシリテーター［=支援従事者］はたいてい、表現したり分析する過程のきっかけだけを作り、その後は腰を下ろして静かに見守るのである。（チェンバース　二〇〇〇　三六一—三六二）

最後の「腰を下ろして静かに見守る」という表現が示すように、ここでのファシリテーターは黒子に徹することが想定されている。しかし、歌舞伎ならば実際には丸見えの黒子も劇中では気にかけない存在となるであろうが、PRA／PLAの場合はどうだろう。果たして地元の人たちは国際協力団体が送り込んだ黒子（=ファシリテーター）の存在を無きものとして話し合いを進めることができるであろうか。慣れないツールを用いて話し合いを行う住民たちにとっては、むしろ傍にいるファシリテーターの目が気になって萎縮してしまうのではないか。ツールの使い方に精通するファシリテーターをまるで指導教官のように捉えている人たちがいても不思議ではない。

たとえ地元の人たちが喜んでツールの使用を受け入れたとしても、ツール自体になじみがないために、地図を描くべきか、模型を作るべきか、順位や点数を付けるべきかとあれこれ悩み、結局はファシリテーターの指示を仰ぎがちとなる。ツール中心の発想では、もともと人びとの中に「ある」潜在的な創造力や、それを自分たちで発見し、具体的に組み立てていくことの「できる」能力は摘み取られかねないのである。

真の意味で「指揮棒を手渡す」とは、話し合いの進め方やツールの使用・不使用についての決定権も含めて「指揮棒」を渡すということである。そうでなければ、「指揮棒」は、支援従事者が持ち込むツールに従って図表を描くための「ペンやチョーク」にしかならない。

まとめ——「例外状況」を安易に広めないために

以上、モンターニャ村の「成功」例を参照しながら、国際協力活動において日常あまり取り上げられることのないPRA／PLAの暗黙のしきたり（＝目に見えない「援助文化」）について明らかにしてきた。真っ当なPRA／PLAを具現化する上で必要となる「正当な態度や行動」（**表2**）を阻んでいるもの、それは国際協力関係者が日頃無批判に温存してきた「援助文化」そのものの中にあった。

この「援助文化」の桎梏によって、PRA／PLAの進め方は「急がないで時間をかけ」（**表2**の③）、「シナリオを押し付けないよう柔軟な態度で接し」（同④）、「プロセスや質的変化を重んじる」（同⑤）姿勢とは逆の方向に向かい、「手法（＝ツール）のみを強調するファシリテーターを拒否する」（同⑥）どころか、ツールを重視するファシリテーターの存在が前提となってしまった。しかも、「長期的な関わりを持つ」（同⑦）というよりは、むしろ事業を短期間に効率よく完遂することに眼目が置かれるようになった。

こうした点を問題にしない限り、真の意味で決定権を人びとに返還するという根本的な『援助文化』の変革」（同⑧）は起こらないであろう。支援従事者側が「横柄な振る舞いをしない」（同①）で、「同僚・上司にも人びととの交流機会を与え」（同②）、地元の人たちとより対等な目線に立った開かれた国際協力を進めていくには、自分たちの敷いたレール上での取り組みを当たり前とする風潮（＝目的論・機械論的発想）を変えていかなければならない。

目的論・機械論的発想から離れ、「住民の行う参加プロセスに支援者が参加する」となれば、今度は、思うように話し合いが進まないとか、偏った意見に大勢が左右されるといった新たな難題が生じてくるかもしれない。しかし、そうしたプロセス自体が地元社会にとっては大きな財産となる。地元の人たちにとっては、自分たちの中にある潜在能力を大いに発揮するチャンスとなるからである。一方、支援従事者は住民自身が明らかにした課題に応じて臨機応変にこれに関わっていく。これが、「ある」「できる」ことを前提として地元の人びとの暮らしを側面から支援する、真の住民参加型アプローチの姿である。

こうした真の住民参加型アプローチを支援活動の基本としながら、それでもなお、国際協力団体の経験が優先される場合もある。それは人びとの命や安全に絡む問題対処に関わることかもしれない。そのような時には黒子のファシリテーターが舞台の前面に出て、できるだけ多くの住民から理解を得ながら、人びとの主体性を制限する「例外状況」が設定されることになる。

そもそも住民参加型アプローチは「住民の主体性」を「外からの働きかけ」で高めるという原理的な矛盾（＝「例外状況」の発生）を抱えており、そこから逃れることはない。支援従事者はそうした矛盾を住民参加型アプローチが抱える「根本的な問題」としてきっちりと受け止めた上で、不必要な「例外状況」が安易に設けられていないか注意深く見定めていかなければならない。予算、時間、人員の制約の下で、知らず知らずに「住民主体」が「支援者主導」へとなびいてはいないか、常に留意することが大切である。

補論　安易な「例外状況」の発生に対処することの大切さ

国際協力団体の間では近年、住民参加型アプローチを個別事業単位だけで進めてもなかなか住民参加は定着しないという反省が高まっている。なぜなら、個別事業の場合は期間や予算が限定されているため、住民の考えに沿った事業を全面的に支援することは難しく、自ずと支援内容にも制約が加えられていくからである。全面的な「当事者主体」の実現が不可能となれば、住民側としても結局は、「支援者主導」で事が進められた（＝「例外状況」が設けられた）と感じてしまい、参加を続けようと思わなくなるのは当然である。

たとえば、いくら住民が地元の電化を進めたいと思っても、発電施設を作るだけの資金がどこからも集まらなければ、支援従事者は「それはできません」と言わざるを得ない。この場合、地元の人たちの間には、住民主体の事業計画と言えども結局は国際協力団体によってその方向性が定められてしまう、というシニカルな気持ちが往々にして生まれ得る。

こうした状況を踏まえて、最近では、本論の冒頭で述べたように、個別事業の大枠を決める当該国政府の政策決定プロセスの段階から住民参加を支援するという国際協力が注目を集めている。支援事業の枠組を定める大本の話し合いから住民の参加を支援すれば、政府レベルにおいても草の根の要望をより反映した政策策定が可能となり、支援を直接受け取る当該国政府のみならず、その国の地域の人びとにとっても、具体的な個々の事業においてオーナーシップ（＝自分たちの事業であるという意識）を持ちやすくなる。そうすれば住民は事業の実施やフォローアップ活動にも積極的に関わるようになるであろう、という目論見である。

しかし、以下で説明するように、こうしたやり方を取ったとしても、その目論見とは裏腹に、住民の主体性が過剰に制限される（＝安易な「例外状況」の設定）という「根本的な問題」は解消されてはいないのである。

政府の政策決定プロセスへの住民参加の支援①――ＰＲＳＰ

政府の政策作りへの住民参加を支援する国際協力の中でよく知られるものの一つが、世界銀行（以下、世銀＝途上国政府に低利で開発資金を貸し出す国際機関）が中心となって二〇〇〇年頃に進められた貧困削減戦略文書（ＰＲＳＰ　Poverty Reduction Strategy Paper）の作成支援である。

当時、貧困問題に取り組む国際ＮＧＯのネットワーク活動や世界のさまざまな社会運動の盛り上がりの中で、世銀や国際通貨基金（ＩＭＦ＝国際収支の問題を抱えた途上国政府を支援する国際機関）は重債務貧困国（＝世界で最も貧しく重い債務を負っている途上国の総称）への対応を迫られ、債務救済措置として特別融資制度を設けていた。しかし、そうした臨時融資だけでは重債務貧困国の構造的な問題には対処できないことから、両国際機関は一九九九年に開かれた合同総会において、特別融資制度を希望する国にはＰＲＳＰの作成を義務付けることとした。融資を申請する途上国に中長期的な開発政策、特に貧困層に重点を置いた経済・社会状況の改善のためのシナリオ（＝ＰＲＳＰ）を策定してもらい、国家再建に向けて歩を進めてもらおうという意図である。

世銀のスタッフやコンサルタントが政府役人と協働しながら進めるこのPRSP作成支援の主眼は、当該国の貧困層の人びとやその人たちを支援する地元関係者に、この戦略策定のプロセスに主体的に関わってもらう点にあった。住民参加型アプローチによってできる限り全国各地に住む生活困窮者の声を反映し、実際の実施プロセスにおいても被支援者自身（＝ここでは当事国政府も含む）がオーナーシップを持って貧困削減計画に参加できるようにするための取り組みである。その方法・ルールは、まず地方レベルで貧困層の人たちや地元関係者との綿密な協議を行い、次にその結果を踏まえて中央で一国の貧困削減戦略をまとめるというものであった。ただし中央での最終仕上げの段階では、住民代表者（後述）のみが政策決定者たる政府役人との話し合いに参加できるという制約が付いていた。

ＰＲＳＰ作成支援におけるこの手法が、政府の政策決定プロセスへの住民参加を支援する国際協力の好例と見なされることも少なくない。しかし、イギリスの国際協力研究者デヴィット・ブラウンが、カメルーンでの事例を引き合いに指摘するように（ブラウン　二〇〇八　二七七―二八二）、政策決定プロセスにおける住民参加を尊重するはずのＰＲＳＰ作成支援にも、そのプロセスを遮断する（＝住民の主体性を制限する）「例外状況」が安易に設けられがちになっている。

カメルーンでは、二〇〇〇年春に全国五八ヶ所の地方で延べ一万人の参加者を集めて住民協議会が開催された。生活困窮者やその人たちを支援する地元関係者に幅広く参加を呼び掛けた結果、普段は政策策定プロセスに関与することのない人たちも大勢集めることができた。各住民協議会では政府機関による汚職や不平等な土地所有など、貧困層の生活改善を阻む根本問題について忌憚ない意見が出されたことから、この地方協議は貧困を生み出す複雑で根深い社会構造に政府の政策決定者の関心を向けさせる大事な役割を果たしたと一般的には評されている。

このためカメルーンでのPRSP作成支援は「成功」例として喧伝されることが多いのだが、実際に事業計画案としてまとめられた内容は、所得創出、保健増進、教育普及、インフラ整備など、生活困窮者たちの日常生活のニーズに応える活動ばかりであった。貧困にあえぐ人たちの生活を抜本的に改善するには避けて通れない、既存の社会構造を変革するような事業（たとえば土地改革など）を望む住民の提案は、貧困状況を取り巻く構造的課題としてPRSPの附録資料に記録されるにとどまった。

なぜそうなったのか。カメルーンでは、上記のPRSP作成支援のルールに則って、地方協議で提起されたさまざまな課題が中央に持ち寄られ、政府役人と住民代表が最終的な事業計画案を詰めた。もしその住民代表が真にカメルーンの貧困層を代弁する人たちであったなら、政府が二の足を踏むような抜本的な改革案の実施を政策決定者に迫ったかもしれない。しかし、その可能性はあらかじめ断たれていた。中央での協議に参加する住民代表の選出は政府主導で行われたため、選ばれたのは日頃から政府補助金を受け取るなど、政府関係者と懇意な間柄にある人たちに偏っていたのである。その結果、事業計画案の採用にあたっては「カメルーン政府が事前に決めていたものに該当するものばかり」（同上　二八二）が優先された。しかも、住民代表たちは選挙のような民主的手続きを経て選ばれたわけではないので、地元の人たちも責任の問いようがなかった。

そもそも、PRSPは政府の公式計画として作成されるものではなく、あくまで世銀とIMFに対して用意される文書であるという性格上、その作成過程で開かれる地方協議には国としての法的根拠もなく、カメルーン政府の政策決定者にはその結果を実際の政府事業計画に反映させなければならないという義務もなかった。

こうしてカメルーンのＰＲＳＰ作成支援では政府に都合の良くない難題は中央での協議で脇に追いやられた。地元住民による主体的な事業計画案を安易に袖にするという「例外状況」がここでも生じることになったのである。

政府の政策決定プロセスへの住民参加の支援②――参加型ガバナンス

ＰＲＳＰ作成支援に見られるような「例外状況」を解消するには、公的な代表職にある政治家を中心に、国家の正式な手続きに沿って住民参加を進めればよいのではないか。こうした観点から注目を集めているのが、いわゆる参加型ガバナンスの国際協力である（第4章のブータンとネパールの事例）。民主的な手続きで選ばれた長が地方政府を率い、その地方政府の活動に住民が主体的に関われる制度を設けるという支援である。つまり、ＰＲＳＰ作成支援のように国際援助（債務救済の特別融資や貧困削減計画作りなどの支援）を受け取る条件で進められる住民参加ではなく、国家制度として住民参加を定着させようとする支援である。

地元の住民が定期的に政府の政策作りに参加できる制度を設ければ、たとえばカメルーンのようにある時点で住民の意見が聞き入れられなくとも、人びとは引き続きその制度の下で要望を出し続けることができる。いつまでも埒が明かないような場合でも、選挙などを通じて公職者の交代を迫ることもできる。そうすれば住民のニーズや求めにより良く対応できる政策が実現するはずだ――。しかし、一種の目的論・機械論的発想から生まれたそうした期待とは裏腹に、この参加型ガバナンスの国際協力にもＰ

ＲＳＰの場合と同様、住民主体が過度に制限されるという「根本的な問題」がつきまといやすい。どうしてなのか。第４章で詳述するネパールにおけるＤ村の事例を紹介しておこう。

Ｄ村は、第２章で取り上げた同じネパールのＢ村の川向こうに位置する村であり、そこに住む「土地なし農民」も、Ｂ村の「土地なし農民」と同じく、支配民族（＝移民）によって一九世紀に土地を奪われた先住民の末裔である。今でも先住民の大多数は「土地なし農民」として厳しい暮らしを強いられており、抜本的な生活改善を求めて、移民地主から先祖代々の土地を取り戻したいという気持ちを持ち続けている。実際、第２章でふれた土地獲得運動は、Ｄ村の先住民の間でも盛んに行われていた。

Ｄ村では国連開発計画（ＵＮＤＰ）の支援の下で一九九九年に参加型ガバナンスの整備に向けた事業が始められた。当時よりネパールでは、地元において中央政府予算はどう使われるべきなのか、またそのために政府機関はどのような活動に取り組むべきなのかなど、中央政府が地方政策を決める際には当該地方政府と協議することが義務付けられていたが、ＵＮＤＰの支援事業はそこに住民自身も参加できる制度を設けようとするものであった。そしてこの支援事業の結果、Ｄ村の人たちにも中央政府による政策決定プロセスに参加する機会が与えられることとなった。

成果は目に見えて現れた。人口の大半を占める「土地なし農民」の要望が政府機関に届きやすくなったのである。その結果、たとえば村中に張り巡らされていた水路を埋設溝にすることで荷物運びの仕事は遙かに楽になった（第４章参照）。中央政府の予算は「土地なし農民」の日常の生活苦を緩和するこうした諸活動に、より一層向けられるようになった。

しかし一方では、「土地なし農民」の積年の懸案であるはずの土地改革の問題が彼／彼女らから持ち出されることはなかった。この問題を持ち出せば地主に解雇されかねないという心配があったからだが、それ以上に「土地なし農民」自身、半ば主体的に、このような「根本的な問題」を持ち出すことについては諦めがちであった。と言うのも、「公共」の話し合いの場で社会の大本を正すような難事業を提起すれば、目下の生活改善に資する個々の事業が宙に浮いてしまい、そのことが却って、「土地なし農民」自身の立場を不利にするという状態を作りかねなかったからである。このため「土地なし農民」は、政府がすぐに行動に移せそうもない難題は避けて実利を優先し、自分たちの当面の生活を少しでも楽にする事業に絞って要請を出したのである。

このように、ネパールの参加型ガバナンス事業においても、PRSP作成支援の場合と同様、「政策作りへの人びとの主体的な参加」は一応は実現するものの、その内実は制限された（＝「本心」の表明の許されない）「主体性」しか許されていなかった。公共制度の整備によって人びとの要望が政府により良く届くよう手助けする参加型ガバナンス支援においても、PRSP作成支援と似たような「例外状況」は生まれてしまったのである。これらは、政策決定プロセスに焦点を当てた支援形態そのものが、権力の関与や地元の不文律に左右されやすい性質を孕んでいることを示している。

住民参加をめぐる「例外状況」にどう対処するのか

以上から明らかなように、事業のあり方を一から方向付ける政策決定プロセスへの住民参加支援においても、住民の主体性が二の次にされるという状況は改善されるわけではない。社会を抜本的に是正しようとする事業は政策作りの俎上には載せられない、という不文律が地元社会全体に働いてしまい、住民たちには結局限られた選択肢しか与えられない場合が多いからである。しかも、こうした支援では、政策作りに普段関わることのない幅広い層の人たちが多数参加するため、表面的には「地元住民の声を反映した政策」として映りがちとなり、住民の主体性が過度に制限されているという「例外状況」に対しては個別事業よりも注意の目が行き届きにくくなっているとさえ言える。「参加を通して中央主権的な統制が白日の下にさらされるどころか、逆にそれが隠蔽されてしまう」（同上　二八二）のである。

本章の冒頭で「住民の生活を直に左右するのはあくまで具体的な個別の事業であり、引き続き個別事業における住民参加の改善を図っていくことは大切な課題である」と述べた理由はこの点にある。住民参加型アプローチをめぐる「根本的な問題」（＝人びとの主体性に必要以上に制限が課されるという「例外状況」の発生）には、政策決定プロセスを通して対処していくよりも、実地での個別事業を通して対処していく方が着実な成果が期待できるのである。この点は、序章で取り上げたペシャワール会のアフガニスタンでの活動を引き合いに考えればわかりやすい（一八〜二四頁）。

仮に、アフガニスタンの復興政策のあり方にアフガニスタン各地の地元住民の声が反映されるよう手助けするための支援（＝政策決定プロセスへの住民参加の支援）を考えてみよう。この場合、「武力行使によるテロ対策はやめてくれ」と多くの住民が公の場で訴えるであろうことは自明だとしても、そうした住民の切実な声は現状のアフガニスタン政府にはなかなか受け入れられないこともまた自明である。同国政府が米国の後ろ盾を得ている以上、米国の意思に反した行動は取れないという政治上の問題もあろうし、序章で指摘したように、そうした訴えは、「人びとはテロで危ない目にあっているのに、それを放置していては住民の安全は守れない」といった反対意見と常にぶつかり合って、武力介入派にとってはむしろ好都合な議論にすり変わってしまう可能性もある（二一四～二一六頁）。政策論議で相手を説得しようとするやり方は、住民参加の支援にとっては却って非生産的になりかねないのである。

それに対して、「武力行使によるテロ対策はやめてくれ」という声を現場で直に受けとめ、その声に具体的な事業で応えようとする支援（＝個別事業への住民参加の支援）、つまり、特定地域で武力行使のない住民主体の社会作りを目指そうとする支援の場合は、事情が異なってくる。ペシャワール会は農村の砂漠緑化事業を通して旱魃で苦しむ地元の人びとを再び農業で暮らせるよう長期的な支援を続けてきたが、それは生活苦のために武器を持たなくても済むよう支援することと同じ意味合いを持つ。同会の取り組みは個々の事業でも粘り強く取り組めば「根本的な問題」（＝人びとが自分の望む生き方を主体的に選び取ることが許されないという問題）に充分対処していけることを証明している事例だと言える。同会の活動は、いつ武装集団に襲われてもおかしくない、しかも厳しい自然条件下の地域で実施されてきたので、その道のりは決して平坦ではなかった。それでも同会はその困難を乗り越えながら、武力に頼ることなく人びとが安寧に暮らしていける社会を作り出すことに成功した。住民主体の支援を実りあるものにするためには、地元の人びとが自分たちの目標に向かって歩を進めるプロセスを、あくまで中長期的な視野に立って地道に支援していくことが大切なのである。

もちろん、「政策決定プロセスへの住民参加」を支援することに全く意義がないわけではない。中長期的にはそうした活動が「根本的な問題」（＝必定以上の「例外状況」の発生）の是正へとつながることもあろう。(18) しかし、「所詮その大枠は『外部主導』で決められてしまうだけだ」というシニカルな気持ちを地元の人たちに抱かせる支援が続いている限り、支援従事者がいくら中長期的な展望だけを掲げても真の意味での住民参加は難しい。地元との中長期的なつながりの中で具体的な個々の事業を地道に進め、人びとが望む生き方を少しずつでも具現化していく「個別事業への住民参加」を支援していくことの意義はここにある。

「ただただ現場に立って考え、現場が必要とするものを見極めて行動［する］」（一八一一九頁）、というペシャワール会事務局長、福元満治の言葉を今一度思い起こそう。住民参加の支援において安易な「例外状況」を作り出さないためには、「現地の人々の立場に立ち、現地の文化や価値観を尊重し、現地のために働く」（二一〇頁）という同会が具現化する国際協力の原点に立ち返ることが何より大切なのである。(19)

(18)政策決定者に声を届ける仕組みだけが整備されても、決められた範囲内の議論しか政府が取り上げなければ住民は「統制」されることになるが、それでも政策決定者と意見を交わし合う経験を積んでいけば、それが中長期的に人びとの団結力や交渉力を高めることにつながり、ひいては地元社会のあり方を変えていく大きな力になるかもしれない。あるいは、先のネパールの参加型ガバナンス支援の事例のように、生活困窮者の当面の生活苦を緩和する事業が次々と行われるようになれば、住民たちの間でより大きな課題に取り組もうとする時間的・精神的余裕が生まれ、それが地元社会を変革しようとする機運につながっていく可能性もある。

(19)本章冒頭で紹介した住民参加の三形態に当てはめれば（一四四—一四五頁）、ペシャワール会の砂漠緑化事業は、③の「住民主体で事業を計画・実施する」方法というよりは、②の「出来合いの事業を進めて良いかどうかを人びとに相談した上で事業を実施する」やり方に近い。同会現地代表を勤める日本人（＝中村哲）がリーダーシップを取って事業を企画・実施してきたからである（中村　二〇〇七）。ここで注意すべきは、この方法を取ったからと言って住民の主体性が疎外されているわけではないことである。むしろ、ペシャワール会の場合はこの手法によってこそ「武力のない社会を作りたい」という人びとの意向に応えることができたのである。モンターニャ村の事例のように、表向きは「住民主体で事業を計画・実施する」という③の看板を掲げつつ、実際には人びとの主体性を疎外してしまったケースと比べるならば、どちらが望ましい「住民参加型」であるかは論をまたない。③の方法を取るかどうかだけで、住民参加の成否を論じ切ることはできない。③より②の方法を優先ことが望ましい場合も少なくない。この点については終章でさらに考察を重ねたい。

引用文献

クマール、ソメシュ／田中治彦監訳、二〇〇八『参加型開発による地域づくりの方法―PRA実践ハンドブック』明石書店。

クリーバー、フランシス／真崎克彦監訳、二〇〇八「社会生活に根ざした人びとの行為性と意思決定」サミュエル・ヒッキー他編『変容する参加型開発―「専制」を超えて』明石書店。

佐藤寛、二〇〇五『開発援助の社会学』世界思想社。

チェンバース、ロバート／野田直人・白鳥清志監訳、二〇〇〇『参加型開発と国際協力―変わるのはわたしたち』明石書店。

チェンバース、ロバート／　野田直人監訳、二〇〇七『開発の思想と行動―「責任ある豊かさ」のために』明石書店。

中村哲、二〇〇七『医者、用水路を拓く―アフガンの大地から世界の虚構に挑む』石風社。

野田直人、二〇〇〇『開発フィールドワーカー』築地書館。

ブラウン、デヴィッド／真崎克彦監訳、二〇〇八「貧困削減戦略文書（PRSP）における参加―民主主義は強化されたのか、損なわれたのか？」サミュエル・ヒッキー他編『変容する参加型開発―「専制」を超えて』明石書店。

プロジェクトPLA編、二〇〇〇『続入門社会開発―PLA　住民主体の学習と行動による開発』国際開発ジャーナル社。

見田宗介、二〇〇六『社会学入門―人間と社会の未来』岩波新書。

ワディントン、マーク他／真崎克彦監訳、二〇〇八「試行錯誤を通した前進―PRAと押し付けの参加を乗り越えて」サミュエル・ヒッキー他編『変容する参加型開発―「専制」を超えて』明石書店。

Agamben, Giorgio (translated by Kevin Attell), 2005, *State of Exception*, Chicago: The University of Chicago Press.

Kumar, Somesh ed., 1996, *ABC of PRA-Attitude and Behaviour Change, A report of the Proceeding of South-South Workshop on Attitudes and Behaviour in PRA*, Patna: PRAXIS and Action Aid India.

第 4 章

支援成果の把握

「持続」する活動の成り行き

通常、国際協力事業を評価する際には、あらかじめ想定されたシナリオに照らして事がうまく運んだかどうかが分析される。しかし支援活動は対象地域の社会動向と複雑に絡み合うため、事前に計画されたシナリオを超えてさまざまな方向に派生し、思わぬ展開につながりかねない。支援活動は既定路線に収まり切らないという限界を受け入れつつ、地元の人びとと協働しながら、シナリオから外れた部分にも積極的に目を向け、より包括的な支援成果の把握に努めることが大切である。

1　従来の評価方法で支援の全体像に迫れるのか

われわれは、哲学者アンリ・ベルクソンの言う「持続 durée」感を持って日常生活を送っている。「持続」という概念に関してよく引き合いに出される例であるが、たとえば、朝目覚めてからいつものようにコーヒーに砂糖を入れ、スプーンで溶かし、一服している人がいるとしよう。このような時、人は、コーヒーを飲みほすまでの一連の動作を、「溶かし始め、溶かし終わり、飲み始め……」という順序にとらわれながら行っているだろうか。むしろわれわれにとって「砂糖入りのコーヒーを作って飲む」という行為は、一つの大きな連続性の中の一部として意識されているのが普通ではなかろうか。その連続性（＝「持続」感）の中で、もし窓からすがすがしい朝の光が差し込んでくれば、自然にそれが目に入ってくるだろうし、パンを焼いているとすれば、香ばしいその匂いに意識が向くであろう。そこに初夏の朝風が吹いていれば、それも心地よく感じるかもしれない。何か特別な事情がない限り、われわれはそうした諸々の事象が融合し合った中でそれぞれの朝を過ごしているのであり、その全体の一部分のコーヒーカップだけに神経を集中させているようなことはない。

ところが、こうした日常的な「持続」という感覚が国際協力の現場では麻痺しがちとなっている。通常、国際協力団体が事業評価を行う際には、いつ、どこで、誰が、誰を、どのように支援し、どのような成果が得られたのか、といった個々のチェック項目をもとに、既定のシナリオ通りに事が運んだのかどうかに焦点が当てられる。日常生活の何気ない行動と同じような「持続」感に身を委ねてしまうと、事業の進捗状況のチェックが難しくなり、支援活動を支える出資者（ＯＤＡ機関の場合は納税者、ＮＧＯの場合は会員や募金者）に活動実績をわかり易く示すことができなくなるからである。出資者への説明責任（アカウンタビリティ）[1]を果たすためには、支援のシナリオに沿ってそのプロセスや成果を一つ一つチェックしなければならない。つまり支援の成否は、あらかじめ定められた到達点を踏まえ（＝目的論的発想）、その目標の達成にどれだけ寄与したかで判断する（＝機械論的発想）、という考え方である。

しかし、そうしたアプローチでは、往々にしてシナリオから外れたところで進行している大事な事柄に目が行き届かなくなってしまうことが多い。「コーヒー豆を入れて、コーヒーメーカーに水を注いで、コンセントにプラグを差し込んで…」というような手順ばかりに気を取られていると、トーストのパンは丸焦げになり、朝風はただの冷たい風になってしまうのである。

本章では、あらかじめ決められたシナリオに沿って支援成果を評価するという「当面のニーズ」への対応に満

（1）言うまでもなく、説明責任（アカウンタビリティ）は出資者に対してだけでなく、支援対象地の人びとに対しても生じる。しかし、支援する側と支援される側の間の不釣合いな力関係の中では、出資者に対するアカウンタビリティが優先されがちである。本章では、被支援者に対するアカウンタビリティをより重視した評価のあり方を探る手がかりとして、「持続」という概念に着目する。それは、「持続」感を持って暮らしている地元の人びとの生活感覚をより良く理解しようとする手立てにつながるものだからである。

図1　「プロセス型」支援事業のサイクル

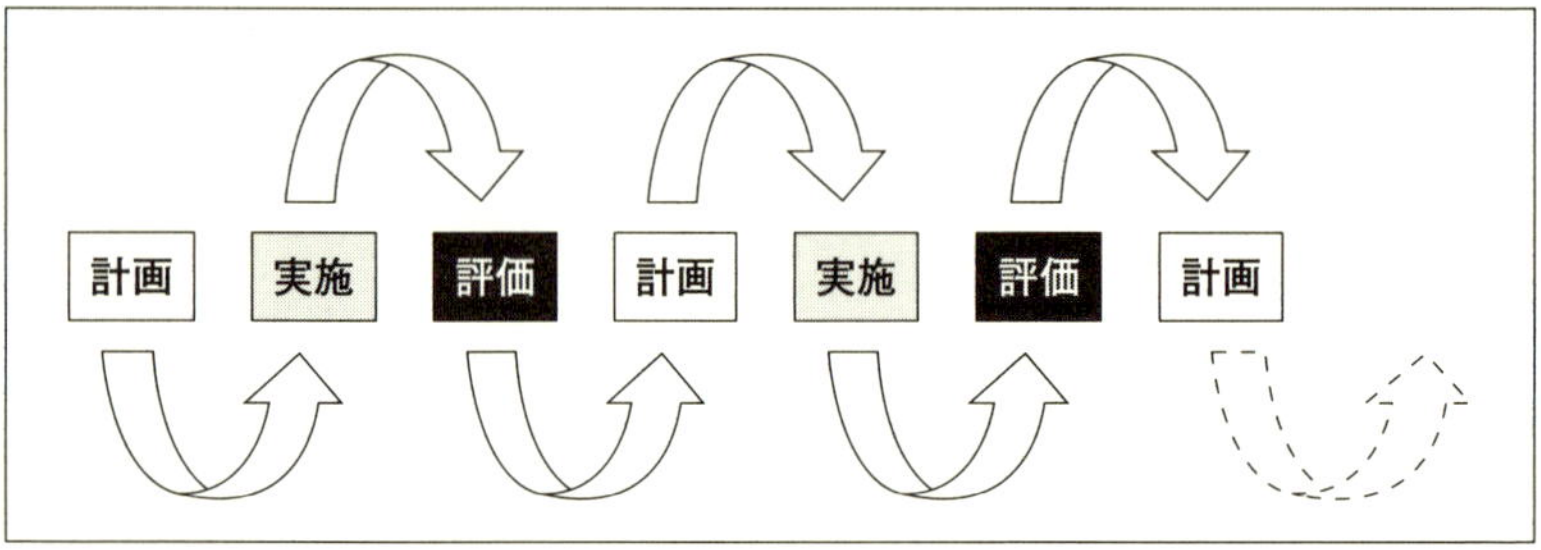

出典：筆者作成。

足してしまうと、「持続」的な現況下で執り行われる支援活動の思わぬ帰結に気づかない場合が少なくないという「根本的な問題」について考える。目的論・機械論的な発想にとどまりがちな従来の国際協力の評価方法のあり方についての再考である(2)。

国際協力における支援成果の検証は、一般的には次の三つの局面で実施されている。①支援活動中に行われる定期的な「モニタリング」、②支援活動の節目に行われる「中間評価」、③支援活動完了直前に行われる「終了時評価」である(3)。どのタイミングで行われるにしても、出資者に対するアカウンタビリティとの関係もあって、事前に決められた筋道から離れて支援の意義や展開が検証されることは稀である。既定の目標・計画に沿って個々の事象が進んでいれば被支援者への裨益状況は確認できる——このような考え方を前提としているため、シナリオから離れてまで分析する必要はないという立場である。

もちろんすべての支援事業が、既定の目標・計画を与件とする「シナリオ型」で進められているわけではない。中間評価で明らかになった課題をもとに、当初の計画に大幅な変更が加えられることも時にはある。あるいは、住民自身の意識や行動の変容に関わる支援事業によく見られるものとして、あえて最終の目標や手段を明らかにしない「プロセス型」と呼ばれるアプローチも存在する（アーユス 二〇〇三 三一―三三）[4]。

しかし「プロセス型」の場合でも、シナリオの策定とその結果の検証は行われる（同上 三二）。両者の違いは、「シナリオ型」では「計画⇒実施⇒評価」というサイクルが大まかに一回切りで完了するのに対して、「プロセス型」ではそのサイクルがらせん状に何度も繰り返し行われる点にある。つまり、後者の場合は、サイクルごとに繰り返し策定し直されるシナリオに即してその度ごとに事業評価が行われるわけである（**図1**）。

---

(2)支援事業の成果に関する評価は、国際協力団体の評価担当スタッフによって直に行われるか、担当スタッフが手配した第三者（外部専門家）によって行われるのが一般的である。本章で取り上げるブータンとネパールの事例は前者のケースに当たるが、仮にこれらの事例の評価が後者の第三者によってなされたとしても、結果はさほど変わらなかったであろう。なぜなら、第三者は国際協力団体から報酬を受け取る側なので、雇い主の意向を常に気にせざるを得ず、結局は支援する側のペースで評価しがちになるからである。そこで近年では、被支援者自身による「参加型評価」に注目が集まっている（源 二〇〇八）。事業の思わぬ成り行きについては当の住民自身の方が日常を通じて敏感に感じ取っているはずである。したがって住民自身による事業評価は、より実態に即した支援成果の把握につながる可能性が高いし、そうなれば、国際協力団体にとっても住民からの問題提起に応じる（＝被支援者に対するアカウンタビリティを示す）良い機会となる。しかし、ここでも、「事業評価にただ住民が参加すれば良い」という目的論・機械論的発想に陥らないよう留意する必要がある。この点については本章の最後で立ち返りたい。

(3)それ以外に、計画段階で支援内容が適切であるかどうかを見る「事前評価」もある。

(4)たとえば、女性の地位向上のようなセンシティブな課題に取り組む支援活動では、活動に消極的な、あるいは反対の立場を取る人たちからどのような反応が得られるかも見極めながら、最終の目標や手段を発見していくことが求められている。

表1　DACによる評価5項目

評価項目	定　義
妥当性	支援の目標が受益者のニーズと合致しているか、受益者や協力アプローチの選定は適切かなど、支援の正当性・必要性を問う視点。
有効性	支援によって目標がどの程度達成されたのか、協力実施の効果を問う視点。
効率性	資源（資金、人材、資機材など）がいかに効率的に結果を生み出したのかを問う視点。
インパクト	支援によって直接的・間接的にもたらした効果を問う視点。意図しなかったプラス及びマイナスの効果も含め、政治、経済、社会、環境などに対する幅広い効果を問う。
自立発展性	支援終了後も、その効果が維持・発展されているかを問う視点。技術、組織、制度、財務・政治・経済・社会情勢などに照らして総合的に検討する。

出典：三輪徳子「開発援助評価」（三好皓一編『評価論を学ぶ人のために』世界思想社、2008、270頁の表２）をもとに筆者作成（下線は引用者）。出典は、国際協力の評価のグローバル・スタンダードであるOECD/DACの*Evaluating Development Co-operation*（2008、13-14頁）を忠実に訳したもの。

シナリオにこだわらない評価の実施可能性

支援成果の成否を判断する際に現在でも幅広く用いられている評価基準の一つに、先進国政府の集まりである経済協力開発機構（ＯＥＣＤ）の開発援助委員会（ＤＡＣ）が提唱した「評価五項目」がある（**表1**）。「妥当性」「有効性」「効率性」「インパクト」「自立発展性」といった五つの視点から支援事業を評価するものであるが、**表1**の下線部にある通り、文言上はシナリオにこだわることのない、包括的な視点からの評価が重視されていることがわかる。しかし、「インパクト」の面においても「自立発展性」の面においても、実際には定義に掲げられたような角度からの評価はなかなか本格的には取り組まれていない。

それはなぜか。ＤＡＣは、「評価五項目」に基づく評価データの質を高めるために、五項目すべてに共通する四つの指針を掲げているが（**表2**）、その一番目の指針、すなわち「有用性」という指針が、シナリオにとらわれない包括的な評価の可能性を疎外しているからである。「組織の意思決定に活用される評価を行うためには、

表２　評価データの質を高めるための DAC 指針

①**有用性**　意思決定に活用されるよう、わかりやすい・使いやすい・役に立つ情報を提示する。
②**公平性と中立性**　事業関係者の意見を隈なく聴取するとともに、評価結果を関係者間で幅広く共有する。
③**信頼性**　事業に関係する専門知識を有し、かつ評価調査の手法に通じた評価者を登用する。
④**関係者の参加度合い**　評価の企画・実施プロセスにおいて、関係者とのコミュニケーションを密にする。

出典：三好皓一「評価とは何か」（三好皓一編、同上書）の第５節「良い評価の基準」（16-19頁）をもとに筆者作成。出典は、表１と同様、OECD/DAC の *Evaluating Development Co-operation*（2008、８-９頁）を忠実に訳したもの。

評価結果がわかりやすく、使いやすく、役に立つものである必要がある」（三好　二〇〇八　一七）とされているように、対処が容易でない課題[5]ばかりに着目してしまうと、却って「わかりにくく、使いにくく、役に立たない」情報ばかりが増え、支援そのものの質を落としてしまうと考えられているのである。

　NGO関係者によってまとめられた『国際協力プロジェクト評価』（アーユス編、前掲　五〇―五四）においても「使える評価」の大切さ（傍点は引用者）が強調されているように、「有用性」は国際協力団体の間で幅広く共有されている評価指針の一つである。国際協力の世界ではこうした傾向が強いことから、シナリオを超えて大所高所から支援の内容が評価されるといったケースはほとんどない。

　たとえば、『国際協力プロジェクト評価』所収「カンボジア技術学校プロジェクト」の事例もそうである（同上　一五五―一六四）。一九八五年に開始されたこの支援事業は、地元の技術者を養成することで地場産業の発展を下支えしようとするものであって、経済グローバル化によって市場開放と自由

（５）本書で取り上げてきた「根本的な問題」（＝支援を取り巻く社会の矛盾）に当たる。

競争を否応なしに迫られたカンボジアの人たちの窮状打開を支援するという点では、確かに「当面のニーズ」に応えるための「有用」な活動と言えただろう。とは言え、一方ではこうした支援事業は自由競争にうまく適応できる人とできない人という線引きによって知らず知らずに格差拡大に加担しかねない。また、「能動的な個人こそが社会の基盤となる」といった考え方を根づかせ、たとえ意図しなくとも、社会保障に頼らざるを得ない下層の人たちを間接的に差別してしまう（渋谷 二〇〇三）「根本的な問題」も併せ持つ。しかし、少なくともこの支援事業の関係者の報告を見る限りでは、そうした中長期的な視点からの事業評価は見られない[6]。

限られた予算、時間、人員の中で一定の成果を出さなければならない支援従事者にとっては、「資源と時間の制約の中で役に立つ情報を提供するために、［中略］調査範囲の絞り込みを行う」（三好 前掲 一七、傍点は引用者）という方向にどうしても傾きがちとなるのであろう。この支援事業では、カンボジアの若者の育成にどれだけ役立ったのかや、地場産業の振興にどれだけ貢献したのか、あるいはカンボジア人自身でどれだけ学校運営ができるようになったか、といった「当面のニーズに応える」ための評価が中心となっている。しかし、このような目的論・機械論的な発想だけでは「根本的な問題」はなかなか見えてこない。

冒頭でふれた「持続」概念に依拠しつつ、既定のシナリオに沿った評価とは別の評価を進めるよう努めなければならない。「持続」状況に着目すれば、さまざまな帰結を生み出している事業全体の様相がくっきりと見えてくるはずなのである。

「持続」する支援活動を把握する

ベルクソンの提起した「持続 durée」とは、いわば全体を構成する部分が全体との関わりの中で意味を成していくような状態のことを言う。この「持続」性の中では、社会の諸事象はお互いにどこかで必ずつながっているのであり、それらの相互作用によってさまざまな事柄が次から次へと生起してくる。(7)

このような状態を再び先のコーヒーの例で想像してみることにしよう。毎朝コーヒーを飲んでいるAさんは、飲んだ後にはいつも頭が冴えわたり、それで一日の仕事がよくはかどっていると感じているかもしれないし、Aさんにカップをきれいに洗う習慣がないとすれば、カップにはコーヒー垢がたまっているかもしれない。あるいは、コーヒーに血液中のコレステロール値を下げる効用があるとすれば、Aさんの朝の習慣はAさんに動脈硬化の抑制という思わぬ薬理作用をもたらしているかもしれない。このように、「コーヒーを飲む」という行為一つ取って見ても、その周りにあるさまざまな事象との絡み合いが多岐にわたる帰結をもたらし得ると想像できる。その意味で「持続」状態とは、さまざまな可能性を秘めた「開かれた全体」（宇野　二〇〇一　三七）と言える。

仮に「コーヒーを飲むと頭が冴えわたる」という部分だけしか見ない人は、その他の部分を見逃していることになる。同様に国際協力の場合でも、所与のシナリオにとらわれて「開かれた全体」に注意を払わないとすれば、

(6)当支援事業の関係者は、それが自分たちの組織理念である住民主体の地域づくり支援（＝住民参加型アプローチ）に合致すると見なしているが（アーユス　二〇〇三　一五六）、この事業が所与のものとして捉えている市場中心主義（＝下層の人たちを切り捨てかねない）と住民参加型アプローチは根源的に相容れない面があることに留意しなければならない。

(7)ベルクソン曰く「変化が次々と起こること以外のものではないはずであり、その変化は互いに溶け合い、浸透し合い、正確な輪郭ももたず、［中略］それは純粋な異質性［を指している］」（ベルクソン　二〇〇一　七〇）。仮に人が世事のすべてを「純粋」に意識できたならば、多種多様な出来事が間断なく次々と起きている、という「異質性」に満ち溢れた状況が眼前に表れてくるはずである。

支援活動が内包している全体的な意味合いを見逃してしまう可能性がある。

「持続」という視点から支援事業の成果を検証する第一の意義は、そうした見落としを回避して、さまざまな事業の帰結をできるだけ包括的に把握し得るところにある。誰しもが自分をよく見せたいと思うように、国際協力団体も、評価を通して「うまくいった」という結論を導き出したいとする志向が強く（アーユス　前掲　二六）、都合の良い部分のみに光を当てたがる。しかし、そうなっては「国際協力団体のための評価」に陥ってしまうだろう。こうした風潮を改めるには、支援の成り行きを幅広い視点から検証することが必要である。

「朝にコーヒーを飲むと頭がすっきりして仕事がはかどる」という一見何の問題もなさそうな「わかりやすい」因果関係も、「開かれた全体」の中にあってはある種の疑いをもって把握する必要がある。と言うのも、「仕事がはかどる」理由には、その人の「睡眠の深さ」や「仕事の難易度」など別の要因も考えられ、コーヒーだけにその原因を求めることはできないからである。実際にはコーヒーは仕事の進捗にさほど影響を与えておらず、コーヒーと仕事の因果関係は事後的に解釈されたものかもしれない。国際協力においても、「こうしたから、ああなった」という風に短絡的に結論づけられない場合が多い。

さて、「持続」という視点から事業成果を検証する第二の意義は、国際協力関係者の間でよく使われてきたこの「持続」という概念の見直しを促すところにある。「持続」というと、国際協力関係者の大半は「持続可能な開発 sustainable development」や「持続可能性 sustainability」という言葉を思い描くだろう。前者は、将来世代に食糧不足や環境汚染などの負担を残すことなく、現在世代のニーズを満たそうとする開発戦略のことを指す言葉、後者は、個々の支援活動やその効果が途切れず続いていく見通しを指す言葉として知られている。いずれの言葉も、あくまで「持続」の達成に主眼を置いた目的論・機械論的な概念である。したがって、これらの言葉には、定められた目的に向かって突き進むというイメージはあっても、その目的自体を検証あるいは修正するといったニュアンスが含意されることはない。これに対して、全体性の中で常に予測のつかない方向へと進んでいくことをイメージさせるベルクソンの「持続 durée」概念を持ち出すなら、これまで支援従事者の間で常識化されてきた「持続」に対する解釈についても、発想の転換を図ることができるよう。

以下の節では、さまざまな成り行きに開かれた「持続 durée」状況に着目しながら、ブータンとネパールにおける参加型ガバナンス事業を検証する。参加型ガバナンスとは、従来型の住民参加型アプローチ（第3章参照）を草の根の個別事業で進めても、人びとの要求に応える国家体制の整備にはつながらないという反省から、住民参加を軸にした統治体制の構築を目指して取り組まれるようになった支援方式である（第3章補論参照）。能動的で活発な住民参加の促進、それに対応する能力を備えた国家制度の整備、という「方程式の両側」（ガベンタ　二〇〇八　四八）に働きかけることで、個別事業の枠組を定める大本の話し合い（＝地域開発の方針策定）に人びとが関与できるよう支援するのである。

実は、この参加型ガバナンス事業こそ、目的論・機械論的な発想の典型である。周縁に暮らす草の根の人びとの意向が国家の開発運営にきっちりと反映されれば、開発の恩恵がより広い層に行き渡り、国家の統治体制も充実する。そのような統治が定着すれば、住民参加は制度として根づき、実り多い開発が恒常的に進められるようになる――。まさに「ああすれば、こうなる」という因果関係を事前にこしらえた上での支援事業と言える。

こうした目的論・機械論的な発想は、部外者である国際協力団体側に都合の良い要素だけを抽出させ、「作られた因果関係」の狭い範囲の中で、支援の成果をただ理路整然と評価させるだけで終わってしまう場合もある。以下で取り上げるブータンやネパールのケースもこの例に漏れない。いずれも目論見通りに事が運んだ「成功」

例として喧伝されている事例であるが、「開かれた全体」の中にこの事業を置き直してみるとシナリオには表れないさまざまな成り行きが見えてくる。表面的には「成功」したと思われている事業でも、シナリオから一歩離れて検証してみると、思わぬ展開や帰結が見て取れる場合が少なくないのである。「持続」状況に留意しながら事業評価をしていく意味はここにある。

まずはブータンの事例から検証していきたい。

2　支援の成否は一筋縄に評価できるのか——ブータンの参加型ガバナンス事業

チベット仏教を国教とするブータン王国は、「国民総幸福」（GNH）を国是として掲げてきた。この言葉は、第四代国王ジグメ・センゲ・ワンチュック（在位一九七二—二〇〇六）が一九七六年に開かれたある国際会議の記者会見で口にしたことで世界的に知られるようになり、ブータン国内ではこの時の発言がきっかけとなって国是として認識され、政策として体系化されるようになった概念である。一言で言えば、GNH政策とは「国民総生産」（GDP）を最優先した経済中心の社会ではなく、経済発展を通して最低限の物的な福祉を保障しつつ、人びとが心豊かに暮らせる地域共同体を大切にしようとする政策のことである。

第四代国王は、人びとが安寧に暮らしていくには人びと自身による主体的な政治参加が今後ますます大事になっていくと考え、GNH政策の一環として「国民の政治参加の拡大」を目指す国政改革を進めた。政治リーダーの人選、国家や地域運営に対する人びとの能動的な参加を進め、地元の人びととの意向を反映した統治体制を整えようとする施策である。その一つが、二〇〇〇年代に入って政府の重点政策として注目されるようになった地方

図2　ブータンの地方制度

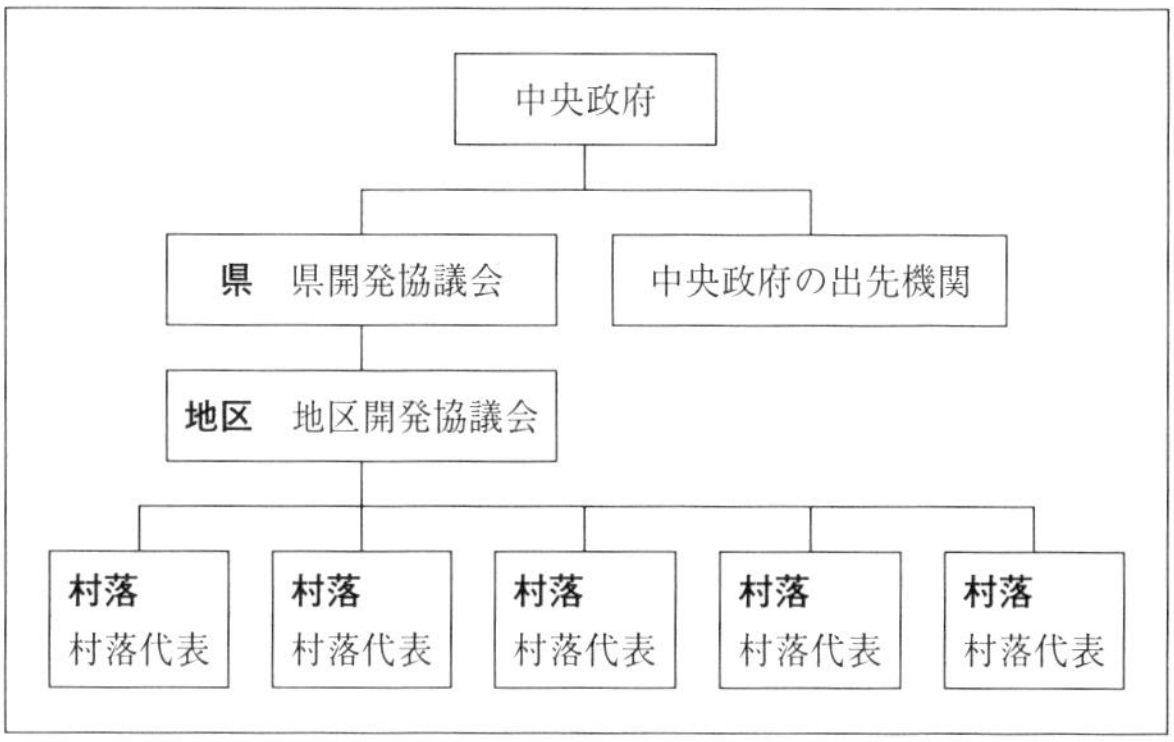

出典：筆者作成。

分権化である。

ブータンの地方制度は二〇の県と二〇五の地区から成る（**図2**）。一九八一年、地元の人びとの声を県の運営に反映させる仕組みとして、県内各地区の区長によって構成される県開発協議会が設置され、九一年には、区長を含む地区リーダーや地区内の各村の村落代表らによって構成される地区開発協議会が設置されて、各地区単位における住民参加の制度が整えられた。

「国民の政治参加の拡大」は、国王中心で進められてきた国政の運営を国民の代表（＝選挙で選ばれた政治家）に委譲することを柱とした二〇〇八年の憲法発布で大きな転換点を迎えたが、これに先立ちまずは地方レベルでその土台を築こうと導入されたのが二〇〇二年施行の地方分権化法である[8]。それまで区長の選出は各地区の合議に委ねられていたが、同法では普通選挙が導入され、有権者は複数の候補者の中から秘密投票によって区長を選べるようになった。そ

（8）地方分権化の推進と並行して、ブータン政府は二〇〇一年より成文憲法の制定の下準備を進めた。憲法の眼目は、国民議会選挙に政党制を導入し、国政選挙だけでなく地区選挙でも成人一人一人に等しく一票ずつ投票権を付与することで（従来は一世帯一票であった）、民意を幅広く問えるよう取り計らう点にあった。このように地方から中央レベルまで「国民の政治参加の拡大」を実現しようとする試みが、第四代国王の進めた政治改革である。

して選出された区長を中心に草の根で開発が進められるよう、地区開発協議会には開発計画を企画・実施する権限が与えられた。

各村の村落代表も、地区主体の開発運営の中で村びとと区長とのパイプ役として大切な役割を担うこととなったが、この役職の選出は区長の場合とは違って、当面は引き続き各村単位に任された。村落代表とはいわゆる「地区議員」職のことであるが、後述するように、それは必ずしもリーダー格の人物が務めるわけではなかった。

写真１　支援対象地となったＣ村。

事業のシナリオ——Ｃ村における地域主導の開発運営の試み

こうした中、ブータン政府は二〇〇三年にある国際機関の支援を受けて「地方分権化支援」事業を立ち上げた。この事業の主な活動は、各地区における小規模インフラ整備事業の企画・実施の支援であった。地方分権化法の施行以前には、地区単位の開発予算は付かなかったので、「地区主体の開発運営」というものは存在しなかった。そこで今回、地区開発協議会を軸とした地域主導の開発運営の端緒を開くべく、インフラ整備の資金・技術面での支援が行われることとなったのである。

本節では、ブータン西部のＣ村を事例として、この「地方分権化支援」事業を検証する（**写真１**）。Ｃ村はＡ地区内に点在する村の一つで、Ａ地区の中心地から林の中を歩いて約三時間、車では砂利が敷き詰められた未舗装の道路を約一時間上った標高約三五〇〇メートルのところに位置する。人びとは農業や畜産で生計を立ててきたが、近年ではその生活圏が現金収入や就労・教育機会を求めて村の外へと広がっており(9)、村びとの意識や関心は村や地区を超えて県や国を取り巻く状況に対しても及んでいる。また、地方分権化法の下で区長選挙を経験したり、国の環境保全政策（＝辺り一帯の国立公園化）で暮らしが大きく左右されていたこと(10)もあって、村びとの間では地方の政治や行政に積極的に関わろうとする機運が高まっていた。C村は今や旧習に縛られるのみの閉鎖的な場所ではなくなっており、その意味では、人びとが地域開発に積極的に参加できるよう道を開いた「地方分権化支援」事業は、時宜を得たものとして国際協力関係者の間では評価された。

しかし、そうした一面的な評価にとどまるならば、さまざまな要因が複雑に絡み合う「開かれた全体」から目を背けることにもなるのである。

この点について考察する前に、まずはC村での支援事業の成り行きを、支援のシナリオに沿った形で「理路整然」と紹介しておこう。以下は、この事業を支援した国際協力機関のある評価担当スタッフが二〇〇六年の現地視察中にまとめた評価報告書の要旨である。

(9)C村ではジャガイモやマツタケを栽培・採取して村外で売り現金収入を得る人びとや、村外の学校で寄宿生活を送る青少年が増えている。

(10)C村の辺り一帯では一九九〇年代半ばに国立公園に指定されて以来、薪、飼料、建材など、生活に欠かせない森林資源の確保に面倒な手続きが必要となっていた。また、公園の開発・整備によって野生動物が農作物を食べたり牛や馬などの家畜を襲うといった被害も増大していた。さらに、保護官による見回りを容易にしようと村は近くの町と幹線道路でつながれることになったが、開通後には村の大事な資源である木材がトラックで頻繁に持ち出されるようになった。このように国立公園化は村びとの生活を大きく左右することとなり、村びとたちは政府の自然・動物保護政策に不満を募らせていた。

写真2　Ｃ村での道路整備事業。本文中の歩道整備とは別の事業。

シナリオに即した分析——地域主導の道路整備

「地方分権化支援」事業の下でＣ村の人びとに小規模インフラ整備の企画・実施の機会が与えられたのは二〇〇四年のことである。

小規模事業を進めるに当たっては、はじめにＡ地区の区長やＣ村を含めた各村の村落代表が集まって、支援従事者から計画の策定方法や事業の実施手続きについてのオリエンテーションを受けた。次に、村落代表はそれぞれの村に戻って自分たちの村の事業案を練り上げた。その後、再びＡ地区で全体会議が開かれ、そこでの決定に基づきＣ村の場合は歩道整備事業を実施することとなった（**写真2**）。

Ｃ村においてこの事業が採用される決め手となったのは、①もともと同村の歩道は土をならしただけのものだったので、そこに石畳を敷けば雨季の移動の困難を解消し、衛生状態の向上も期待できること、②それに必要な石材が近辺で採取できること、③村内には石工技術を持つ人たちがいるため、村外の業者に頼ることなく直接村びとに賃労働の機会が与えられること、の三点である。こうした条件下であれば、インフラの整備と現金収入の確保という一挙両得が実現できるというわけである。

歩道整備事業は、Ｃ村の人びとに概ね歓迎されていた（**写真3**）。一般にこうした住民参加型のインフラ整備事業の場合、場所の選定が有力者によって歪められたり、一部住民が雇用機会から疎外されたりなど、事業の成り行きが地元の権力関係に左右されてしまうことがある。しかし、Ｃ村の歩道整備事業ではそうした問題は起きなかった。普段から寺や畑、牧草地などに行くために多くの村びとによって使われてきた道が事業対象に選ばれ、事業においては各世帯から毎日一人ずつ日雇いで作業に参加できることが決まったからである[11]。

C村の人たちは、ブータンの村びと一般がそうであるように、農作業、家畜の世話、家屋の修繕、冠婚葬祭など、生活のさまざまな局面で相互扶助関係を大切に維持しながら暮らしてきた（**写真4**）。そうした生活世界は生

写真3　C村の歩道整備事業。左端に石畳の歩道が整備された。

写真4　家族の無病息災を祈る法要の様子。毎年、冬の農閑期に各世帯で執り行われる。

(11) 働き手を全く出さなかった世帯が三軒あったが、それらは家計に比較的余裕があり、労務提供を自主的に控えた世帯であった。

活圏の拡大で多少変容はしていたものの、共同体の紐帯を大事にしようとする気持ちは共通しており、歩道整備事業もできる限り皆が納得できるやり方で慎重に実施されることとなった。

さて、国際協力機関の評価担当スタッフが描いたこうしたC村の状況から見れば、同村でのこの小規模インフラ整備事業は「成功」例として捉えることができる。しかし、シナリオから一歩離れ、さまざまな事象が複雑に絡み合う「開かれた全体」からこの事業を眺めてみると、必ずしも手放しでは評価できない側面も見えてくるのである。

シナリオにはない展開——社会の分断化に対する危惧

既定のシナリオに沿って事業の評価を行っただけでは支援の帰結の全体像は見えてこない。冒頭での朝のコーヒーの例えと同じように、参加型ガバナンスの営みは社会の諸事象と別個に存在しているわけではなく、むしろ社会の諸事象との相互作用によって多岐にわたる成り行きを生み出している。そうした「持続」状況をも視野に入れるならば、C村での事業成果を前段のようなまとめ方で「理路整然」と報告するだけでは不充分である。事業がもたらした影響をより包括的に分析するには、以下のような「開かれた全体」にも可能な限り目配りしていく必要がある。

村落代表の負担　表向きはうまく進んだように思える「地方分権化支援」事業の陰で冷や飯を食わされることになったのが、村落代表である。地方分権化法の下で地区開発協議会の役割が拡大されるに伴い、地区と村のパイプ役となる各村の村落代表たちに負担が重くのしかかってきたのである。

C村の村落代表は今回の小規模インフラ整備一つに限っても、計画段階におけるオリエンテーション会議への出席や実施段階における進捗報告、村びとの労賃の受け取りなどのために、何度も何度も地区事務所に足を運ばなければならなかった。また村落内においても、寄り合いの開催の手はず、労働者の招集、労賃の支払いなど、さまざまな責務をこなさなければならなかった。しかも、当時のブータン政府には各村落代表に給与を支払えるだけの財政的な余裕はなかったので、村落代表は村外出張手当てを手にする以外、無給で働くこととなった。

村落代表の選出方法についても、政府政策の盲点が浮き彫りとなっていた。上述の通り、二〇〇二年の地方分権化法で区長は普通選挙で選ばれるようになったが、村落代表の選出は旧来通り各村の都合に委ねられた。それまでC村における村落代表の役は実質的に村の運営を取り仕切っていたあるリーダー格の人物が長年務めてきたが、同法の施行によってこの役職は使い走りとしての性格が強くなったことから、同村ではこれを境に村落代表を一年ごとに入れ替える輪番制に変えた。地方分権化の恩恵にあずかるためには、村の誰かがこの役職を引き受けなければならなかった。

問題は、この輪番制によってどのような層の人たちが選出されたかである。選出されたのは、村内で大半の時間を過ごす人たち、つまり、村で農作業や家畜の世話に従事している人たちだった。現金収入や就労・就学機会を求めて村を出る人たちが少なからずいる中、おのずと村内に残る人たちがこの役職を引き受けざるを得なかった。村落代表の役目が降りかかってきた農民とその家族の負担は並大抵のものではなかった。

このような事情を踏まえると、国際協力機関の評価担当スタッフによる先の報告は、事業を先に進めたい立場にある当人たちや政府役人によって都合良くまとめられた結果の産物であったことが見えてくる。「地元主体の開発推進に対する支援が村落社会の発展に貢献した」という「理路整然」とした説明は、輪番制で村落代表の役が廻ってくる農民やその家族の苦労を省みることのない空言とも把えられる。

第四代国王による国政改革の眼目は、従来のように政府の庇護に人びとが安住してしまうことのないよう、「国民の政治参加の拡大」を目指すことに置かれた。その実現のために草の根で開発事業を推進しようとしたのが、国際協力機関の支援下で行われたブータン政府による「地方分権化支援」事業であった。しかし、村落社会がその恩恵を受けるには村―地区間の使い走りとなる村落代表を供出しなければならなかった。つまり、この事業の表舞台では国家と地元社会の間にあった旧来の「庇護―追随 **patron-client**」関係は改められたが、裏舞台ではまた別の「庇護―追随関係」が生まれていたということである。目的論・機械論的な狭い視座で支援成果を判断してしまっては、そうした二面性は見えにくくなる。

「個人主義」の横行　ブータンの国政改革が地元社会にもたらしたもう一つのしわ寄せは、「国民の政治参加の拡大」と同時に広まることとなった「個人主義」(＝共同体とは区別された、個々人の自己決定を尊重する考え方〈注12参照〉)をめぐる問題である。自立した個人こそが社会の基盤になる――こうした前提で進められた改革には、力を持つ者は「自由」にしてよい、という強者の論理を正当化しかねない面があった。

改革という衣に貼り付いたそうした弱点を証明するかのように、隣のB地区の区長が橋の建設工事に絡む汚職事件で逮捕されるなど、政治家による不正は全国至るところで問題となっていた。また、C村やその周辺一帯を範囲とする国立公園内の一部では深刻な森林破壊が進んでいたが、これには不法な森林伐採で富を得ているらしいある実業家が絡んでいると目されていた。

このように力を持った特定層に対する不信感が高まる中、C村の歩道整備事業でもA地区の区長による横領疑惑が一部の村びとの間で噂されていた。当時、現地調査を行っていた筆者はこうした風聞に一定の距離を置いていたが、周囲の話によれば、地区の帳簿に、村びとに支払われた労賃以上の金額が「賃金」として記載されていたと言われる。この疑惑によって区長は二〇〇五年の区長選での立候補を断念したが、事の真偽はともかく、ここでの村びとの心配は、村びとにとって有益なはずの「地方分権化支援」事業も、新たな権限を付与された区長によって今後も職権の乱用が繰り返され、村びとたちの間に分断を生みはしまいかという危惧であった。先にふれた村落代表の負担の偏在、つまり村で過ごす時間の多い農民に村落代表の仕事が降りかかってしまうということも、そうした懸念に拍車をかけた。

ただし、村びとはそうした不公平感や心配ばかりに甘んじながら「地方分権化支援」事業に参加していたわけではなかった。村の分断化にできる限り歯止めをかけようと創意工夫も凝らしていた。先述の通り、歩道整備事業での労賃は（一部の例外を除いて）全世帯に工期全日程分が支払われたが、村びとによくよく聞いてみると、実際には二週間の工期中に、日々の生活に追われてその半分近くを休んでしまった世帯も数軒あった。しかし、それでも全世帯に全日程分が支払われた。なぜか。もし労働日数に応じた支払いを行ったならば、毎日工事現場に人を出せる時間的余裕のある世帯がそうした余裕のない世帯を出し抜くことになる。そうすると、地域共同体が大切にしてきた互酬関係を弱めてしまう。村びとたちはその点を配慮し、毎日各世帯から一人ずつ働き手が来たことにしたらしい。「実働に応じて対価を支払う」という政府規則に照らせば違反行為である。そのことを村びと自身も承知していたが、村びとにとってこの規則をそのまま受け入れることは、共同体の紐帯を軽視し、個々人の力のみが尊重される「個人主義」の風潮を受け入れることを意味したのである。(12)

とは言え、すでにC村の人びとの生活圏は就労や教育の機会を求めて村外へと及んでおり、「地方分権化支援」事業に関わるさまざまな機会や手間仕事を平等に分かち合うことはもはや難しくなっていた。地方分権化政策で特権を得た有力者たちの職権乱用も全国各地に広まっていた。そうした中で進められた「地方分権化支援」事業は、地元社会の分断化に拍車をかけ、共同体の紐帯を弱体化させかねないという意味で、諸刃の剣であったのである。「『地方分権化支援』事業は地域開発の方針決定において住民参加の機会を開き、開発の便益を草の根に行き渡らせた」という目的論・機械論的な評価にとどまっていては、C村支援の全体像に迫ることはできない。

3　なぜ「支援結果の両義性」を検証するのか——ネパールの参加型ガバナンス事業

ブータンのC村で行われた「地方分権化支援」事業は人びとの間に、地域開発へ主体的に参加しようという機運を高めた一方で、地域共同体の紐帯を弱めかねないという危惧を生み出した。

支援従事者に求められるのは、このように、人びとにとっては歓迎もするが不安もあるという複雑な成り行きに着目することであるが、一方では、そうした両義性に着目すればするほど、支援従事者は事業の成否を明快に示すことが難しくなってくる。C村のケースのように、村びとの不安を社会全体の流れに関わる問題として捉えようとすると、個別事業のレベルでは対応し切れない大きな難題にぶち当たってしまう。そうなれば、支援従事者のみならず地元関係者も出口の見えない袋小路にはまり込んでしまうかもしれない。

こうした懸念から、国際協力団体の多くはあらかじめ決められたシナリオの範囲内で評価を進めがちとなる。「組織の意思決定に活用される評価を行うためには、評価結果がわかりやすく、使いやすく、役に立つものである必要がある」（三好　前出）という考え方が優先される所以もここにある。

実際、国際協力の現場では、現実的に対処できる範囲に的を絞って事業評価を進める傾向にある。その範囲以外の実情把握を蚊帳の外に置き、シナリオ外に生じた重要な帰結から目をそらし、事がシナリオ通りに運んでいれば良いとする傾向が強い。すなわち、「当面のニーズに応える」ために「根本的な問題に向き合う」ことが二の次になっているという状況である。

本節ではネパールで行われた国連開発計画（UNDP）による参加型ガバナンス事業を取り上げながら、この点についてさらに考察を深めたい。

支援下の「ローカル・ガバナンス・プログラム」

ネパールではブータン王国より一〇年ほど早くから、地方分権化のための国際協力に注目が集まっていた。同国では一九九〇年に政変が起こり、それまでの王政から複数政党制による議会政治へと移行したが、この時打ち出された重点政策の一つが地方分権化である。

ネパール政府は一九九三年に国連開発計画（UNDP）の支援の下、「ローカル・ガバナンス・プログラム」

(12)「個人主義」は必ずしも「共同体」と対立するわけではない。社会学者ジェラード・デランディは、共同体規範を大切にするために人びとが創意工夫を凝らそうとする姿勢を「集合的個人主義」と呼んで、他者とは明確に区別された個々人の自由・自立を尊重する西洋近代的な「個人主義」と分けている（デランディ　二〇〇六　一七四―一七五）。C村での歩道整備事業で労賃を全世帯に等しく分配することを考えつき、それを実行した人たちには前者の「集合的な個人主義」が働いていた。一方、村びとたちが憂慮していた「個人主義」の風潮とは、後者の西洋的「個人主義」の台頭である。

図3　ネパールの地方制度

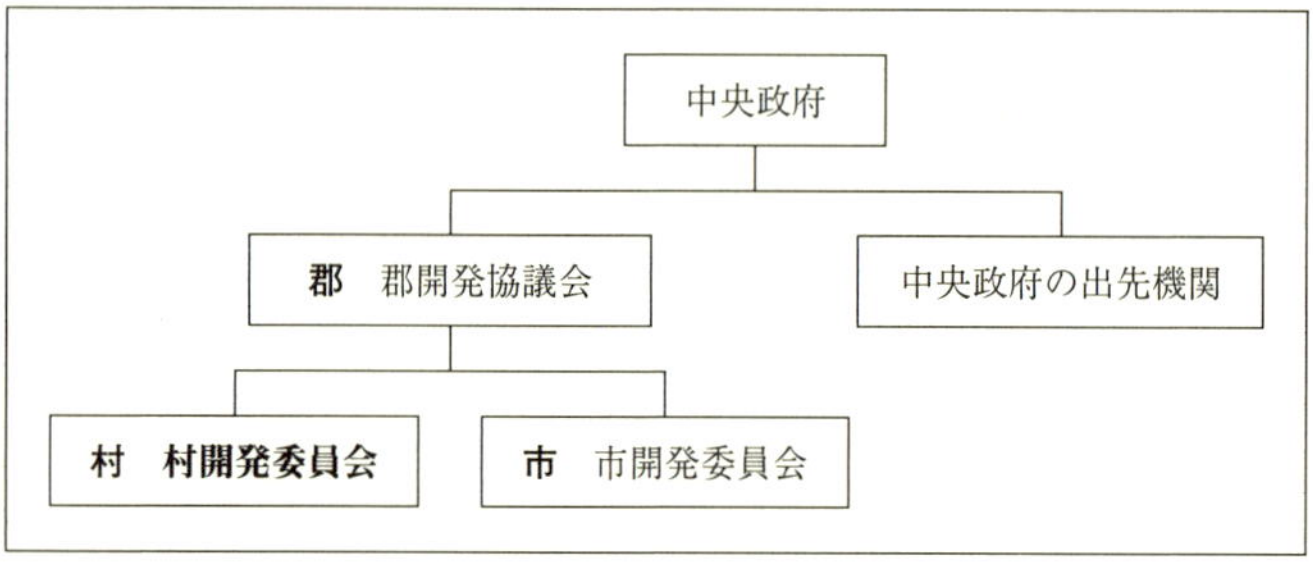

出典：筆者作成。

（当初は別名）を立ち上げた。その前年には地方分権化政策の一環として地方自治法を制定していたが、UNDPの支援事業の目的は、同法に基づく分権化政策を支援するにあたって、必要な資金や技術的サポートを提供することにあった。

　地方自治法の成立によってネパール国内の七五の郡と、その下にある三九一二の村、および三六の市のそれぞれには選挙で選ばれた委員長・委員からなる開発委員会（決議・執行機関）が設置されたが（**図3**）、「ローカル・ガバナンス・プログラム」が特に力を入れたのは、村レベルで行われる新たな開発事業の発案活動の推進である[13]。具体的には、各村でワークショップを開き、村単位で必要と思われる開発事業案を村びとどうしで出し合い、それを集約して郡開発委員会に提出するという活動を推進することである。

「ローカル・ガバナンス・プログラム」の目的は、地域開発の方針作りに住民が積極的に参加できるように促すことにある。民主化後のネパール社会は、それまで差別や排除に苦しんできたさまざまな社会集団による権利要求運動が活発化し、集会やデモが頻繁に行われるようになっていたが、支援従事者たちは、そうした世直しの機運が高まる中で同プログラムを支援したならば、生活困窮者の声をより良く反映した開発が実現できるようになるのではないか（＝機械論的発想）と考え、その路線を追求することにした（＝目的論的発想）のである。

包摂と排除が絡み合うネパールの「成功」例

ネパールのD村で行われた「ローカル・ガバナンス・プログラム」の事例は、こうした目的論・機械論的な構図にぴったりと当てはまる。D村はネパール西部のインド国境近くに位置し、第2章で取り上げたB村の川向こうにある村である。第2章で述べたように、付近一帯は一九世紀半ばに英領インドからネパールに併合された地域だが、この地の先住民は当時の統治者が送り込んだ移民によって先祖伝来の土地を取り上げられ、以来今日に至るまでその大多数が「土地なし農民」として移民地主の下で働き続けてきた。先住民に無償労役を負わせるという因習も温存され、筆者が現地調査を行った二〇〇〇〜二〇〇一年時点でも、灌漑水路や道路などのインフラ整備においてそれは続いていた。

一九九〇年の政変は、B村同様、D村周辺の村々においても先住民間の連帯を生み、先住民の地位向上の機運を確実に高めていたので、[14] 村単位の声をより良く反映する開発体制の整備を掲げた「ローカル・ガバナンス・プログラム」への支援は時宜に適った取り組みとして評価された。

D村に「ローカル・ガバナンス・プログラム」がやって来たのは一九九九年のことである。新事業の発案のた

(13) 村レベルで行われた「ローカル・ガバナンス・プログラム」のもう一つの柱は、既存の開発事業の進捗状況や改善点について村びとどうしが話し合い、それを集約して郡開発委員会に提出するという活動の推進である。本節で事例として取り上げるD村では、この既存事業への要望活動も、新事業の発案活動と同じような課題（後述）を生んでいたが、詳細は真崎（二〇〇九　四一―五二）を参照のこと。

写真 5　D村の埋設溝。

めに開かれた村びとたちによる初会合（村開発委員会が主宰）では、寺の建立や集会所の建設などいくつかの要望が出された。しかし、同プログラムが掲げる選定基準の一つ、「貧者への配慮」を軸に話し合いを煮詰めることとなり、最終的には貧しい生活を余儀なくされている大半の先住民が求めていた埋設溝の敷設事業を最優先し、その要望書を郡開発委員に提出した。そしてこの案が採用され、中央から郡に下りる地方交付金を用いて事業が実施されることとなった。

確かに、同村には田畑に水を引くための水路や水はけを良くするための排水溝が至るところに張り巡らされていた。雨季にはそれらが村びとたちの移動の邪魔となることが多く、特に農作業や荷の運搬などで荷車を用いることの多い先住民にとっては深刻な悩みだった。そのため村の大通り沿いには以前から水路を小さな管で埋設する溝が敷設されていたが（**写真5**）、それ以外の横道にも同様の対策が求められていた。このような背景のもと、支援従事者にとってこの敷設工事は理に適ったものと評価され、「住民主体」の事業は完成に向けて着々と進められていった。

先に筆者はD村でのこの支援事業について「目的論・機械論的な構図にぴったりと当てはまる」ケースであると述べた。つまり、「ローカル・ガバナンス・プログラム」を進めれば開発運営から排除されがちであった先住民の声が地域開発の方針策定に着実に反映される、という因果関係（＝機械論的発想）のもとで、参加型ガバナンス支援が目論見通り（＝目的論的発想）に進められた事例として、D村支援はこの構図を明らかに体現しているのである。しかし、想定されたシナリオ通りに事が運んでいるのを確認するだけでは、被支援者の裨益状況の全体像を把握したことにはならない。

D村の場合、埋設溝の敷設事業自体は、農作業や荷の運搬など先住民の日常の労役の効率化に資するものであった。しかし、先住民にとっての切実な社会的背景、つまり大半の先住民が移民地主の下で農作業や荷の運搬に役さなければならないという不平等な階層構造を変えるわけではなかった。それどころか逆に、先住民へのこうした「配慮」は現行の社会体制に対する先住民の不満を抑え込む効果を生み、移民支配の存続に力を貸す役割を果たしたとも言える。実際、敷設工事における労務の一切は因習通りに先住民が担わされ、移民層が参加することはなかった（次頁**写真6**）。「ローカル・ガバナンス・プログラム」は、先住民の大半が移民地主の下で小作人や労働者として使役されるという社会の根本的な仕組みに対しては全く手をつけることなく進められたのである（UNDPが政治的配慮から同プログラムのそうした弱点を一部認めたことについては注15を参照）。目的論・機械論的発想に閉じこもった支援活動を続けている限り、こうした正負両面が絡み合う「事業結果の両義性」（＝「開かれた全体」）を見通すことは難しい。

当時、この「ローカル・ガバナンス・プログラム」は、生活困窮者抑圧の統治のあり方を変革すべく権勢を拡

(14) その最たるものが、地元の移民有力者と先住民との間の政治的な提携関係の高まりである（第2章補論参照）。政党政治の下で各政党が票集めを重視するようになると、移民地主の地域リーダーは自分の所属政党を支持した先住民への見返りとして、生活改善に関わるさまざまな便宜を図るようになった。また、言論や結社の自由の広まりの中で、先住民によるさまざまな権利要求の動きも活発化していた（第2章で取り上げた土地獲得運動もその一例）。これにより移民地主は従来のように先住民を抑圧しなく／できなくなっていた。

写真６　灌漑用水路建設のために労務提供を課せられるＤ村の先住民（本文中の埋設溝敷設工事とは別事業）。こうした不平等な慣行は、地方分権化では是正できない。

げていたマオイストに問題視されていた[15]。もっとも、マオイストは同プログラムが先住民の生活改善に寄与していた面については無視しており、その点ではマオイストによる批判も「開かれた全体」から都合の良い部分だけを取り出したものであったが、いずれにせよＵＮＤＰによるこの参加型ガバナンス事業は、地方分権化政策を掲げるネパール政府への支援を通じて、地域開発の方針作りへの住民参加を進めようとしたものの、皮肉にも地元住民の不満を招き、マオイストを中心とする反政府運動や、それらと連結した先住民による権利要求運動を後押しすることに貢献したと言える。

まとめ――「持続」状況下の事業結果に着目する

本章では、国際協力の「成功」例として喧伝されることの多いブータンとネパールでの参加型ガバナンス事業を取り上げた。地方・草の根レベルで住民と政府の接点を増やせば、周縁の人びとの意向が開発運営により良く反映され、ひいては開発の恩恵がより広い層に行き渡るようになる。ブータンとネパールで行われた参加型ガバナンス事業の事例は、正に両国政府の民主化政策の下で世直し機運が高まる中、こうした目的論・機械論的発想に沿ってシナリオ通りに事が運んだ時宜に適った支援として評価された。

しかし、そうした評価の仕方は、あらかじめ設定されたシナリオから都合の良い部分だけを拾い出し、もっともらしい因果関係を描いてみせた見解にすぎない。事業のシナリオから一歩離れ、「開かれた全体」、すなわち対象社会で起きている諸事象との絡み合いの中で事業成果を分析すると、事業全体を取り巻くさまざまな様相が見えてくる。「持続」状況の中にあっては、たとえ計画通り文句なしに事業が進んでいたとしても、往々にして意図せぬ帰結がつきまとうのである。

また、ここでも言及せざるを得ないが、ネパールで行われた「ローカル・ガバナンス・プログラム」が先住民を不利な立場に追いやる地元社会の因習の枠内で進められていたように、国際協力活動一般においては被支援者の生活改善を手助けするという「当面のニーズ」が優先され、それを取り巻く「根本的な問題」については二の次にされることが多い。活動がシナリオ通りに運べば運ぶほど、支援従事者は安心感を持ち、支援そのものが地

(15)マオイスト（ネパール共産党毛沢東主義派）とは、毛沢東主義に基づく「人民戦争」を起こそうと考えたネパールの共産主義者たちが一九九五年に組織した政治結社を指す。また「人民戦争」とは、まずは農村部で反政府闘争を展開しながら農民たちの人心を掌握し、次に「農村部から都市部を包囲する」ことで、農民階級が中心となった「新民主主義」を達成しようとする大衆動員型革命路線を指す。一九九六年に西部山岳地帯で「人民戦争」を開始して以降、民族、カースト、貧困などに起因する社会格差を問題視するマオイストの姿勢がまたたく間に多くの国民に受け入れられ、二〇〇六年からは政党として国政に参加している。マオイストは「ローカル・ガバナンス・プログラム」の実施時は武装闘争の最中にあったが、不公正の再生産につながりかねない同プログラムは格好の政府政策批判の材料となった。このプログラムを支援してきた当のＵＮＤＰも、活動の便益が一部住民に偏りがちとなり、「人民戦争」の拡大に加担する面があったことを二〇〇一年の報告書で認めている（UNDP 2001）。

元社会に温存されている不公正を再生産しかねないという矛盾に意識が向きにくくなる。

もちろん、国際協力団体がこうした社会矛盾に正面から立ち向かったとしても、その解決に通じる特効薬を見出すことは容易でない。大きな課題にこだわりすぎると、どのように人びとに寄り添えば良いのか迷いが生じ、活動を進めること自体がままならなくなる。序章でふれた、結婚式の当日に自分の研究室に閉じこもってしまった化学者のように、「根本的な問題に向き合う」ことを無意識の内に避けてしまい「不快からの心理的逃走」が起きてしまうのは、こうした事情による。

とは言え、国際協力活動の通常のマニュアルにさえ、事業を始めるに当たっては、地元社会が置かれている政治・経済・社会状況を「外部条件」と位置付け、それらが支援の妨げとなり得るか否かについて事前に見通しを立てておくよう勧められている（序章参照）。事業を評価する段階においても、同じように「外部条件」に着目し、それが活動の成り行きにどのように影響したかを検証するのは決して特別なことではない。少なくとも本章冒頭でふれたように、「評価データの質を高めるためのＤＡＣの指針」**（表２）**を都合よく解釈し、「有用性」がないという理由だけで「外部条件」を棚上げし、現実に対処できる部分のみで評価を行う限りは、支援活動につきまとう矛盾（＝支援活動が不公正の再生産を後押ししかねないという矛盾）は放置されたままとなる(16)。

ただし、この議論においては留意しておくべき点が二つある。一つは、さまざまな成り行きが錯綜する「持続」状況においては、どれだけ包括的な事業評価を試みても、「すべて」を把握することの不可能性という限界からは逃れられないことである。世の中の諸事象が複雑に絡み合う「開かれた全体」にあっては、ベルクソンが指摘するように、「意識的に知覚されて在ることは［中略］在るものが限定され、減少することに他ならない」（市川　一九九一　五〇）からである。

二つめは、たとえ包括的な視点で事業評価をしている自負があっても、事業の成否を決めるのはあくまで地元の人びとだということである。本章が行ったブータンとネパールの事例分析では、支援活動が不公正な社会構造を助長あるいは再生産してしまいかねないと問題提起したが、実際にはこうした負の側面が地元の人びと自身の間でも問題化され、地元の人たちは自分たちの意志でそれを乗り越えようと新たな取り組みを始めることとなった。このように事業の成り行きは支援従事者側の意図せざるところで、被支援者の側でもさまざまに展開していくのである。

しかも事業の成否は単純明快には判断できない。そう感じているのは他でもない地元の人びとである。支援の対象となった人びとが、その事業にある側面では歓迎しても、別の側面では躊躇を覚えることがある。支援従事者はいかなる場合であれ、人びとの暮らしの鳥瞰図を把握できたという全能感に陥ってはならず、事業の成否はあくまで地元の人びとが決めるという原則を忘れてはならない。

その意味で、被支援者自身が行う「参加型評価」は、「持続 durée」状況に注目した評価を実現する上で参考になる。事業の成り行きを身近に見ている被支援者自身が自ら事業の評価を行えば、より実態に即した支援の成

(16)しかも、「外部条件」に目をつぶり、シナリオに沿って評価をしておけば良いとする消極的な姿勢は、本章の冒頭で示した評価ガイドライン（**表1**　DACによる評価五項目）の中の二つの評価項目にさえ抵触する。すなわち、「意図しなかったプラス及びマイナスの効果も含め、政治、経済、社会、環境などに対する幅広い効果を問う」（「インパクト」）や「技術、組織、制度、財務・政治・経済・社会情勢などに照らして総合的に検討する」（「自立発展性」）という評価項目の定義に示されるように、支援活動のシナリオにこだわらず、幅広い視点から総合的な評価を行うことは、国際協力の一般的なガイドラインでも求められているのである。

否が明らかになるかもしれない。もちろんここでも、「住民がただ事業評価をすれば良い、そのための手続きを踏めば良い」といった目的論・機械論的発想にはまり込んではならない。そうした手際の良さだけを追求したならば、第3章で考察したように、住民参加は形骸化し、従来型評価と同質の問題を孕んでしまう。すなわち、既定のシナリオから外れた問題提起はなされなくなり、型通りの報告しかされなくなる可能性が高い[17]。大切なのは、「参加型」という形式にこだわることでなく、住民主体の「参加型評価」であれ支援従事者主導の「非参加型評価」であれ、「開かれた全体」を見据えた評価、人びとの生活実感を踏まえた評価を実現できるかどうかなのである。

そうした事業評価を実現していくためにも、支援従事者は、オーケストラのコンサート会場で聴衆がいろいろな楽器のシンフォニーをありのまま聴こうとするように、世の諸事象が絡んで響き合うさまざまなメロディーと、十把一絡げには捉え切れない地元の多種多様な声に耳を澄ますべきである。その音や声の「すべて」を聞き分けることはできないが、「開かれた全体」の中に身を置くことはできる。さまざまな支援の成り行きにできる限り目を配れるよう、「持続」状況に着目した事業評価が求められている。

---

(17)「参加型評価」とは、住民参加型アプローチ(第3章参照)に基づく事業評価のことであり、評価の計画作りから、データの収集・分析、結果の取りまとめまでの全工程を被支援者中心で進めてもらおうとするものである(注2参照)。つまり、「住民主体で進められるプロセスに国際協力団体が参加する」というスタンスに立った事業評価である。しかし、実際には、「[地元の住民は]知識をもっていない[と支援従事者が見なしてしまう]のが通常であるから、評価専門家がリードして[計画を]策定するか、あるいは一定のトレーニングを行った上で協働で策定する」(源 前掲 二〇〇七)ことが多い。そこで、対処が容易ではない大きな課題が明らかにされては困る支援従事者は、「トレーニング」という名目で、被支援者にはシナリオに沿って事業の成否を問うだけの、「有用な評価」を強いてしまいがちとなる。

補論　「人びとに寄り添う評価」を目指すことの大切さ

筆者が初めてブータンを訪れたのは二〇〇四年三月、ある国際協力団体の支援事業の評価調査に参加した時である。町でも村でも多くの人たちが伝統衣装を身にまとい、寺院だけでなく、道路脇や丘の上などあらゆる場所に、仏塔や祈願旗が立っていた。ヒマラヤ山脈の尾根と渓谷が織り成す雄大な自然は果てしなく続き、「最後の秘境」と呼ばれるにふさわしいその豊かで美しい文化遺産と自然景観には深い感動を覚えた。

その後は年に一度は必ずブータンを訪れるようになったが、訪問を重ねていくうちに、ブータン政府が世の動きに先んじて先見性ある政策を次々と打ち出し、それらを着々と実行している姿に感銘を受けるようになった（もちろん、それらの政策も「開かれた全体」の中で進められるので、良い帰結ばかりを生んできたわけではなかったが）。

政府が進める地方分権化政策を例に挙げれば、その先見性は、地区役場の周辺に政府出先機関を集中させ、そこを地域の行政サービスの拠点にしようとする計画にも見て取れた。将来、地元住民が保健や農業、畜産などさまざまな分野で行政サービスを一層求めていくであろうことを見越して、効率良くそれらを提供できるよう取り計らう計画である。一気に全国隈なく整備できる財政的な余裕はないが、それゆえにできるだけ早い段階から一つ一つ計画を始動させ、少しずつ目標達成に向けて歩を進めようというのが政府の方針であった。

写真 7　建設中の地区役場。地区での行政サービスの拠点づくりの第一段階である。

その様子は筆者が訪問する度に手に取るようにわかった。たとえば、ある地区を初めて訪問した時にはまだ地区役場の建物は建設中だったが（**写真 7**）、次（八ヶ月後）に訪ねると電話と電気が通っていて、三回目（さらに一五ヶ月後）には村役場の横に保健所が併設されているといった具合に、テンポは決して速くないものの、行政サービスの拠点作りは着実に前進していた。

政府による民主化政策（＝「国民の政治参加の拡大」政策）も、同じように先を見越し、まだそれを求める社会的な動きがさほど目立たない内から着々と進められてきた。確かに、国王中心の安定した政治運営が順調に進んできたのになぜ民主化の必要があるのか、という疑問を持つ人がブータン内外には少なからずいる。しかし、C村に見られるように、村落共同体の住民たちの生活圏が総じて村外へと及ぶ中、村びとたちは外の状況に対しても目を向けている。村内の自分たちの暮らしが地区や県や国の運営にいかに左右されているのか、これまで以上に政治や行政のあり方に物言う意識が全般的に見られ始めているということである。その意味では、「上からの民主化」と見なされることの多いブータンの近年の政治改革も、実際には「下から」出始めていたそうした社会の動きを察知して、手遅れにならないうちに「上から」手を打とうとする政策であったと見ることができる。

その分、この民主化政策には、これまたC村に見られるように、充分に心の準備ができておらず戸惑いを覚える住民も多い。国や地域の運営に住民一人一人が意見を出しやすくなったことを歓迎する一方で、個人の自由や自立を重んじるその政策が、従来の地域共同体の紐帯を弱めかねないと憂慮する人たちも少なからずいるのである。

地域共同体の紐帯を大切にする暮らし

では、民主化政策はどのように地域共同体の紐帯を脅かしているのか、まずは地域共同体の結びつきを大事にする人びとの暮らしぶりをＣ村の例から見てみる。

Ｃ村の人たちは、農作業や家畜の世話、あるいは家の修繕や薪の採集など、生活のあらゆる局面で助け合いながら暮らしてきた。村の周辺にはそうした仕事を頼める業者は存在せず、村びとにも人を雇えるほどの現金収入はない。そのため、木造家屋の補修一つにしても、木材運搬から工事までの全工程を隣近所の人たちが総出で手伝うなど、人びとは持ちつ持たれつの関係を大事にしてきた。

互助のしきたりを維持する上で、村のさまざまな仏教行事は大事な役割を果たす。たとえば、冬の農閑期には家族の無病息災を祈る年に一度の法要が各世帯単位で行われるが、この時とばかり各家の主人は隣近所に盛大にご馳走を振る舞う。普段は往き来のない家からも人がやって来て一緒に食事の準備をし、賑やかに談笑する、といった風景がよく見られる。どの社会にも見られるような揉め事も絶えないが、それゆえ宗教儀礼は村びとどうしの絆を確かめる大事なイベントとして機能している。

もちろん仏教は社交のためだけに存在するわけではない。仏教の教義は村びとが日常生活を送る上で大切な指針として機能している。

写真8　ブータンのある村の風景。集落の中心部に寺院が構える（C村とは別の村）。

筆者は二〇〇六年以降、毎年一、二回はC村を訪れ現地調査をさせてもらっている。訪問当初は「どうしてわざわざこんな遠くまで何度もやって来るのか」と不思議がられたが、そのたびに筆者は「物的な充足の追求に偏ることなく、人びとが心豊かに暮らせる地域共同体のあり方について学びに来ている」と社会調査に訪れる理由を説明してきた。しかし、この言い分は今でもなかなか受け入れられていない。その代わり、今では「前世はきっとこの村の住人であったに違いない」といった歓迎のされ方をしている。

このエピソードは何も、村びとが「迷信深い」という意味で挙げたのではない。学校教育を受けた人たちが村の半数以上になる現在、人びとは輪廻に「科学的根拠がない」ことを自明の理として受け止めているようだし、社会調査がどういうものかについても知っている。それでも、万物はお互いにつながり合いながら存在する（＝「縁起」）という仏教的な世界観を大事にしてきた村びとにとって、外部の訪問者を受け入れる時には「一個人が調査に来ている」とするよりも「われわれと縁があって来ている」と考える方がしっくりとくるのである。

C村の寺院の本尊にはブータンに初めて仏教を伝えたとされる高僧が祀られており、また瞑想の師として国中でよく知られる別の高僧の像も安置されている。C村にはこの二人の高僧が八世紀と一四世紀にそれぞれ村で説教を行ったという言い伝えがある。年に何度もお祭りが開かれるこの寺院には、普段でも多くの人が参拝に訪れ、お布施を欠かさない。二〇〇二年の地方分権化法によりインフラ整備の予算が各村に配分されるようになったが、C村ではほぼ毎年、この資金を寺の建物の維持・修復に当ててきた。寺がいかに村の人びとにとって大切な場所であるかが伝わってくる（**写真8**）。

ブータン仏教の開祖とされる先の高僧が鬼神を鎮圧したと伝えられるいくつかの場所は、今も村びとの精霊信仰の対象となっている。そのうちの一つ、村を見渡す高台では、鎮座する精霊の機嫌を損ねれば天候不順で凶作が起きかねないと、村びとたちは供物を捧げて雨乞いや日照り乞いをする。二〇〇八年の雨季に筆者が学生を連れてこの村に一泊した際には、その日の晩だけ雨が降りやみ、学生たちはキャンプファイアを楽しむことができた。村の校長は、同年に開催された北京オリンピックで中国政府が人工的に雨を止めようとして四苦八苦したことにふれ、「科学技術では対処できない難題をこの精霊は解決してくれる」と（「科学的根拠」がないことを知りつつ）話してくれた。

こうした精霊崇拝の背景には、遠い祖先の代から自然の恩恵を受けながら暮らしてきたというこの村の歴史がある。たとえば、ジャガイモは雨季の始まる頃にちょうど収穫期を迎えるが、取り入れ前に雨が降りすぎるとその年は不作に終わる。また森林保全をしっかりしておかないと、薪、飼料、建材など、生活に欠かせない資源は失われてしまうし、野生動物が村に下りてきて農作物を荒らしにくる。自然に宿る霊に感謝の気持ちを忘れないよう皆で参るのはそうした災厄から逃れるためである。

民主化に伴う地域共同体の分断化

「万物は関係し合う」という信仰心を礎とし、人びとどうしの紐帯や自然との共存を大事にしてきた村

写真9　首都ティンプに張り出された国民議会選挙の公示。二名の候補者（別の政党に所属）の選挙公約が記されている。

びとたちの生活観からすれば、近年の民主化政策に戸惑いを覚えるのは容易に想像できる。民主化政策の眼目は、それぞれの利害や立場の違いを前提に、人びとを競い合わせることで社会のあり方を決めていくという点にある。それは、これまで人びとが大事にしてきた相互扶助の徳性に抵触するものであった。

民主化政策の目玉の一つは、国政選挙（＝国民議会選挙）だけでなく地区選挙でも成人一人一人に等しく一票ずつ投票権を付与するところにあった。国民議会選挙（**写真9**）ではこれに政党制の導入が加わった（二〇五頁および注8参照）。民主化以前には、C村の場合、投票するのに歩いて数時間もかかるA地区の中心地まで足を運んだ。しかも、各世帯より一名が参加できるにすぎなかったばかりか、「選挙」とは言っても事前に政府や地区の要人が選んだ一人の候補者の適任性が問われる会合でしかなく、「有権者」にはその人を追認するような役割しか期待されていなかった。これに対して、二〇〇八年三月に行われた初の国民議会選挙では、村の学校に投票所が設けられ、成人男女全員が二つの政党の候補者を自ら選択し、投票できるようになった。

しかし、村びとの間には当初から、この制度に対して期待と不安が混じり合っていた。公正な選挙で選ばれた限りは次期選挙でも落選しないようその議員は公約の実現に尽力するであろうし、そうなれば道路、電気、電話などのインフラ整備も加速化するに違いない、という期待と、選挙中は票集め競争が村を二分する形で展開されたので、政党政治は共同体の規範を崩してしまうのではないか、という不安である。実際、落選候補の陣営に至っては、選挙期間中に携帯電話や衣服を密かに有権者に配り支持を訴えた、という噂が実しやかに囁かれた。また当選議員の方は、選挙中にあれほど足繁く村を訪ねていたのに、当選後はあまり顔を見せなくなった。議員に村の悩みをいつでも相談できると思っていたが、これでは人脈や資金を持つエリート層にしか議員は会わなくなるに違いない——、そうした失望さえ、村びとの間には広がっていた。

このように政府による民主化政策は、本論で紹介した「地方分権化支援」事業と同様、村びとにとっては選挙権の付与（＝「主体性の尊重」）という面では歓迎できたものの、それによって個人主義が重んじられ、地元の和が乱れる（＝「地域共同体の紐帯の弱体化」）という面では憂慮すべきものだったのである。

地域における自由至上主義の広まり

次の一文は、ブータンの有力日刊紙『クエンセル』が二〇一〇年二月一七日付（英語版）で掲載した社説記事の抜粋である。「萌芽期にある民主主義をさらに発展させていく上では、もっと多くの政党が国民議会選挙に参加しなければならない。そうなるにはどうすれば良いのか、議員や市民の一人一人が智恵を絞る必要がある。次の選挙で良い競争を実現するにはもっと政党が増えなくてはならない。競争があってこそ最良の結果が得られる」。

確かに、ブータンには公認政党がブータン調和党と国民民主党の二つしか存在しない。野党国民民主党は初回の二〇〇八年の選挙で大敗したため、ほとんど議席を持たず、国民議会の場で与党ブータン調和党の国政運営を問い質すまでの勢力には成り得ていない。

しかし、筆者が注視しているのはそうした政情ではなく、この記事に示されるような、「自由で自立した個々人こそが社会の基盤となる」という前提を無批判に受け入れているブータン社会の最近の風潮である。これは、伝統やしきたりに縛られない個人の能力に価値を置き、さまざまな利害や立場の優劣を競い合わせることでより良い社会発展を目指そうとする自由至上主義的な考え方である。「競争があってこそ最良の結果が得られる」という価値観とともに広がっているのが、日常生活の市場化（＝人びとが売り手と買い手に分かれて活発にお金や商品やサービスをやり取りする経済活動の推進）である。ブータン社会では近年、多くの場所で現金収入を得る機会が増えており、貨幣を用いて自分たちの必要や欲求を満たそうとする傾向が高まっている。そしてそれに伴って、身近な隣人どうしが培ってきた、持ちつ持たれつの関係性に依拠した地域共同体の地位が相対的に低下しつつある。

たとえば、先述したような年に一度の法要は、各世帯が村中の人びとを招いてその年の安全を祈る大切な伝統行事の一つだが、近年では集まる人びとの数が減っている。温泉や都会などへ旅行に出かける人が増えたためである。また、家屋修繕用の木材を森まで取りに行くには、かつては荷車を引いて多人数で出かけたものだが、現在ではトラックを賃借し、手間なく少人数で運搬できるようになっている。楽しみが増え、便利にはなったが、地域共同体がまとまって何かをするような機会は徐々に減ってきているのである。

宗教的な儀礼、政治的な権威、日常的な道徳規範など、人びとに安心感を与えてきたさまざまな秩序が機能不全に陥っているのは世界的な傾向である。その間隙を縫うように広がった自由至上主義によって、寄辺なき人にも自己責任が容赦なく突きつけられ、大量の生活困窮者が生み出されるという現象は、日本においても生じている（白石他編　二〇〇八）。

もっとも、自由至上主義が世界大に広まりつつあるからと言って、ブータンでも同類の現象が蔓延していくとは限らない。先に述べたように、ブータン政府はこれまで世の動きに先んじた政策を次々と講じてきた。地元住民もそうした自由至上主義の状況に甘んじてばかりはいないだろう。その好例が本論でふれたC村の歩道整備事業における賃金の分かち合いである。この事業で村びとたちは、人手を毎日出せなかった世帯に対しても、工期全日程分の賃金を等しく分配できるよう取り計った。しかも、事業に関わった政府役人はその「違反」を黙認した。序章でふれた表現を用いるならば（内山　二〇〇九　一五四—一六四）、この時、村びとや役人は中央政府から拠出された資金を、個人の実働に応じて分配する「冷たいお金」として扱うのではなく、「温かいお金」として活かしたのである。こうした対応は地域共同体の紐帯を維持、強化しようとする創意工夫の表れと見なすことができる。ブータン社会においては、村びとや政府役人に備わっているこのような賢明さ（＝「集合的個人主義」（注12参照））が、自由主義や市場主義の行き過ぎに適切な歯止めをかけていくことが期待される。

「被支援者のための評価」の実現に向けて

いずれにせよ、「資源と時間の制約の中で役に立つ情報を提供する」（三好　前掲　一七）ことのみにとらわれ、地元社会を取り巻く大きな政治・経済・社会状況に目を向けない事業評価では、人びとの生活実感に沿った支援成果を把握することはできない。矛盾に満ちた社会の中で日々折り合いをつけながら生きる人びとにとって真に「有用」なのは、日常生活上の戸惑いや悩みに共感を示した事業評価ではないのか。「北」の多くの人びとも、「南」の多くの人たちと同じく、「競争があってこそ最良の結果が得られる」という自由至上主義の世情に不安感を募らせている。支援対象地の人たちを取り巻く課題を対岸の火事として済ませるのではなく、共通する一つの問題として一緒に悩み、共に解決へ向けた第一歩を模索しようとする姿勢が求められている。

　こうした姿勢を大事にして行われる事業評価は、支援従事者にとっては必ずしも「使える評価」（＝「組織の意思決定に活用し得る、わかりやすく使いやすい、役に立つ」評価）ではなくなるが、「人びとに寄り添う評価」の実現には確実に近づくことになる。前者が「支援従事者のための評価」（二〇二頁参照）であるとすれば、後者は「被支援者のための評価」と言えようが、どちらが国際協力の理想を体現した評価のあり方であるかは論をまたない。

引用文献

アーユス編、二〇〇三『国際協力プロジェクト評価』国際開発ジャーナル社。

市川浩、一九九一『ベルクソン』講談社学術文庫。

内山節、二〇〇九『怯えの時代』新潮選書。

宇野邦一、二〇〇一『ドゥルーズ』講談社選書メチエ。

ガベンタ、ジョン／真崎克彦監訳、二〇〇八「参加型ガバナンスの実現に向けて―社会変容をもたらす可能性」サミュエル・ヒッキー他編『変容する参加型開発—「専制」を超えて』明石書店。

渋谷望、二〇〇三『魂の労働—ネオリベラリズムの権力論』青土社。

白石嘉治・大野英士編、二〇〇八『増補　ネオリベ現代社会批判序説』新評論。

デランディ、ジェラード／山之内靖ほか訳、二〇〇六『コミュニティ—グローバル化と社会理論の変容』ＮＴＴ出版。

ベルクソン、アンリ／中村文生訳、二〇〇一『時間と自由』岩波文庫。

真崎克彦、二〇〇九「筋書きを超えて『持続』する開発事業—ネパールとブータンの参加型ガバナンスの批判的考察」信田敏宏・真崎克彦編『東南アジア・南アジア　開発の人類学（みんぱく実践人類学シリーズ６）』明石書店。

源由理子、二〇〇八「参加型評価の理論と実践」三好皓一編『評価論を学ぶ人のために』世界思想社。

三輪徳子、二〇〇八「開発援助評価」三好皓一編『評価論を学ぶ人のために』世界思想社。

三好皓一、二〇〇八「評価とは何か」三好皓一編、同上書。

OECD/DAC, 2008, *Evaluating Development Co-operation*. Paris: OECD.

UNDP, 2001, *Nepal Human Development Report: Poverty Reduction and Governance*. Kathmandu: UNDP.

終 章

「根本的な問題に向き合う」支援の実現

国際協力の「裏舞台」からの「発想転換」は、被支援者とのこれまでの関係性を問い直すところから始まる。「根本的な問題に向き合う」ことから離れがちであった自分たちの活動への反省を支援対象地の人たちにも率直に明かしていくこと。支援活動を通して自分たちが学んだことを支援対象地の人たちにも丁寧に伝えていくこと。それによって支援対象地の人たちとの真の信頼関係を築いていくこと。これが出発点である。

1　国際協力が「思うようにいかない」とは

本書では、貧困、災害、紛争、環境破壊などで困難な状況に置かれている人びとが主体的に生活向上を図れるよう支援する「地域社会開発支援」に焦点を絞り、活動の各局面（①「支援対象地域への接近」⇒②「支援対象者の絞り込み」⇒③「住民参加の促進」⇒④「支援成果の把握」）において、どのような「根本的な問題」に手が回りにくくなっているのかを検証してきた。「根本的な問題に手が回らない」とは、支援従事者が自分たちの活動を取り巻く矛盾を放置し、差し当りの対応のみに終始してしまいがちになるような状態を指している。各章に沿って、それぞれの局面での「根本的な問題」を整理すると次のようになる。

① **無条件の「歓待」の難しさ**　国際協力団体が地元社会に受け入れられることは活動の大切な第一歩であるが、お互いに牽制し合う主客関係から脱却し、真の信頼関係を結ぶまでには労力や時間がかかる（第1章　支援対象地域への接近）。

② **「言語の自由」から生じる支援対象者の絞り込みの難しさ**　支援を然るべき人たちに届けようとしても、支

援対象者の絞り込みには曖昧さが付きまとうため、実際には本来意図しなかった人たちや組織、団体が対象者に選ばれているケースが少なくない（第2章　支援対象者の絞り込み）。

③ **主体性を制限する「例外状況」を最小限にとどめることの難しさ**　住民主体の活動を支援する事業であっても、国際協力団体側が人びとの主体性に必要以上の制限を加えてしまいがちとなる（第3章　住民参加の促進）。

④ **「持続」状況の中で支援成果の全体像を把握することの難しさ**　事業評価で「成功」と判断された支援事業であっても、事業のシナリオには描かれない社会の大きな流れの中で、思わぬ帰結を生み出している場合が少なくない（第4章　支援成果の把握）。

こうしたジレンマの中にあっても、国際協力団体は限られた資金、時間、人員の中で円滑に活動を進めなければならない。「根本的な問題に向き合う」活動が放置されがちになる理由はここにある。

ただし支援従事者は、ここで取り上げたような「根本的な問題」に必ずしも気づいていないわけではない。特に地元の人たちと日々接している現地駐在スタッフであれば、それは大なり小なり誰もが認識していることである。しかし、問題の存在が心の片隅に引っかかってはいても、そのことを考え始めると日常業務がこなせなくなるので、人知れず脇に追いやりがちとなる。しかも、それが現実逃避であることを認めたくないので、その問題の存在すら無意識に忘れてしまう。

どうすれば支援従事者は国際協力の「裏舞台」で起こりがちなこうした「不快からの心理的逃走」を克服でき、「根本的な問題」にもきっちりと向き合えるようになるのか。この課題を考察することが終章の目的である。

「不可能なものの経験」として国際協力を捉える

国際協力の世界で「根本的な問題に向き合う活動」と言う時には、社会変革を目指して権力者側に働きかけるアドボカシー活動（提言活動）を指し、生活困窮者を直接支援する事業とは区別されることが多い。しかし、序章でふれたペシャワール会医療サービス（ＰＭＳ、以下ペシャワール会）の現地代表、中村哲の言葉が示すように、「時流から距離を置き、［現地において地道に］より良い世界を真剣に模索する」（中村　二〇〇七　三）ことも同じように「根本的な問題に向き合う」活動の一つである。むしろ、地元の人びとと直に接し、人びとの「当面のニーズに応える」中で国際協力を取り巻く「根本的な問題に向き合う」この姿勢にこそ、「人びとと共にある国際協力活動」の未来があると言える。

とは言え、地元の人びとへの直接支援は、容易ならざることに立ち向かう活動でもある。身近な家族や友人を手助けする場合とは違い、言語や生活様式の違い一つを取っても、被支援者との意思疎通は大きな壁となる。この壁一つだけでも支援方法に対する考え方や支援成果の捉え方にズレが生じてくる。地元の人びとを取り巻く事情が複雑であればあるほど、支援をめぐる認識の共有化は困難なものとなる。

しかし、直接支援ではこうした難題が不可避であるからこそ、序章でふれたペシャワール会の事務局長、福元満治の言葉が深みを帯びてくる。「現地の人たちが生きていくために『今何を一番必要としているか』」（福元　二〇〇九　五九）。この問いには、国際協力の基本理念を常に踏まえながら、支援活動を取り巻く根源的なジレンマにチャレンジし続けようとする意志を読み取ることができる。

何を最優先すべきかというペシャワール会のこの姿勢は、デリダが提起した「不可能なものの経験」という考え方に通じるものがある（Derrida 1994）。「不可能なものの経験」とは、第１章で提起した「無条件の『歓待』の難しさ」のようなジレンマが人間社会のあらゆる事象においても見られることを踏まえた概念である。デリダは、無条件の「歓待」があり得るという前提に対してだけでなく、無条件の「贈与」があり得るという前提に対しても同じような疑問を投げかける。たとえば、親の子に対する愛情は無条件の純粋な「贈与」性だけで成り立っているわけではない。その子どもがわが子であるからこそ愛を注ぐことができるのであって、その子どもが他所の子であったら同じように無条件に接するのは難しい。しかし、条件性を乗り越えることが「不可能」だからと言って、親にその条件付きの気持ちを捨てよと勧める人はいない。むしろ無条件の「贈与」ではないからこそ、親も子に愛情を与えることができるのである。

つまり、「不可能なものの経験」とは、世の問題を突き詰めるとジレンマがつきまとうが、そのジレンマの解消にいくら努めてもその完全なる解決は「不可能」であり、だからこそその困難を糧として努力を積み重ねることが「可能」になる、という経験のことを言う(1)。

子に対する親の愛情が無条件ではない、と言い切れるかどうかは議論の分かれるところだろうが、少なくとも、こうしたデリダの「不可能なものの経験」という考え方は、国際協力において「根本的な問題に向き合う」ことの大切さを考える際に大いに参考となる。以下は、自然災害や紛争が起きた時に生活必需品を送り届ける緊急支

(1)「不可能性」を指摘するこのデリダの思想は、あらゆるものを否定する懐疑主義やニヒリズムの一種として批判されることが多い。しかし、親の子に対する愛情の例を考えればわかるように、「不可能なものの経験」であるからこそ親も子育てに努力することができるのであり、同じように、国際協力も完全無欠ではあり得ないからこそ、支援従事者は自分の活動をより良くしていこうという気持ちになれる。したがって、「不可能なものの経験」を強調するこのデリダの考え方は、むしろ肯定の思想として捉えられることもできる。

援の例である。

緊急支援が現地の物資調達・供給体制を撹乱しかねない危険性はよく指摘されることである。実際、被災者に逸早く物資を届けようとすることと、それが現地システムに混乱をきたさないよう十分配慮することとを両立させるのは容易でない。被害が甚大であればあるほど支援の規模が膨らみ、普段はその地で活動していない国際協力団体も大挙してやって来ることになるが、そうした一時的に参加する団体の場合は往々にして地元の事情に通じていないため、支援物資を必要以上に持ち込んでしまう。また、被災地にたまたま現地事務所を置いていたとしても、予測のつかない被害に備えて物資を備蓄しておくような団体は稀であり、ほとんどは実際に事が起きてから物資調達に奔走することが多い。

これが地元の物資調達・供給システムをかき乱す原因となるのだが、そうした負の影響ばかりを気にしすぎると、迅速な支援に支障をきたし、結果として然るべき人たちに支援の手が回らなくなってしまうというケースさえ生み出し得る。国際協力団体が緊急支援に専念できるのは、短期的な対応（＝迅速な物資供給）と中長期的な対応（＝現地システムへの配慮）との間にあるジレンマの解消が「不可能なものの経験」として存在しているからなのである。つまり、迅速な緊急支援の「可能性」は、そうしたジレンマ解消の「不可能性」によって保証されているわけである。そして、いかなる場合であれ人道目的の緊急支援を止めるべきでないとする理由もここにある。

しかし、こうした局面を「不可能なものの経験」のダイナミズムへと転化できなければ、「根本的な問題に向き合う」ことにはならない。序章で取り上げた「毛布一〇〇万枚運動」を振り返りながらこの点を考察しておこう。このケースでは、支援物資として現地に届けられた毛布が飢餓難民によって横流しされ低価格で売りに出されたため、地元の商人たちに大きな打撃を与えることとなったが、支援従事者たちには、このジレンマを解消することは短期的には「不可能」と暗黙の内に見なされた。そして、確かにこの難題の先送りによって、飢餓難民に夜間の防寒と日中の日除けのための毛布を優先的に配布する緊急支援活動が「可能」となった。ただし、そうした短期的な対応にとどまるならば、現地システムへの配慮という中長期的な対応、すなわち「根本的な問題に向き合う」までには至らない。

短期的対応のみで終わったならば、そこでは「不可能なものの経験」、つまり『『不可能』ゆえにその困難を糧として努力を積み重ねることが『可能』になるという経験」が断ち切られることになる。このケースの場合、緊急状況が収束した時点で、支援従事者は間を措くことなく、それまでに等閑視してきた中長期的な対応に向き合うことが大事である。たとえば、打撃を受けた地元商人たちへの対応についてできる限り検討することが望まれるし、今後同じようなケースに直面した場合を想定して短期的対応と中長期的対応との折り合いについて話し合っておくことも必要である。

当時、「毛布一〇〇万枚運動」にソマリアの難民キャンプ内で対応していた樫田秀樹は、後年以下のような提言を行っている。

もし、私たちが途上国の人にこざっぱりした服を着てもらいたいのなら、また、自転車を供給したいのなら、モノではなく、そのＮＧＯにお金を託した方がいい。放置自転車は修理した後、古着は洗濯した後、フリーマーケットで売り、その収益金を信頼できるＮＰＯに、使い道を明示して渡せばいいのです。そうすれば、ＮＧＯは、途上国現地で、安い物価で服や自転車を買うことができます。つまり、日本ではリサイクルが進み、現地では商人も子どもたちも喜ぶという、ほんとうの意味での自立経済（一石二鳥）が成長するのです。（樫田　二〇〇六　一二七）

この提言は、モノを届けるだけの支援を批判し、われわれの暮らしのあり方をも射程に入れた先進的なアイデアを提示している点で、「不可能なものの経験」を体現していると言える。もっとも、このアイデアではモノを一旦お金に換えるプロセスが加わるため、迅速さが求められる緊急支援においては不利である。また、同じ理由から充分な額の支援が集まらないかもしれない。あるいは、そもそも大災害や紛争の直後には各国政府や国際機関から大量の支援金が集中して流入するため、地元社会では物価が急騰し、貧しい人たちの家計を圧迫してしまうケースさえ考えられる。(2) しかし、樫田のこの提言には「不可能なものの経験」が確実に存在しているからこそさまざまな可能性が秘められていると言える。

国際緊急支援につきまとう課題は尽きないが、それゆえに努力を積み重ねることが「可能」となる。緊急支援活動を「不可能なものの経験」として捉え、次々と現れてくる新たな課題に向き合い続けていくことが大事なのである。そしてその積み重ねこそ、目の前の活動が今どのような「根本的な問題」に出くわしているかを突き詰めさせ、ひいては国際協力のあり方を一歩でも前進させる原動力へとつながる。これは何も緊急支援に限らず、あらゆるタイプの国際協力に通じるものである。序章で紹介した所得創出支援の例もこれに当てはまる（二一七―三一頁参照）。

「思うようにいかない」という常套句の落とし穴

国際協力が一筋縄ではいかないことは、これまでも多くの経験者、識者によって言われ続けてきた。「なかなか思うようにいかない」という言い方は、今も昔も支援従事者たちの決まり文句となっている。この言い方には「不可能なものの経験」と同様の含意を感じさせるものがある。しかし、以下の事例に見るように、「思うようにいかない」という言い方は「不可能なものの経験」とは似て非なる意味を持つ場合が多い。「不可能なものの経験」とどこがどう違うのか。

次に取り上げるのは、日本のある産婦人科医が取り組んだ現地の医師・看護師を対象とするカンボジアでの職業訓練支援（＝母子保健改善支援）の事例である。この事例が紹介されている著書[3]には、「なかなか思うようにいかない」現地での苦労が非常によく描かれていて参考になるが、国際協力を「不可能なものの経験」として捉えるような視座は見当たらない（山本　二〇〇七　九―一〇）。

---

(2)急激なインフレの進行は、地元の人たちにとってはもちろんのこと、その地で地道な活動を続けるNGOにもしわ寄せが及びかねない。たとえば、ペシャワール会は長年パキスタンのペシャワールでアフガニスタン難民に対する医療支援に当たってきたが、同会の福元は、アフガニスタンからソ連軍が撤退し（一九八九年）、NGOや国際機関が難民帰還を支援しようと大挙してやって来た時の現地の様子を、以下のように報告している。「二百ぐらいです。私たちは非常に迷惑したんですけれども、家賃が五倍くらいになりましたので。それから、一種の復興バブルで物価が高くなった。わりとアフガン人パキスタン人は誇り高い人たちなんですが、金漬けにされてプライドみたいなものが荒廃していくことがありました」（福元　二〇〇九　一四一）。その結果、地元民スタッフが給与の引き上げを要求するようになり、その一部は他の国際協力団体に高給で引き抜かれてしまった。

(3)本事例は山本敏晴『国際協力師になるために』（白水社、二〇〇七、九―一〇）に基づく。

産婦人科医であるエリコ先生は、日本政府が支援する母子保健改善事業の専門家としてカンボジアに赴き、特に出産を控えた母親や五歳未満の子どもの健康状態を改善すべく、首都プノンペンの国立中央病院に勤務する医師や看護師を対象とした職業訓練活動に取り組んだ。

ご多分に漏れず、この事業にも次から次へと難問が降りかかってくる。

何よりも第一に、病院から充分な給与を得ていない医師や看護師には当初より真剣に訓練を受けようとする意欲が乏しかった。また実際の医療現場では、早く診察を受けたい患者が医療スタッフに賄賂を渡すという行為も横行していた。そこでエリコ先生は、患者から（診療代とは別に）施設使用料を徴収する新たな制度を設け、その一部を成績優秀な医療スタッフへの報奨金に充てるよう取り計らった。すると、医師や看護師の勤務態度も格段に上向いた。

活動を進めるうち、エリコ先生は首都の中央病院だけで訓練を行っても波及効果が広がらないことに気づいた。そこで今度は、中央病院の医療スタッフを「先生」として育て上げ、地方の医師や看護師を訓練してもらうことにした。訓練生が一定レベルに達するまでは繰り返しトレーニングが続けられた。試験に合格したスタッフたちが地元に戻り母子保健活動に取り組むようになると、見る見るうちにカンボジア全土で母子保健サービスの改善が進んだ。

しかし皮肉なことに、「先生」としての経験を積んだ中央病院の医師や看護師の中には、外国に移住する人や国際協力機関に転職する人も少なからず出てくるようになり、優秀なスタッフを育てれば育てるほど、待遇の良い先進国や国際協力機関に転職してしまうというジレンマにぶち当たった。

そこでエリコ先生は、目をつけた人を個別に訓練するというそれまでのやり方を改め、中央病院に入ってくる医療スタッフを組織的に「先生」に育てる新たな制度を整えた。そうすることで、一人二人が辞めても補充の利く体制を作り上げた。

こうして出来上がった母子保健の普及システムは、以来、他の国々でも先進モデルの一つとして用いられるようになっていった。

ここに見られるように、この事例では、地元の医療スタッフのやる気が足りない、地方の層が薄い、能力を蓄えた人材が流出してしまうなど、事業における「思うようにいかない」状況とその克服過程を中心に報告がなされている。しかしここで注意すべきは、この報告ではもっぱら支援される側の問題に焦点が当てられ(4)、支援する

(4)本事例の紹介の中で著者は、途上国の医師が豊かな生活を求めて海外に移住することを次のように問題視する。「一般に、開発途上国で医師や看護師の資格をとれるのは、学費が高額な医学部や看護学部に進学できるような、裕福に生まれた人たちである。そうした人たちは、貧しい人たちを救済するためではなく、よりお金持ちになるために、医療スタッフになるのである。また、国によっては貧乏な人を医学部へ入れる制度がある場合もあるが、それでも、やはり自分のことしか考えないことが多い」（山本　前掲　一七）。しかし、「豊かな」国の人たちが世界を叉に掛けて活動している時代にあって、「貧しい」国の人たちに同様の権利を認めないとするいわれはない。先進国に移住したいと願う途上国の富裕層を「自分のことしか考えない」と非難するならば、先進国と途上国の間に今も厳然として存在し続ける南北格差の背景、つまり、近代世界システムの中で周辺部（途上国）が中心部（先進国）の要請に応じて食糧や資源を輸出し、中心部から製品を輸入するという低開発化の構造的問題に目をつぶることになる。しかも、著者の先の問題設定は途上国のみに当てはまるものではない。「先進国」日本にあっても、多かれ少なかれ「資格をとれるのは、学費が高額な医学部や看護学部に進学できるような、裕福に生まれた人たち」であり、「そうした人たちは、貧しい人たちを救済するためではなく、よりお金持ちになるために」医師になっている面があるとは言えまいか。

側の問題や、双方の関係性から生じる問題についてはまったくふれられていないことである。

先述の通り、国際協力を「不可能なものの経験」として捉えるとは、支援の各局面で生じる「根本的な問題」に一つ一つ向き合い、そのプロセスで生じる困難に自覚的であり続けるということである。それは、支援される側というよりもむしろ支援する側、あるいは支援する側と支援される側の双方の関係性において生じるものである。カンボジアの母子保健改善事業のエリコ先生の事例ではそれが見えない。

本書各章で検証してきたように、国際協力活動で生じる「根本的な問題」は、まさに支援する側の都合や判断によって表面化してくる場合がほとんどであり、それは外部支援者の働きかけと地元関係者の思いとがかみ合わない様態の中で生じる。すなわち、第1章のインドの津波被災地支援では、支援従事者側としては地元を挙げての「歓待」の中で支援が開始されたと認識していたが、村びとの間ではさまざまな波紋を呼んでいた。第2章のアフガニスタンの市民社会支援では、支援従事者が事業を効率よく請け負ってくれる地元NGOを支援しがちとなった結果、多くの人びと（＝「市民」）に信頼されてきた地元の意思決定組織である「シューラー／ジルガ」への支援が二の次となった。第3章のラテン・アメリカの村落開発事業では、支援従事者は住民参加型アプローチに「成功」したと思い込んでいたが、実際の活動の主導権は村びとに返し切れていなかった。第4章のブータンの地方分権化支援では、事業は支援従事者側のシナリオ通りに進んだが、その是非は住民にとって必ずしも明快ではなかった。

「思うようにいかない」と言いたいのはむしろ被支援者側の方なのである。先のエリコ先生の場合も、支援従事者側の都合や判断から「思うようにいかない」と悩んだが、その克服に向けてカウンターパートに働きかけていくばかりでなく、被支援者側では何が「思うようにいかない」と受け取られているのかにも注意を払った上で、その是正に取り組むべきだった。[5] さもないと「不可能なものの経験」は存在しようがない。[6]

国際協力では、活動の意思決定を握る支援従事者側がどうしても被支援者側より優位な立場に立ちやすい。そうした不公正な間柄にあっては、被支援者側で「なかなか思うようにいかない」と思っていることも、支援従事者側の都合や判断で「思うようにできている」として済まされがちとなる。難題を脇に追いやって、目的論・機械論的な発想でてきぱきと「仕事をこなす」ことが多くなる。

国際協力活動を「不可能なものの経験」として捉え直す営みとは、被支援者側にとっての「思うようにいかない」事柄をこそ考え続けることに他ならない。支援従事者側には、「地元の人たちは今何を一番必要としているか」を第一義とした上で、支援をめぐって生じる両者間の齟齬をできる限り明らかにし、支援活動に対する信頼

（5）実際の支援現場では、エリコ先生が被支援者の立場にも充分気を配っていた可能性もあるが、本事例を紹介する著書ではそうした姿は描かれていない。

（6）本事例の紹介者は次のように言う。「実際の国際協力が矛盾だらけであること、持続可能な世界を作っていくことがいかに難しいかということを［中略］説明していく［中略］段階になると話が難しくなるため、「国際協力に携わろうとする」多くの人［＝ビギナー］がついてこれなくなり、（話を聞くのを）やめてしまう可能性が高い。これを防ぐためには情報を『小出し』にすることが必要ではないか」（山本　前掲　一二一）。しかし、ビギナーの関心を高めることを最優先して、国際協力につきまとう「根本的な問題」をなおざりにするならば、「当面のニーズに応える」活動ばかりに傾注しがちな風潮を一層助長しかねない。実際、住民参加型アプローチの分野では、ノウハウの紹介に力点を置く文献が数多く出回ってしまったために、「正当な態度や行動」を取ることの難しさ（＝「根本的な問題」）を充分に伝え切れず、このアプローチが安易に捉えられ、このアプローチの粗製乱造が問題になっている（第3章参照）。「難しい」「ついてこれない」課題があるからこそ、それに挑戦しなければならないのであり、これから「国際協力師」を目指そうとする人たちにはむしろそのことの意義を丁寧に伝えていくべきではないのか。

獲得に努めていく姿勢が求められる。

2　支援する側・される側の望ましい関係性はどう築かれるべきか

それでは、その信頼はどのようにして獲得されるべきなのか。本書各章で見てきたように、支援活動が地元社会にどのような影響をもたらしているかについては、支援する側がそれを正面から把握しようとしても、必ずしも明確に捉え切れるものではない。他方、支援活動が一筋縄では進まないことは、その実態を間近で見ている地元関係者にとってはわかり切っている場合が少なくない。地元の信頼を得ていくには、常に地元の人びとの声にしっかりと耳を傾け、地元の状況に真摯に向き合いながら、地元の人たちとの関係性の中で支援をめぐる課題を理解するよう努めなければならない。そして具体的な活動においては、自分たちが設計したシナリオにとらわれず、地元関係者の考え方を最大限に尊重し、これを手助けしていくことが大切となる。地元への敬意を忘れた支援は、支援の名に値しない。

国際協力におけるこのような姿勢を具現化した好例として、ＹＭＣＡ(7)によるインドネシアでの地震被災地支援を次に見ていきたい。

「不安感」「未達成感」を大切にする

二〇〇六年五月、ジャワ島中部を震源とするマグニチュード六・三の地震がジョグジャカルタ市周辺各地を襲った。これにより人口約三〇〇万のこの商業都市は死者六〇〇〇人近くを出す大惨事に見舞われた。直後には世界から多くの国際協力団体が緊急支援を供与したが、日本YMCA同盟と岡山YMCAが協力してジョグジャカルタ市近郊の二つの村（いずれも、ほとんどの家屋が倒壊するほどの甚大な被害を被った地域）でジャワ島地震被災地支援を開始したのは翌二〇〇七年九月のことである。日本各地のYMCAで地域活動に取り組む若者たち（総勢九名）を現地に派遣し、同じくジョグジャカルタ市を拠点に地域活動に取り組むスレマンYMCAの地元青年とともに三年計画で被災児童のためのレクリエーション活動に従事するという事業である。資金は日本YMCA同盟が集めた募金で賄われたが、その一部は地震で倒壊した公民館の再建用として寄付された。

レクリエーション活動の中身は、ゲームや歌、踊りなどで子どもたちを元気づけるというある意味ではありふれた活動であり、各年の期間もわずか三日という短期のものであった(8)。それゆえの印象からか、こうした活動に対しては、地元民との相互理解や親睦を深める単なる「国際交流」にすぎないとか、所詮は青少年育成のための活動だからプロの「国際協力」ではない、といった見方をする人が多い。しかしそうした偏見にとらわれていては、この事例から得られる大事な教訓をつかみ損なってしまう。日本YMCA同盟と岡山YMCAによるスレマ

---

(7)YMCAは、「青少年の健全な成長とリーダーシップの育成」を主な目的として、世界の一二〇を超える国・地域で活動する公益法人である。地域に根ざした青少年交流、アウトドア活動、ボランティア体験などを各地域単位で進めることを主な事業とする。YMCAの国際協力活動では、普段は自分たちの地域で社会活動に参加する青少年が外国での支援活動を希望して派遣されるケースが多い。支援活動に携わる中で見聞を広げ、その体験を自分たちの地域活動にも活かせるような人材の育成が海外派遣の狙いである。

(8)このレクリエーション活動は二〇〇七年から二〇〇九年までの三年間、毎年夏季に一回ずつ行われたが、二〇一〇年以降も継続されることになった。筆者は二〇〇八年三月に現地を訪れ、第一回（二〇〇七年九月）についての調査を行ったが、本報告はそれをもとにまとめたものである。

写真1　自分の夢を託して帽子の上に描いた絵を見せるワークキャンプの参加者たち。写真提供：日本YMCA同盟。

ンＹＭＣＡとの共同支援事業は、まさに「思うようにいかない」事業を「思うようにできている」事業として取り繕いがちな国際協力活動の実態に一石を投じる事例なのである（**写真1**）。

一般に国際協力団体がこうした活動に取り組む場合、たいていは「被災児童たちが村に居続けて復興の担い手として成長すれば、将来的にも村の再建は確実に進むだろう」といったシナリオを描くことが多い。しかし、そうした将来像を掲げても、国際協力団体には制御できない問題がある。たとえば教育や就業の機会を求めて村の外に出る子どもたちが増加の一途をたどっている。そうした現実の中では、子どもたちの行く末を無理やり一つの型にはめることは困難だし、そうすべきでもない[9]。

そこでＹＭＣＡによるこの支援では、あえて明快なシナリオを描く手法から距離を置くこととした。村で生まれ、村で一生を終える人が減りつつあるという、地元の人びとにとっての「思うようにいかない」状況から目を背けずに、一方では「村をどのように作るのかを選択するのは、子どもたちも含む未来の村人たちであり［中略］子供達の心や体を育てることが、今の私たちにできることである」（日本ＹＭＣＡ同盟　二〇〇七　四六、担当職員の山根一毅による「あとがき」）といった課題も同時に立てた。そうすることで、シナリオとしては表面化しない成果についても積極的に評価することにしたのである。シナリオ通りに「思うようにしよう」としがちなこれまでの大半の国際協力団体の姿勢とは一線を画するやり方である。

写真2　再建中の公民館。

こうした姿勢は支援の意思決定の仕方にも見られた。国際協力活動では一般的に、地元関係者は国際協力団体が用意した事業を手伝うだけの、先兵のような役割を負わされることが多い(10)。しかし、このジャワ島地震被災地支援では、地元のスレマンＹＭＣＡが支援活動の主役となることを基本路線とした。地元ＹＭＣＡは海外ＹＭＣＡにとっての単なる受け入れ窓口でなく、地元の状況に応じて臨機応変に活動を展開する対等なパートナー団体として位置付けられたのである。

たとえば、この支援活動で行われた公民館の再建事業のケースを見てみよう。再建事業では日本ＹＭＣＡ同盟から充分な寄付金が拠出されていたが、建設作業中に資金不足が生じて土台と支柱しかできなかった（**写真2**）。資金が足りなくなった背景には村特有の事情があった。この公民館はジャワ島の子ども伝統芸能楽団の練習場としても利用されていたことから、新築の骨組みの完成に合わせてその楽団の指導者が安全祈願の儀式を執り行った。ところがその際、この指導者がどうしても建物の方角を変えなければならないと主張したため、建設作業の

(9)第4章で紹介した「持続 durée」概念が示す通り、支援活動は社会の諸事象と複雑に絡み合うため、事前に計画されたシナリオを超えて、さまざまな思わぬ成り行きを生み出すことが多い。

(10)第1章のインド津波復興支援の例に見られるように、国際協力団体は自国の出資者（ＮＧＯなら会員・募金者、ＯＤＡ機関なら納税者）への報告義務から、都合の良くない情報を隠してまで事業成果を良く見せようと取り繕うことがある。そうした場合、地元のパートナー団体はそのための印象づくりの旗振り役として位置付けられることが多い。

一部を振り戻さざるを得なくなった。これが経費オーバーの原因となった(11)。

こうした主張がなされた場合、たいていの国際協力団体は予算や工期、人手の都合から、「因習にとらわれた身勝手な主張」としてこれを一蹴してしまうだろう。しかし、日本のＹＭＣＡ関係者は側面支援者の立場に徹し、地元のスレマンＹＭＣＡがこの子ども伝統芸能楽団の指導者の意思を尊重した際にも一切口を挟まなかった。震災の余波の中、被災者にとっては物心両面における立ち直りが必要であった。しきたりを重んじることで村の再建に寄与しようとするこの指導者の主張を「因習」として斬り捨てるべきではない。これがスレマンＹＭＣＡのみならず日本のＹＭＣＡ関係者の考え方であった。追加支援で公民館が完成した旨は会員・募金者に伝えられた。

このように公民館の再建事業においても、日本のＹＭＣＡ関係者は地元の人びとにとっての「思うようにいかない」状況から目を背けることなく、あくまで地元の人たちが「今何を一番必要としているか」を最優先した。自分たちの「思うようにしよう」と地元のパートナー団体に注文をつけがちな他の大半の国際協力団体とは一線を画するやり方だった。

すべてが自分たちによって完結され、形作られるものではないことが前提であるが故に、そこには「これで正しかったのだろうか」という漠然とした不安が残ります。しかし私たちはその結論を、「わかりきれないまま親しくなった村」の、将来を創る子どもたちに委ねることにしたのであって、むしろその「三〇％の未達成感」こそが、このプログラムの特徴であろうと考えます。（同上　四六）

そもそも支援活動というものは、それを取り巻く社会情勢や地元の人びととの具体的なやり取りによっていかようにも変容し、しかもそれは往々にして支援従事者にとっては「思うようにいかない」状況を作り出す。YMCAのジャワ島地震被災地支援は、これを認めるところに活動の基本を据えたのである。自分たちの思考に相手を当てはめることなく、地元関係者を真のパートナーとする支援が可能となった理由はここにある(12)。

「国際協力のアマチュア」たちの活動に学ぶ

日本YMCA同盟と岡山YMCAによるこのジャワ島地震被災地支援は、「[YMCAの若者たちが]キャンプや野外活動で実践してきたゲームや歌を通して、子供達の元気や勇気、自信、誇りを回復する手助け」となることを一義的な目的として開始された（同上　三）。また、参加した日本の若者たちは村びとたちとの交流も盛んに行った（次頁**表1**）。

公民館の工事の手伝いはもちろんのこと、子ども伝統芸能楽団のけいこ、地元の特産食品の製造工場見学、あるいは影絵人形や金属製品の伝統工芸職人との交流など、若者たちはさまざまな体験を積むことができた。

参加した若者の一人は、帰国後、次のような感想を述べている。「[最も印象に残ったのは]村全体が一つの家族

(11)もう一つ、「復興ブーム」のために建設資材の値段が高騰し、予定以上に経費がかかってしまったという理由もある。

(12)地元住民にとっても、外部団体より地元団体主体で行われる支援の方が、活動の持続性において好ましい場合が多い（第1章参照）。「先進国」内の災害などでは、地元自治体や国内のボランティア団体といった、住民にとって身近な支援従事者が救援活動を仕切る。被支援者にとっては「海外の団体より自分たちの事情をよくわかってくれる」という安心感が得られやすい。「途上国」であってもそれは同じである。「途上国」だから外部団体の押しかけを当然視するのは不遜な話であり、外部支援者はできる限り地元関係者が前面に出て行けるよう配慮すべきである。

のようにあたたかい雰囲気に包まれ、そして目には見えないけれど確かな絆でつながっているということでした。[中略] 現在の日本に見られなくなった光景だとさびしく感じました。父親から伝統工芸技術を受け継いだ職人さん、バナナの葉を採りテンペを作るおばあちゃん、村に伝わる踊りや音楽を学ぶ子どもたち…村の人一人ひとりがそれぞれに役割を持ちそのことを誇りに思っている」(同上 二二)。

参加した若者たちは、第二次世界大戦を経験した高齢者を訪ね、日本軍が攻め込んできた当時の様子も聞き取っている(**写真3**)。あるいは、地元の若者たちとの対話を通じては、インドネシアに進出した日本を含む先進諸国の多国籍企業が農園や工場を開くために地元の土地を占拠したり、木材輸出のために地元の森林を囲い込んだ

表1　支援対象村の一つ、ガムラン村での若者たちのスケジュール

9月14日	
9：00〜11：30	到着、自己紹介
11：30〜12：00	(準備)
12：00〜13：00	(昼食)
13：00〜14：00	子ども伝統芸能楽団のけいこ見学
14：00〜15：30	**レクリエーション活動**
16：00〜17：30	地元特産食品の工場見学
18：00〜19：00	(反省会)
19：00〜21：00	(夕食)
21：00〜22：00	伝統工芸職人との交流
22：00〜	(準備)
9月15日	
8：00〜9：00	(朝食)
9：00〜10：00	高齢者宅の訪問
10：00〜11：00	公民館の工事手伝い
11：00〜12：00	(準備)
12：00〜13：00	(昼食)
13：00〜14：00	伝統楽器のけいこ
14：00〜15：00	子ども伝統芸能楽団のけいこ見学
15：00〜16：00	**レクリエーション活動**
16：00〜17：00	(自由時間)
17：00〜18：30	伝統工芸職人の自宅訪問
18：30〜19：30	(自由時間)
19：30〜21：00	(夕食)
21：00〜	(反省会と準備)
9月16日	
8：00〜9：00	(朝食)
9：00〜10：30	(準備)
10：30〜12：30	**レクリエーション活動**
12：30〜13：00	(昼食)
13：00〜14：00	(自由時間)
14：00〜	ジョグジャカルタ市に向けて出発

出典：日本YMCA同盟『2007年度インドネシアジョグジャカルタ・ワークキャンプ』(2007、13-17頁)をもとに筆者作成。

りした結果、住処や仕事を奪われた人たちを大量に生み出した事実も知らされている。この時の感想をある参加者はこう述べた。「［インドネシアの］現実の様々な課題に関わっていこうとする時、『日本』の存在は、決して無関係ではないのです。かつては軍事力によって、そして今は経済力によって、インドネシアの貧しい人たちを苦しめ、たくさんのものを奪い取っている、自分の国のことを気づかされたとき、やはり何ともいえない気持ちになりました」（同上　三〇）。

このように日本のYMCAのジャワ島地震被災地支援は、地元の人びとと相互理解・親睦を深め合うという点では「国際協力」というよりも「国際交流」の要素を多分に含み持つ活動であった（次頁**写真4**）。しかし、日本の若者たちが見せた「相手から学ぼう」「自分のあり方を見つめ直そう」とする「国際交流」的な姿勢こそ、実は「国際協力」（＝生活困窮者に対する支援）においては最も大切な、にもかかわらず最も欠けている要素の一つなのである。

写真3　高齢者から第二次世界大戦当時の様子を聞くワークキャンプ参加者たち。写真提供：日本YMCA同盟。

「国際協力のプロ」は、自らの弱みを他人に見せようとせず、それを隠すためにてきぱきと支援を進めようとする傾向が強い。支援活動を「生業」とする以上、どうしても自分の抱える制約条件を覆い隠したくなる心理が働くのだろう。こうした姿勢を倫理学者の川本隆史は「正義の倫理」と呼んでおり、それとは違った「ケア［＝思いやり］の倫理」、つまり、互いの異なる立場や関心がぶつかり合

写真４　ワークキャンプに参加した日本とインドネシア両国の若者とYMCAスタッフ。写真提供：日本YMCA同盟。

った時に自分の利害より目の前にいる人の気持ちを斟酌して対処しようとする姿勢の大切さを訴える（川本　二〇〇八）。この指摘は、国際協力にも重要な示唆を与える。支援従事者は限られた資金や時間、人員で手際よく結果を示すこと（＝「正義の倫理」）を要求されがちだが、支援の現場においては、そうした制約の中にあっても可能な限り被支援者と手を携えて、狭い利害を超えた大所高所からあるべき支援の形を追求すること（＝「ケアの倫理」）が何より大切だからである。

そもそも、「プロ」の人たちが国際協力活動を志したきっかけも、こうした「ケアの倫理」とは無関係ではなかったはずだ。ジャワ島地震被災地支援に見られる「国際協力のアマチュア」たちの活動は、そうした初心に立ち返ろうとする姿勢の大切さを考えさせてくれるものである。

地元の人たちと一緒に「根本的な問題」に向き合う

先に、ＹＭＣＡによるこの取り組みは「地元関係者を真のパートナーとする支援」を可能にしたと述べた。「地元関係者を真のパートナーとする支援」とは、支援活動全体の進め方、すなわち本書に従えば支援をめぐる四つの局面（①「支援対象地域への接近」⇒②「支援対象者の絞り込み」⇒③「住民参加の促進」⇒④「支援成果の把握」）において、すべての舵取りを地元関係者とともに行っていくことである。

すでにこうした試みは住民参加型アプローチとして大々的に進められてきた。しかし、第3章で検証したように、実際には外部団体が地元関係者に指揮棒を渡せないでいる場合が多い。外部団体側が事前に枠を定めてしまい、それに沿ってお仕着せの「参加」を進めてしまう傾向が強い。住民参加型アプローチの第一人者、野田直人が言うように、「住民をどうやって［お膳立てしたプロセスに］参加させようか？」（野田　二〇〇〇　一〇七）という問いに陥りやすくなっているのが現状である。

押しつけの「参加」が生じてしまう要因は、地元の人びととの関係性の作り方にも拠っている。「物をもらうと、もらった側は負い目を感じ」「［支援する側の］意向をふまえる」傾向にある（佐藤　二〇〇五　五七）という指摘が示すように（第1章）、支援従事者による「参加」の働きかけが「上から」のものである限り、被支援者は支援を得るためにたとえ不満があってもその気持ちを表に出さないでいることが多い。しかも、国際協力は地元に「ない」コトやモノに焦点を合わせがちであり、暗に「遅れた」というレッテルを貼られた地元の人たちはそれだけで自分たちの考えを腹にしまい込んでしまう。第3章でふれたように、『ない』と貧しさを強調することに慣らされていて、『ある』ことを言わない」（プロジェクトPLA編　二〇〇〇　一五七）。意見を言うよりは黙っていた方が得をするといった「外からやってくる者と付き合う時の智恵」（同上）も働いてくる。

支援従事者と被支援者との間にこうした支配―従属関係がある限り、被支援者にいくら「参加」を呼びかけても根本的な関係性は変わらない。たとえば野田は、支援従事者と被支援者との間にある不釣り合いな関係性を変えていくために、「［われわれ支援従事者は］住民の行う開発プロセスにどうやって参加するのがいいのだろうか？」（野田　前掲　一〇七）という発想の転換を説く。真の住民参加型アプローチ（＝地元住民が進めるプロセスに国際協力団体が参加するという支援形態）の提唱である（第3章）。しかし、この示唆に富んだ発想も掛け声だけに終わってしまうことがある。第3章のラテン・アメリカ、モンターニャ村の事例がそうだった。そこではそのような発想の下で支援は開始されたが、結果として住民の主体性をいつの間にか不必要に制限する「例外状況」を作り出していた。富裕層から貧しい女性まで、さまざまな集団の利害を尊重していてはなかなか支援が進まないので、住民どうしの話し合いのプロセスを省いて生活困窮者に支援の的を絞った結果、皮肉にも「住民の行う開発プロセス」を脇に追いやってしまったのである。

この事例は、支援従事者が「根本的な問題に向き合う」際の一つの教訓となる。資金、時間、人員の限られた実際の現場では、支援は「なかなか思うようにいかない」。しかし、「住民の行う開発プロセス」は最大限に尊重したい。この狭間の中で支援従事者は、多少の後ろめたさを感じつつも、自分たちの優位な立場に乗じて「思うようにできている」状態を作り出し、効率よく先に進めることを優先する。これまでの国際協力ではそれはやむを得ないことと位置付けられ、問題点は今後の課題として積み残されてきた。

今後、支援従事者はこうしたジレンマや葛藤から目を背けることなく、それらを内にも外にも公にしていく必要がある。ここでの「内」とは国際協力団体内部であり、「外」とは自国内で活動をサポートしてくれる募金者や会員の人たち（ODA機関の場合は納税者）のみならず、支援対象地の地元関係者をも指している。

支援する側にとってあまり具合の良くない課題が、支援される側の人たちとの間で公然と話し合われることはこれまでほとんどなかった。これが普通に行われるようになれば、きっと主客関係を超えた真のパートナー関係が醸成されていくに違いない。支援従事者側でこのような発想の転換が起きてはじめて、支援従事者は「地元関係者を真のパートナーとする支援」について語る資格を得る。

もちろん、「地元関係者」と一口に言っても、地元有力者の意向が幅を利かせてしまうことはしばしば起こる。また、どんなに地元関係者の意向を尊重して支援対象者を絞り込んでも、対象から外された人たちの間に「ジェラシー」を生み（佐藤　前掲　二一五―二一九）、それが支援の成り行きに影響を及ぼしてしまうこともある。しかし、これも先にふれた「不可能なものの経験」の一つであって、支援従事者は性急に成否の判断を加えるべきではない。

従来のように、地元の人たちとの不平等な関係性に乗じて「根本的な問題に向き合う」活動を回避し続けるのか、それとも、たとえ乗り越え難い問題であっても、それを「不可能なものの経験」として捉え、地元の人たちと一緒になって次なる一手を探ろうと努力するのか、どちらが望ましいかは明らかである。

「情けは人の為ならず」

そうは言っても、その努力自体がなかなか難しい。人間である以上、本書で繰り返しふれてきた「不快からの心理的逃走」を克服するのは容易でない。努力し挑戦したいという気持ちはあっても、考えれば考えるほど、自分たちで処理できるのかという思いも募ってくる。そして結局は、そうした努力を知らず知らずに回避し、そこに立ちはだかる問題すら忘れようとする「不快からの心理的逃走」に揺り戻されていく。

どうすれば支援従事者はそうした現実回避から解放されるのだろうか。社会学者の大澤真幸が提唱する「受動性／能動性の循環」（大澤　二〇〇八　二一七）は、その隘路を抜け出すためのヒントを提供している。

「受動性／能動性の循環」の一例として、大澤はある筋萎縮性側索硬化症（ＡＬＳ）の女性患者と若い介助者たちとの交流を挙げる（大澤　二〇〇二　二一九―二二〇）。ＡＬＳは運動神経が徐々に侵されていく難病であるが、この女性患者の場合はすでに眼球以外を自由に動かすことができず二四時間完全介護の状態にあり、アルバイトの介助者たちが代わるがわる彼女の介護に当たってきた。

ある時彼女を囲んだパーティーが開かれ、大澤もこれに参加した。大澤は、若い介助者たちが次々と彼女に謝意を述べはじめたことに驚き、心を打たれる。介助者たちは彼女の世話をするのが仕事であるが、介護をしている時はなぜか雄弁になり、普段は他人に明かせないような悩みさえ彼女には素直に打ち明けることができたと言う。パーティーでは皆そのことを彼女に感謝していたのである(13)。

一般的には、患者は介助者の助けを借りるという意味で「受動」的であり、介助者は患者を助けるという意味で「能動」的であると理解される。ところがこのケースでは、女性患者は「受動」的でありながら介助者を助けるという「能動」的な存在でもあり、介助者は逆に、「能動」的でありながら女性患者に助けてもらうという「受動」的な存在でもあった。つまり、両者の間には「助けられるとともに助ける」という「受動性／能動性の循環」が働いていたのである。

大澤は、この「受動性／能動性の循環」を体現する国際協力団体として、本書でも何度か紹介してきたペシャワール会の活動に注目する（同上　二〇四―二一〇）。

アフガニスタン難民支援を長年にわたって行ってきたペシャワール会は、二〇〇一年九月一一日の米国同時多発テロ後の同年暮れ、米英軍がアフガニスタンへの空爆を開始すると大半の国際協力団体が同国から退去する中、現地に踏みとどまって地元の人びとのために緊急食糧配布支援を行うこととした**（写真5）**。しかし、多くの人たちが飢えに苦しむ中で食糧を闇雲に配るならば、配給所に大勢の人が押し寄せ、大きな混乱を招く恐れがあった。そこで同会は、自分たちの力だけではその「根本的な問題」（＝より多くの人たちに食糧支援を届けたいが、そ

写真5　ペシャワール会によるジャラランバード郊外での緊急食糧配布支援。写真提供：ペシャワール会。

れを実現しようとすれば大きな混乱を招くというジレンマ）に対処できないことを公に認め、地元の長老会議（ジルガ）に協力を求めた（福元　前掲　一六〇―一六三）。長老会議は地元民に信頼された長老からなる自治組織であり、多数決ではなく全員一致による意思決定を原則とする（同上　一五〇）。長老たちは同会からの相談を受け入れて会合を開き、限られた食糧を最貧層の人たちに優先的に配ることを承認したばかりか、そのための事前調査（＝支援対象者を特定するための情報集めや戸別訪問など）への協力にも同意した。村の有力者たちが作成した活動案をはなから除外したラテン・アメリカのモンターニャ村での活動事例（第3章）とは対照的に、同会は緊急事態にあっても、地元の意思決定の仕組みを尊重する真の住民参加型アプローチの実現に努めた。

空爆下、地元民も自分たちスタッフもいつ無差別攻撃に巻き込まれるかわからないという修羅場の中、どうしてペシャワール会は、手際よく食糧を配布し、目の前にいる人たちをとにかく助け、かつ自らの身の安全も守る、という「当面のニーズに応える」活動だけでも精一杯な状況にもかかわらず、適正な食糧配布の実現という「根

（13）介助者が「あなたのために手伝ってあげている」という恩着せがましい姿勢を示すことで、介護をされる側が萎縮してしまうようなケースもある。大澤が挙げた事例と比べて、どちらが患者にとって好ましい状況かは自明であろう。

本的な問題」にも果敢に挑むことができたのか。それは、大澤の指摘によると、長老会議と同会との間に、ALS患者と介助者との間に生まれたような「受動性／能動性の循環」が存在していたからである。

支援を受ける「受動」的な立場にあった長老会議が、支援対象者の選定においては「能動」的な役割を果たす一方、緊急支援を行う「能動」的な立場にあったペシャワール会が、支援の意思決定においては「受動」的な役割を果たす、という単純な話ではない。単に、支援成果を挙げるために地元民に協力を仰ぐという考え方だけでは、当地で長年にわたり「根本的な問題」に果敢に挑む支援活動を続けてきた同会の「受動性／能動性の循環」を説明することはできない。同会がこの「循環」を体現していると言えるのは、先の若い介助者たちが女性患者に感謝したように、支援活動を通して自分たち自身のあり方、国際協力（＝国際貢献）の真のあり方を見つめ直させてくれた地元の人びとに感謝しているからである。同会が「根本的な問題に向き合う」ことができるのは、この感謝の気持ちがあればこそなのである。

このアフガニスタンでの活動を通して私たちは、「国際貢献」というのは、単に人を助けるということではないのだ、ということを実感しました。「情けは人の為ならず」と言いますが、私たち自身が、そこから学ぶべきことのほうが多いのです。このアフガニスタンでの事業をおこなうことによって、少なくとも私は、世界中を席巻している［悪のタリバンという］迷信から自由でいられるのです。［中略］そして、その迷信から自由であることによって、人間が追い込まれ、極限状態になったときに、これだけは必要だというものはいったい何なのか、逆に、これはなくてもいい、というものは何なのか、そういうことを考えることができます。アフガニスタンでの活動で、その答えのヒントをもらったような気がしています。（中村　二〇〇六　五一）

アフガニスタンで活動していた国際協力団体の大半は、米英軍が空爆を開始するとやむなく現地活動を休止した。しかし、自国政府の勧告や所属団体の命令を受けて国外退去を余儀なくされた支援従事者の中には、「まるでタリバンに追い出されたかのように公言する者も少なからず」（同上　二八）いたという。そのため、この時の一時避難が図らずも「タリバンによる圧政が諸悪の根源」という国際社会の風評[14]に一層の拍車をかけてしまった。このような情勢の下で、ペシャワール会はそうした俗説から自由でいられることへの感謝を込めて、万難を排して緊急食糧支援を敢行することができた。

ペシャワール会によるこの緊急食糧配布支援には、同会が運営する病院のアフガニスタン人医師（＝同会の地元スタッフ）も陣頭指揮を申し出て、この危険な任務に積極的に参加した。同会の現地代表、中村哲は、この活動を通して「弱いものを助け、命を尊重すること」を何よりも優先する同会の方針を地元スタッフと確認し合うことができたと述べ（中村　二〇〇七　前掲　三二）、地元スタッフが体を張って助けの手を差し伸べようとする姿を見て、「人は犠牲の意義を感じると、自分の生命さえ捧げる」という地元の人たちの人間性にも改めてふれることができた（同上　四九）と語っている。人助けのために自分の身を危険にさらすという「人間性」は万国共通のものであって、そこに平和実現の希望が見て取れたことへの感謝の気持ちである。そしてまた、そうした「人間性」が発揮される自分たちの活動の確かさを再確認できたことへの感謝の気持ちでもある。

「情けは人の為ならず」という「受動性／能動性の循環」に通ずるペシャワール会の基本姿勢は、「不快からの

(14)序章で述べたように、「タリバンの圧政に人びとは苦しんでいる」という「迷信」が世界中にはびこる中、米英軍はそうした風聞を根拠として空爆を仕掛けた。

心理的逃走」を克服する上で大きなヒントを与えてくれる。日夜さまざまなジレンマや葛藤と格闘を続ける支援従事者たちにとっての活路は、「支援する側」という立場から一旦離れて、支援の現場にいる自分自身の姿を一人の人間として愚直に見つめ直そうとする、そのごく当たり前の感覚の中から開かれていくに違いない。

3 国際協力の「裏舞台」からの発想転換とは

本書では、「当面のニーズに応える」必要性の中で「根本的な問題に向き合う」ことが二の次にされがちな国際協力の趨勢に疑義を呈し、その原因や問題点を具体的な事例を挙げながら検証してきた。貧困、災害、紛争、環境破壊などに苦しむ人たちの日々の生活上の問題に、逸早く具体的な支援の手を差し伸べる（＝「当面のニーズに応える」）ことは国際協力における最も重要な活動の一つである。一方、国際協力活動を取り巻くさまざまなジレンマに目を向けて、差し当りの対応のみに終始することなく、より根本的な問題対処のあり方を探っていく（＝「根本的な問題に向き合う」）ことも、国際協力の現場には求められている。ところが、支援活動の現場では、シナリオに沿って「望ましい」状態を作り上げること（＝目的論的発想）や、その達成のためにシナリオ通りの支援を行うこと（＝機械論的発想）が一般化されていることから、シナリオの設定自体が「根本的な問題」を覆い隠す大きな原因となっている[15]。

それは、本書各章で論じ、本章冒頭で整理した支援の四つの局面に照らせば、次のような「根本的な問題」を覆い隠しているということに通ずる。①無条件の「歓待」の難しさ（第1章）、②「言語の自由」から生じる支援対象者の絞り込みの難しさ（第2章）、③主体性を制限する「例外状況」を最小限にとどめることの難しさ（第3

章）、④「持続」状況の中で支援成果の全体像を把握することの難しさ（第4章）。

こうした「根本的な問題」を脇に置き、「望ましくない」状況を「望ましい」状態にするという理路整然としたシナリオを方便に、実際には「思うように行っていない」活動を支援従事者側の都合で「思うようにできている」形に作り変えてしまったならば、当然ながら支援の成り行きを間近に見ている地元の人たちからは支援に対する戸惑いや不信、失望が生まれる。しかし、そうした地元の人たちの反応がストレートに表れるとは限らない。国際協力の現場では支援する側と支援される側という二分法の中で、支援従事者は往々にして地元の人びとを「遅れた存在」と見なす誤りをいまだに繰り返しているため、地元の人びとにはそれが負い目や引け目という心理的な障壁となっている場合が多いからである。

国際協力の「裏舞台」からの「発想転換」は、被支援者に対する眼差しそのものを問い直すところから始まる。「根本的な問題に向き合う」ことから離れがちであった自分たちの活動への反省を支援対象地の人たちにも率直に明かしていくこと。支援活動を通して自分たちが学んだことを支援対象地の人たちにも丁寧に伝えていくこと。それによって支援対象地の人たちとの真の信頼関係を築いていくこと。これが出発点である。「裏舞台」からの「発想転換」により、国際協力団体側の不都合な事情が露わになれば、それに対処していく責

---

(15) たとえば序章でふれたように、アフガニスタン復興支援では、「前近代的蒙昧に生きる人たちの間で西側世界を手本とする『自由とデモクラシー』を広めていく」というシナリオが国際協力関係者の間で流布している（二一一頁）。農村社会の在来文化を否定するこうした復興シナリオは、手間暇が掛かり身の危険も伴う砂漠緑化のような事業に踏み込めないでいる、自分たちの消極的な姿勢を覆い隠す原因となっている。こうした状況は、本書で検討してきたように、アフガニスタンに限らずそれ以外の国際協力現場でも一般的に見られる。

任と負担も自ずと増えるだろう。それでも、ＹＭＣＡやペシャワール会の事例が示すように、真に人びとのために役立ちたいと願い、難題に立ち向かうならば、その営為はめぐりめぐってより大きな果実となり自分たち自身に戻ってくる。ペシャワール会の中村をして「世界を席巻している迷信から自由でいられる」「人間が追い込まれ、極限状態になったときに、これだけは必要だというものはいったい何なのか、逆に、これはなくてもいい、というものは何なのか、そういうことを考えることができ［る］」と言わしめたものも、これである。

国際協力活動は自分自身を見つめ直すチャンスを与えてくれる。(16) これまで国際協力の大切さについては貧困、災害、紛争、環境破壊など、地球規模の問題解決や生活困窮者支援といった大義に絡んだ文脈で語られることが多かった。しかし、これからの国際協力は、「不可能なものの経験」であることを前提に、あるいは「無条件の贈与」ではないことを前提に、支援対象地の人びとに対してと同様、支援従事者自身にとっても、大いなる果実を付与してくれる営為として捉え直されていくべきではないだろうか。

---

(16) この点に関し国際協力機構（ＪＩＣＡ）の国際協力専門員、今井千郎は、技術協力の視点から次のように述べている。「日本の専門家で優れた知識と経験を持っている人は数多くいる。しかし、その知識と経験を相手の能力の発掘、発現、成長のために出し惜しみする人も見かける。私の限られた観察ではあるが、そのような人に共通して見られることの一つに、自分の知識と経験に安住して自らの能力を高めることを怠っていることが挙げられる。このような部外者は、途上国の関係者には［中略］すぐに見抜かれてしまう。見抜かれた時点で、当時者と部外者のダイナミックな相互作用は停止する」（今井　二〇〇八　一八七）。その上で、「途上国協力に参画する人々が、自らの能力を大切にし、それを育て発現しようという気持ちを持ち、努力することこそが、途上国の人々の能力開発に貢献し得る道につながる」（同上一八七―一八八）と提言している。

引用文献

今井千郎、二〇〇八「環境行政　科学少年が発見したこと」林俊行編『国際協力員—技術と人々を結ぶファシリテータたちの軌跡』新評論。

大澤真幸、二〇〇二『文明の内なる衝突—テロ後の世界を考える』ＮＨＫブックス。

大澤真幸、二〇〇八『逆接の民主主義—格闘する思想』角川ＯＮＥテーマ21。

樫田秀樹、二〇〇六「みんなの善意が作り出す歪み」田中優・樫田秀樹・マエキタミヤコ編『世界から貧しさをなくす三〇の方法』合同出版。

川本隆史、二〇〇八『双書哲学塾　共生から』岩波書店。

佐藤寛、二〇〇五『開発援助の社会学』世界思想社。

中村哲、二〇〇六『アフガニスタンで考える—国際貢献と憲法九条』岩波ブックレットNo.673。

中村哲　二〇〇七『医者、用水路を拓く—アフガンの大地から世界の虚構に挑む』石風社。

日本ＹＭＣＡ同盟、二〇〇七『二〇〇七年度インドネシアジョグジャカルタ・ワークキャンプ』日本ＹＭＣＡ同盟。

野田直人、二〇〇〇『開発フィールドワーカー』築地書館。

福元満治、二〇〇九『伏流の思考—私のアフガン・ノート（増補版）』石風社。

プロジェクトＰＬＡ編、二〇〇〇『続入門社会開発—ＰＬＡ：住民主体の学習と行動による開発』国際開発ジャーナル社。

山本敏晴、二〇〇七『国際協力師になるために』白水社。

Derrida, Jacques, 1994, *Force de loi: Le "Fondement mystique de l'autorité"*, Galilée.

あとがき

貧困、災害、紛争、環境破壊などグローバル・イシューに対して解決の目処がなかなか立たない中、それら問題の渦中にいる人たちへの国際支援活動にはますますの期待がかかっている。しかし、実際の現場活動は「思うようにならない」ことも多く、支援従事者（＝国際協力団体の職員やコンサルタント、あるいはボランティアとして活動に直に携わる人たち）の悩みは尽きない。現場活動だけでは太刀打ちできない大きな課題の存在（たとえば、テロや紛争の激化や市場中心主義の広まり）、支援従事者にその矛盾に向き合う猶予を与えない成果主義の跋扈、そしてその結果生じる支援をめぐる理念と現実の乖離など、国際協力団体はさまざまな葛藤に直面している。

しかし、国際協力に関する書籍の多くは、支援活動を「思うように」進めるための方策を示そう、そうすることで支援従事者の日々の仕事に役立とうとする余り、「思うようにならない」という難題を二の次にしがちであった。こうした問題意識から、むしろ「思うようにならない」形で事が運ぶことが少なくないからこそ、支援従事者に一層の努力が求められると前向きに捉え、その難しさに焦点を当てつつ、従来の国際協力のあり方をより深く省察しようと試みたのが本書である。

「これからは、『思うようにいかない』成り行きも『思うようにできる』として済ませがちであった『裏舞台』を正視し、そこから従来の支援のあり方の抜本的な『発想転換』を図っていく必要があろう」。本書の執筆に際しては現場活動に取り組む多くの方たちと意見交換をさせていただいたが、こうした問題意識は関係者の間で確実に高まっているとの感を強くした。是非本書を、国際協力を根本から立て直すことを志す支援従事者の方々に読んでいただき、現場活動に活かしてもらえればと思う。

実地で活動する方たちにできる限り具体性のあるオルタナティブ像を示せるよう、本書では筆者の現場体験を盛り込むよう努めたが、それらの経験を得る上では実に多くの関係者に便宜を図っていただいき、支援のあり方についてもたいへん貴重な意見を賜ることができた。なかには、国際協力団体の「裏舞台」は実際どのようなものなのか、職場での日常体験を包み隠さず語ってくれた方も少なからずおられる。お世話になったこれらの方々には個人的に謝意を述べさせていただくこととしたい。

清泉女子大学では日頃から恵まれた教育・研究環境が与えられているが、今回は特別に出版助成金までいただくことができた。また、ペシャワール会医療サービス事務局長 福元満治氏と日本YMCA同盟の全国協力担当市来小百合氏には本書のために貴重な写真をご提供いただいた。この場を借りて厚く御礼を申し上げたい。なお、本書は書き下ろしであるが、第四章は「筋書きを超えて「持続」する開発事業―ネパールとブータンの参加型ガバナンスの批判的考察」『東南アジア・南アジア　開発の人類学（みんぱく実践人類学シリーズ6）』（明石書店、二〇〇九、二九―七〇頁）を大幅に加筆修正したものである。

末筆ながら、新評論編集部の山田洋氏と吉住亜矢氏に心より御礼申し上げたい。特に山田氏には、企画段階から原稿仕上げにいたるまで、懇切丁寧かつ的確なアドバイスをいただき、多大なお力添えをいただいた。ありがとうございました。

本書の執筆中、特に家族にはたいへん窮屈な思いをさせてしまった。最後に謝意を表するのをお許し願いたい。

二〇一〇年八月

真崎　克彦

ハ行

マ行

ヤ行

ラ行

タ行

ナ行

カ行

サ行

総　索　引

略号

ア行

著者紹介

真崎克彦（まさき・かつひこ）

清泉女子大学地球市民学科准教授（国際協力論）。8年間の国際協力の実務を経て2003年にサセックス大学で博士号（開発研究）を取得。現在も国際機関・政府組織・民間団体のアドバイザーとして支援現場に関わる。*Power, Participation, and Policy: The 'Emancipatory' Evolution of the 'Elite-Controlled' Policy Process*（単著、Lanham, MD: Lexington Books、2006)、『東南アジア・南アジア 開発の人類学（みんぱく実践人類学シリーズ6)』(共編著、明石書店、2009)、"Rectifying the Anti-Politics of Citizen Participation: Insights from the Internal Politics of a Subaltern Community in Nepal", *The Journal of Development Studies*, Vol.46, No.7（単著、London: Routledge, 2010）ほか。

支援・発想転換・NGO

国際協力の「裏舞台」から

2010年10月10日　初版第1刷発行

著者　真崎克彦

発行者　武市一幸

発行所　株式会社　新評論

〒169-0051　東京都新宿区西早稲田3-16-28
http://www.shinhyoron.co.jp

電話　03（3202）7391
FAX　03（3202）5832
振替　00160-1-113487

落丁・乱丁本はお取り替えします
定価はカバーに表示してあります

印刷　フォレスト
製本　河上製本
装訂　山田英春

ISBN978-4-7948-0835-6

Printed in Japan